职业教育新形态教材·智慧健康养老服务与管理

智慧康养服务礼仪

(微课版)

主　编　张岩松
副主编　郑添天　何慧鑫　于丽娟

北京交通大学出版社
·北京·

内容简介

本书的内容是根据智慧康养领域所涉及的职业礼仪活动而设定的，分为认识智慧康养服务与智慧康养服务礼仪、智慧康养服务人员的个人形象礼仪、智慧康养服务人员的日常交际礼仪、智慧康养服务人员的工作礼仪四大模块。每个模块下设若干个项目，包括认识智慧康养服务、认识智慧康养服务礼仪、智慧康养服务人员的仪容礼仪、智慧康养服务人员的服饰礼仪、智慧康养服务人员的仪态礼仪、智慧康养服务人员的形体训练、见面礼仪、通联礼仪、行政礼仪、拜访老人与接待客人礼仪、智慧康养专业服务礼仪等 11 个项目。每个项目下设有学习目标（含知识目标、能力目标、素质目标）、案例导入、若干项任务、课后练习等栏目，在每项任务的基本内容中穿插 100 余个微课小视频、小贴士、小案例、小故事、小幽默、小训练等素材。突出应用性、实践性、训练性，选用鲜活的智慧康养服务案例和训练内容，并设计了丰富多样的课后练习题，助力读者塑造良好的智慧康养服务形象，全面提升智慧康养服务水平。

本书既可作为职业院校智慧健康养老服务与管理专业及其他老年服务相关专业的教材，也可作为社会老年服务行业从业人员的培训教材，还可供有志于从事老年服务工作的读者参考。

图书在版编目（CIP）数据

智慧康养服务礼仪：微课版 / 张岩松主编.

北京：北京交通大学出版社，2025. 6.--ISBN 978-7-5121-5507-7

Ⅰ. D669.6

中国国家版本馆CIP数据核字第20256PP908号

智慧康养服务礼仪（微课版）

ZHIHUI KANGYANG FUWU LIYI (WEIKE BAN)

责任编辑：郭东青

出版发行：北京交通大学出版社　　电话：010-51686414　　http://www.bjtup.com.cn

地　　址：北京市海淀区高梁桥斜街44号　　邮编：100044

印 刷 者：北京虎彩文化传播有限公司

经　　销：全国新华书店

开　　本：185 mm × 260 mm　　印张：15.75　　字数：406千字

版 印 次：2025年6月第1版　　2025年6月第1次印刷

印　　数：1—900册　　定价：49.00元

本书如有质量问题，请向北京交通大学出版社质监组反映。对您的意见和批评，我们表示欢迎和感谢。

投诉电话：010-51686043，51686008；传真：010-62225406；E-mail：press@bjtu. edu. cn。

前 言

党的二十大报告提出，“增进民生福祉，提高人民生活品质”，“实施积极应对人口老龄化国家战略，发展养老事业和养老产业，优化孤寡老人服务，推动实现全体老年人享有基本养老服务”。为落实党的二十大精神，加强健康养老管理、智慧健康养老服务与管理、老年保健与管理等老年服务业相关专业建设，培养智慧康养服务紧缺人才成为当务之急。鉴于此，我们编写了《智慧康养服务礼仪（微课版）》教材。作为“职业教育新形态教材 · 智慧健康养老服务与管理”中的一种，本书编写着力突出以下三大特色。

第一，突出职业教育特色。本教材系统性强、内容精练、体例新颖，坚持以提高学生综合职业素质为目标，着力培养学生的实际操作能力和知识应用能力，对智慧康养服务礼仪进行系统梳理，形成独特的内容体系。全书由四大模块、11 个项目构成，突出应用性、实践性、训练性，助力读者塑造良好的智慧康养服务形象，全面提升智慧康养服务水平。

第二，“先进”“精简”“实用”的特色。本书按照“先进”“精简”“实用”的原则编写。“先进”就是采用智慧康养服务礼仪的新知识、新方法、新经验、新成果和新材料。“精简”就是体现职业教育“必须”“够用”的原则，重点提出“是什么”“怎么做”。“实用”就是教材的每个模块、每个项目内容突出实际的使用价值和可操作性，强调训练方法和技巧，并辅以大量有针对性的课后练习。

第三，校企“双元”合作开发特色。本教材系大连职业技术学院校企“双元”合作教材开发项目的最新成果，它以实践育人为核心，通过学校教师与智慧康养机构一线专家通力合作，校企深度融合，共同研讨、共同开发课程标准，形成全书独到的内容体系和编写体例，使理论知识与实践有机结合，使教材内容贴近岗位工作实际，帮助学生提升职业能力，快速适应未来工作岗位，迈出职业生涯稳健步伐。

本书由张岩松主编，郑添天、何慧鑫、于丽娟任副主编。具体分工如下：张岩松编写项目 1；郑添天编写项目 2 ～项目 5，并制作 PPT 课件、电子教案等教学资源；付强、郑添天编写项目 6；何慧鑫编写项目 10 和项目 11，并制作微课等教学资源；于丽娟编写项目 7、项目 8 和项目 9。全书由张岩松统稿。

本书在编写过程中参阅了大量文献，有些材料参考了互联网上发布或转发的信息，在此向各位作者深表谢忱。本书图片由王继唯、曹月、刘洋、贾紫雯、郭鑫、王佳特、屈剑、赵祖迪、张楠等完成，在此向他们表示感谢。因编者受条件、水平和时间所限，书中不足之处在所难免，敬请读者批评指正。

编者

2025 年 3 月

目　录

模块 3 智慧康养服务人员的日常交际礼仪

模块 1

认识智慧康养服务与智慧康养服务礼仪

项目 1　认识智慧康养服务

项目 2　认识智慧康养服务礼仪

智慧养老要以养老服务为中心，其目的应该是从服务端去方便老人。养老是核心、是“皮”，智慧养老是“毛”。技术手段易得，关键是要通过技术把养老服务体系搭建和完善起来。只有有了扎实的“皮”，才能有鲜亮的“毛”。

——中国人民大学智慧养老研究所所长、智慧养老专家左美云

子游问孝。子曰：“今之孝者，是谓能养。至于犬马，皆能有养；不敬，何以别乎？”

——论语·为政

不学礼，无以立。

——论语·季氏

项目 1　认识智慧康养服务

学习目标

知识目标

（1）掌握健康养老、智慧养老、智慧康养的概念。

（2）了解智慧康养涵盖的领域。

（3）掌握智慧康养服务的内容。

能力目标

（1）能够开展居家智慧康养服务。

（2）能够开展机构智慧康养服务。

（3）能够开展社区智慧康养服务。

素质目标

（1）具有尊老、爱老、护老、助老的意识。

（2）在智慧康养服务中不断提高个人素质。

案例导入

“青鸟软通”的社区智慧康养服务

青鸟软通是国内一家将软件开发与养老服务相融合的高新技术企业，其社区智慧康养服务以全域智慧康养为核心理念，致力于为老年人提供全面、便捷、高效的养老服务。青鸟软通以“颐养改变生活，科技成就梦想”为使命，定位为全域智慧康养综合服务提供商。公司结合先进的软硬件技术、人工智能算法和养老服务内容及流程，打造出高度垂直于养老产业的智慧康养综合管理平台，全面助力养老企业优化作业流程，持续拓盈提效。青鸟软通在养老服务领域取得了显著的运营成果。截至目前，公司康养业务已在全国 20 余个省、60 余个地市、120 余个区县落地，服务覆盖人群超过 1 200 万人。这些成果充分证明了青鸟软通在养老服务领域的专业实力和市场竞争力。青鸟软通的社区智慧康养服务以先进的技术为支撑，以多元化的服务内容和广泛的服务对象为基础，致力于为老年人提供全面、便捷、高效的养老服务。同时，公司凭借丰富的运营经验和显著的运营成果，在养老服务领域树立了良好的品牌形象和口碑。“青鸟软通”服务内容包括以下几个方面。

（1）多元化社区照护模式。青鸟软通以居家社区养老服务中心为基础，为老年人提供医疗、康复、护理、照料、助餐、助浴等多元化的社区照护服务。这种服务模式旨在满足老年人在不同生活场景下的多样化需求。

（2）主要功能区域。青鸟软通的社区智慧健康养老服务涵盖了多个主要功能区域，包括生活照料托养区、健康评估室、康复理疗室、心理咨询室、文化娱乐广场、助餐及配餐食堂、居家养老调度室等。这些区域为老年人提供了全方位的生活支持和精神慰藉。

（3）服务对象。青鸟软通的服务对象涵盖了健康的自理老人（精神需求较大）、高龄自理老人、轻中度失能及轻度失智老人、中重度失能失智老人，以及他们的子女、保姆和家属等。青鸟软通能够满足不同老年人的个性化需求。

（4）具体服务内容。青鸟软通提供的具体服务内容包括助餐服务、助浴服务、专业康复指导、短托临托"中途站"、心理慰藉和干预、健康教育和慢病管理、居家养老服务、文化娱乐和交友以及家庭照料赋能和压力管理培训等。这些服务内容旨在提高老年人的生活质量，帮助他们更好地享受晚年生活。

思考题：

（1）请结合本案例，谈谈你对智慧康养服务的理解。

（2）智慧康养服务对从业人员的工作要求是什么？

任务 1.1　智慧康养的概念及其涵盖领域

智慧健康养老，一般简称为"智慧康养"。这里首先探讨智慧康养的概念及其涵盖的领域。

1. 智慧康养的概念

为了弄清楚智慧康养的概念，有必要探讨一下健康养老、智慧养老等概念。

（1）健康养老。健康养老是养老服务供给的基础性理论问题，对其本质内涵的理解决定着相关学术研究、政策制定、养老服务供给方向以及路径选择。

① 健康养老概念评析。健康养老的核心在于健康，健康概念的内涵也就构成了健康养老概念的核心内涵。一旦健康概念的内涵改变，健康养老的内涵也随之改变。在我国的医疗卫生领域，目前可以用于建构健康养老内涵的健康概念主要有三种：一是生物医学的健康概念，即"无疾病则为健康"，该健康概念将所有疾病都归因于人的生理结构或功能出现了问题；二是世界卫生组织提出的健康概念，即"健康不仅仅是没有疾病和衰弱的状态，而是一种在身体上、精神上和社会上的完好状态"；三是自主能力健康概念，即"个体在面临社会、生理和心理挑战时的自我管理和适应能力"，如果个人拥有能够适应各自面临的环境所要求的自我管理和适应能力，那么就应该被定义为健康。

生物医学的健康概念过度注重生物医学方面的诊治，由于我国现代医疗服务业的基础就是生物医学，一般大众也认为健康就是"身体没毛病"，所以在我国医疗服务领域，至今仍是生物医学健康概念占据主导地位。如果政策制定者用生物医学的健康概念来指导健康养老，要求老年人达到生物医学的健康标准，这明显是不现实的。因为老年人常患慢性病且很难治愈，仅用生物医学的健康标准容易造成过度治疗。此外，生物医学健康概念没有给心理、行为、社会因素留下理论空间，容易导致"见病不见人"的问题。所以生物医学的健康概念既狭隘又过于理想化，不适合用来建构健康养老的概念。

世界卫生组织的生物—心理—社会三维健康概念在生物医学健康观的基础上，增添了心理和社会的维度，将人的健康从生物学意义扩展到了精神和社会关系方面，克服了生物医学健康观的狭隘片面性，更加全面地反映了人的精神和社会特征以及健康的基本构成，直到现在仍是获得高认可度的、权威性的健康定义。近些年，我国的卫生健康系统以及社会大众才开始重视心理和社会适应能力对健康的影响，因此这个健康概念也是一个建构健康养老概念的重要选项。但是，如果政策制定者用世界卫生组织的健康概念来指导健康养老，其目标取向比生物医学健康概念还要高得多，不仅要求老年人身体健康，而且要求老年人的心理和社会适应都处于良好的状态。然而，目前老年人不仅受慢性病影响，也容易患上心理疾病，用更为严格的标准去要求老年人的健康显然不切实际，所以按照该健康概念建构健康养老概念也严重脱离现实。[①]

20 世纪末，有欧洲学者提出“能力健康”概念，前几年有学者把它介绍到我国。能力健康概念认为，一个人健康的标准，是个人的身体状况和心理状况相互作用而形成的适应社会环境、履行个人义务、追求自我价值的能力。[②] 能力健康概念是在扬弃了“生物机能论”和“完全幸福状态”健康概念的基础上逐渐产生、发展起来的，它不仅克服了前两种健康观念的缺点，而且具有理论和实践上的比较优势。能力健康概念的重要贡献是指可以通过提高老年人的能力而不仅仅是依靠生理和心理治疗来提高健康水平，但是该健康概念也存在不足，因为客观事实是，随着年龄增长，老年人无论怎么努力，其能力水平都会逐渐远离社会要求，最终被贴上不健康的标签，划入不健康的一类。因此，该健康概念也不适合用于构建健康养老概念。

事实上，生物医学的健康概念、世界卫生组织提出的健康概念和自主能力健康概念这三种健康概念本质上都是以社会的需要作为标准的，即能达到社会需要的个体才是健康的个体，三者都没有考虑到社会环境是否适合人的生存和发展的问题，所以均存在片面性，不能很好地指导健康养老概念的建构。

② 健康养老的内涵和基本路径。健康应是生物、心理和社会之间的一种平衡状态，是个人和其所处的环境之间处于相互支持、相互促进的相对和谐的关系，个体的生理、心理、社会生存能力、社会环境状况以及社会化的自然环境等，都是相互交织、共同影响人的健康状况的要素。因此，要判断人是否健康，既要从环境角度观照人适应环境的能力和状况，也要反过来从人的角度观照环境是否适应人的能力和状况。换句话说，衡量人的健康状况，不能仅仅以社会的需要为标准衡量，还要反过来以人的生存发展需要为标准衡量社会，即通过人和社会的相向发展，实现人与环境的和谐状态，这个状态不仅是人的健康状态，也是社会的健康状态。这个健康概念与世界卫生组织的健康概念的不同之处在于前者认为人和社会应该相互适应，而后者则认为人应该适应社会，前者反映的是人和社会的理想应然关系，后者反映的是现代市场经济社会中的人和社会之间的现实实然关系。

基于此，健康养老应以“人–环境和谐”为指导原则，不仅要从老年人能否适应社会环境的角度出发思考老年人的健康养老问题，而且要从社会环境能否适应老年人的角度出发思考老年人的健康养老问题。“健康养老”也获得了全新的内涵，即延缓衰老、减少发病、减轻失能、减轻生理病痛和延缓生活自理能力的衰退，并通过提高老年人适应社会环境的能力和社会环境适应老年人的能力这两条路径，促进老年人与社会环境的和谐共生。

一方面，可以通过教育、医疗和照护等手段，提高老年人适应社会环境的能力。新时代的养老将由生存必需型向享受型、发展型、参与型转变，教育则是开展“以学养老”的重要方式，能够为老年人打造美好的精神家园，帮助老年人树立新观念、学习新知识和掌握新技能，提升自己的能力，拥有良好心态，以更好地享受老年生活。随着年龄的增长，老年人不可避免地需要面对衰老、病痛和失能等问题，医疗和照护则能帮助他们减轻这些问题，改善生理状况。

另一方面，需要从文化、社会组织和物质设施等层面，提高社会适应老年人的能力。养老文化是中国的传统文化，也是人类文化的核心元素之一，但市场经济的发展侵蚀了我国传统的

---

① 曹明倩，周业勤 .“健康养老”的政策内涵建构与路径选择 [J]. 广西社会科学，2018（9）：158–161.

② 周业勤 . 能力健康概念及其启示 [J]. 医学与哲学，2016（37）：18–21.

尊老敬老文化。因此，需要进行文化建设，倡导尊重和关爱老年人而不是歧视老年人，为老年人提供一个积极的社会文化氛围。社会组织则是老年人参与社会的重要媒介，要丰富社会组织形式，让老年人可以选择适合自己的组织，并重建自己的社会关系网络，实现老有所为和自我养老，创造属于自己的价值。此外，要以社区和养老机构为中心，加强物质设施的建设，方便老年人休息、锻炼和娱乐，满足他们生理和心理上的需要。

综上所述，健康养老不仅对老年人的身心状态提出要求，还希望通过改造社会环境使之更加适应老年人的发展和需要。"有作为"才会"有快乐"，老年人也有归属、尊重和自我实现的需求。所以，新的养老理念要求我们加强老年教育，避免过度医疗和照护，创造适老的社会环境，充分尊重老年人的各种选择自由，让"老有所学""老有所为""老有所乐"紧密联系在一起，使老年人获得真正健康的养老生活。①

（2）智慧养老。关于智慧养老的基本概念，这里参照智慧养老知名专家左美云教授的相关研究，梳理如下。②

① 智慧养老的由来。智慧养老的前身即"智能居家养老"（smart home care），最早由英国生命信托基金会提出，当时称为"全智能化老年系统"，即老年人在日常生活中可以不受时间和地理环境的限制，在自己家中过上高质量的老年生活。"智能居家养老"是指利用先进的信息技术手段，面向居家老年人开展物联化、互联化、智能化的养老服务。其核心在于应用先进的管理和信息技术，将老年人与政府、社区、医疗机构、医护人员等紧密联系起来。要说明的是，国内当时的翻译是"智能居家养老系统"，而不是"智慧居家养老系统"，用得比较多的词汇是智能化养老（如张水刚、谢后贤、于大鹏主编的中国建筑工业出版社 2015 年出版的《国家智能化养老基地建设导则》一书中用的就是"智能化养老"）或智能养老，不少学者在翻译"智能"时英文是 intelligent，而不是 smart。

2008 年 11 月，IBM 公司在纽约召开的外交关系理事会上提出了"智慧地球"这一概念。2010 年，IBM 公司正式提出了"智慧城市"（smart city）的概念，希望为世界城市的发展贡献自己的力量。在智慧城市的大旗下，一系列"智慧"应运而生，如"智慧交通""智慧社区"等。在此背景下，人们很自然地在"智能化养老"或"智能养老"的基础上发展出了"智慧养老"的概念。然而，"智能养老"和"智慧养老"此时还是在交替使用中（如由朱勇任主编、庞涛任副主编、社会科学文献出版社 2015 年出版的《中国智能养老产业发展报告》一书中用的还是智能养老）。2016 年，由智慧养老领域知名学者左美云主审，陈志峰、刘俊秋、王臣昊著的《智慧养老探索与实践》（人民邮电出版社，2016 年 3 月第 1 版）出版，该著作是国内第一部以"智慧养老"命名的书籍，对智慧养老的具体应用做了探索与归纳。

智慧养老是对智能养老概念的继承，又有以下三方面的发展。

一是智能（intelligent）更多体现在相关设备与配置的智能化，而智慧（smart）除了包含设备的智能化，也包含对"合适的"或"聪明的"养老模式的探索。

二是"智能"更多体现在相关设备与技术的控制监测上，老年人是被动接受的，而"智慧"还包含老年人主动选择运用设备或技术的含义，更多体现了以人为本、以老年人为中心的理念。

三是智能养老更多体现在利用相关设备与技术对老年人的支持和帮助上，而智慧养老除了帮助老年人，还有利用好老年人的智慧，最终为老年人打造健康、愉快、有尊严、有价值的晚

① 黄奕言，姜柏生．健康养老问题分析与对策研究 [J]. 医学与哲学，2021（9）：34–38.

② 左美云．智慧养老内涵与模式 [M]. 北京：清华大学出版社，2018：3–5.

年生活。

至于智慧养老的英文翻译，主要有三种方式，分别是 smart elderly care、smart care for the aged 和 smart senior care。elderly 主要是指年纪大，aged 多指高龄并隐含失能的含义，考虑到对老年人的尊敬和智慧养老包括利用老年人的经验和智慧的含义，“智慧养老 50 人论坛”[①]在 2016 年成立时，主席团在征求国外学者意见的基础上，将智慧养老译为 smart senior care。senior 有长者、资深的双重含义，既指年纪大，又指经验丰富，还含有尊敬的含义。因此，我们推荐将智慧养老译为 smart senior care，这一翻译方式也得到了越来越多学者的认同。

② 智慧养老的含义。在上述历史沿革讨论的基础上，本书给出智慧养老的定义，智慧养老（smart senior care，SSC）是指利用信息技术等现代科技（如物联网、互联网 +、云计算、大数据、人工智能、区块链等），围绕老年人的生活起居、安全保障、医疗卫生、保健康复、娱乐休闲、学习分享等各方面支持老年人的生活服务和管理，对涉老信息自动监测、预警甚至主动处置，实现这些技术与老年人的友好、自主、个性化的智能交互，一方面提升老年人的生活质量，另一方面利用好老年人的经验和智慧，使智慧科技和智慧老年人相得益彰，目的是使老年人过得更幸福，过得更有尊严，过得更有价值。

智慧养老更好地实现了养老服务从点对点、包对包到包对点的转变。所谓点对点的服务模式，即老年人需要服务人员上门提供服务，例如需要服务人员一对一进行康复服务或者由钟点工打扫卫生等。点对点的服务模式具有很强的针对性，能够针对老年人的个性化需求提供服务，但经济成本较高，而且需要较多的人力服务资源和专业的服务人员。[②]包对包的服务模式是指将有相同需求的老年人集中在一起，为老年人提供统一的养老服务，减少人力成本，利于实现规模效应，但是服务的覆盖面小，较难满足老年人的个性化养老需求，而智慧养老模式实现包对点的服务，也就是将相关技术运用到养老资源上，一边连接着个人，另一边连接着各式服务终端，即服务点连接服务包，再通过数据分析，向老年人提供养老服务。这不仅提高了效率，还降低了人力成本。[③]

智慧养老包括三个方面的含义，即智慧养老的三个维度（见图 1–1），分别是智慧助老、智慧孝老和智慧用老。图 1–1 左边的 for seniors，即为老，智慧助老主要是物质的支持，智慧孝老主要是精神的支持；右边的 by seniors，即靠老，利用好老年人的技能、知识和经验。

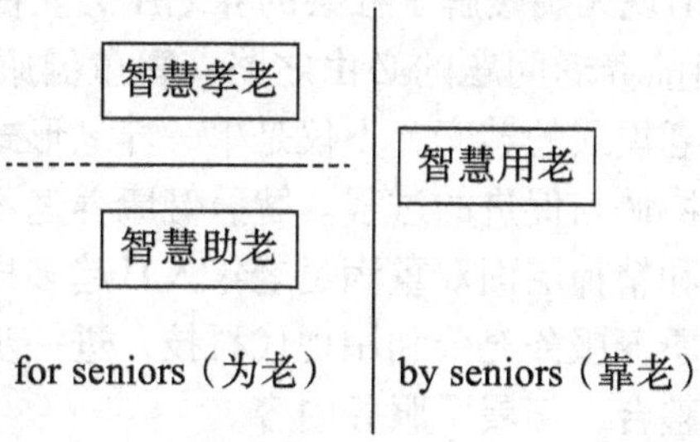

图 1–1

① “智慧养老 50 人论坛”是 2016 年由中国人民大学信息学院智慧养老研究所、全国老龄办信息中心养老技术研究院、中国民主建国会北京市委员会、北京科学技术研究院城市运行与管理重点实验室、山东财经大学管理科学与工程学院、国家发展改革委《中国信息界》杂志社六家单位共同倡议并发起的，由智慧养老领域的有识之士组成的研究型组织。

② 席恒，任行，翟绍果 . 智慧养老：以信息化技术创新养老服务 [J]. 老龄科学研究，2014（7）：12–20.

③ 龚娜 . 基于老年人健康需求的智慧养老服务平台构建研究 [D]. 上海：上海工程技术大学，2020：12.

•智慧助老。即用信息技术等现代科技帮助老年人，主要目的是增、防、减、治四个方面。增，即增进老年人的能力，如防抖勺可以帮助患帕金森病的老年人自主进餐；防，即防止老年人出现风险，如防跌鞋在感测到老年人可能跌倒的时候给老年人的足部一个反向的力，从而降低跌倒的风险；减，即减少老年人的认知负担，如养老服务系统自动挑选值得信赖的服务商或服务人员给老年人，从而减少老年人东挑西选，挑花了眼睛也不一定能找到好的情况；治，即辅助老年人疾病的治疗，比如最简单的服药提醒器，可以提醒老年人按时服药。

•智慧孝老，即用信息技术等现代科技来孝敬老年人。如果说助老更多是从设备、器材等物质方面给予老年人帮助，那么智慧孝老则主要是从精神层面给老年人以情感和尊严的支持。孝是中国传统文化的一部分。《孝经·开宗明义》篇中讲："夫孝，德之本也。""孝"在汉字中是上下结构，上为老、下为子，意思是子能承其亲，并能顺其意。孝的观念源远流长，殷商甲骨文中就已出现了"孝"字。教育的"教"字，就是由"孝"和"文"组成的。挖掘好孝文化，做好智慧孝老，是我们在世界智慧养老大舞台上彰显中国特色的重要内容。

•智慧用老，即用信息技术等现代科技用好老年人的经验、技能和知识。中国有句俗语"家有一老，如有一宝"，最直白的理解是老年人会帮助子女带孙子和孙女，或者协助做好家务，实际上，老年人所具有的一些独特经历和感悟，也会给子女和孙子、孙女很多建议和启示。对于一些具有专业技能的老年人来说，还可以为企业和社会贡献自己的知识和技能。智慧用老除了用信息技术支持老年人为家人提供帮助（如老年人带孙子、孙女的视频可以传送到子女的手机上，实现三方轻松互动交流），还可以通过一些系统或平台实现代际知识转移，促进年轻一代的知识利用和知识创造。

目前养老行业主要做的是智慧助老，许多物联网企业、可穿戴设备提供商、健康监测设备提供商、养老信息系统提供商主要做的是这个领域，在此领域我们与国外的差距不算大；对于智慧用老，我们和国外是在同一条起跑线上，这方面的平台和技术都是刚刚起步；智慧孝老有明显的中国特色，是未来我们可以进行文化输出的领域。总的来说，养老虽然是一个亘古不变的话题，但是智慧养老绝对是一个有前途的新兴领域，值得理论工作者孜孜探求，值得实务工作者落地实践。①

（3）智慧健康养老（智慧康养）。现如今，老龄化趋势的加重为家庭和社会带来了巨大的养老压力，而"互联网+"的出现无疑缓解了社会的养老压力。使用智能技术优化养老资源分配和创新养老服务，是解决当前养老问题的必由之路，智慧健康养老（即智慧康养）应运而生。从传统养老模式向智慧养老模式的转变，不仅是单一养老形式的智慧化转变，还是各个养老机构、医疗机构等之间相互协调与促进的过程。智慧健康养老不仅注重运用技术手段满足养老需求，而且更加注重从身体和精神层面双重满足老年人日趋多样化、个性化的服务需求，具有广阔的市场发展前景。智慧康养服务充分利用现代科技，进一步推动了本处于分割状态的健康服务资源和养老服务资源的整合，拓展了服务内容。

工业和信息化部、民政部和国家卫生计生委印发的《智慧健康养老产业发展行动计划》（2017—2020年）指出，智慧健康养老利用物联网、云计算、大数据、智能硬件等新一代信息技术产品，能够实现个人、家庭、社区、机构与健康养老资源的有效对接和优化配置，推动健康养老服务智慧化升级，提升健康养老服务的质量。可见，智慧健康养老应用智能信息技术，整合人、财、物、信息四大资源，实现养老需求与供给之间的精准对接，使老年人无论是在家庭、机构还是社区都能够享受到实时、便捷、全方位的服务，从而有效地解决了传统养老模式

① 左美云．智慧养老内涵与模式[M]．北京：清华大学出版社，2018：3-5.

中老年人诸多需求得不到有效满足的问题，提高了健康养老服务的公平性、可及性，智慧康养服务对于资源的合理配置、提高服务质量与效率具有巨大的推动作用。

综合起来，我们可以给智慧康养下这样一个定义：智慧康养是一种智能化、网络化的新型健康养老模式。它利用互联网、物联网、云计算、大数据等信息技术将电子医疗系统和健康产品融合起来，通过智能设备，采集和分析人体体征、居住环境等各类大数据，将专业医疗机构、家庭、街道社区、社会养老机构的信息整合起来，进行综合化、智能化的分析处理，满足老年人在生活照料、安全健康、休闲娱乐等方面个性化需求。[①]

智慧康养的内涵主要体现在以下 4 个方面。① 智慧康养以现代信息技术为支撑，涉及大数据、物联网、互联网、移动计算、云计算、人工智能等技术的综合应用。② 智慧康养服务的内容包含了传统养老服务的所有内容，即“4+N”，“4”即生活照料、医疗服务、精神需求、紧急救助；“N”是指养老服务的延伸内容。③ 智慧康养与机构养老、社区养老、居家养老等传统养老方式具有兼容性，智慧康养突破了传统养老在时间、空间上的限制，同时又融合于其他养老模式之中。④ 智慧康养是一种现代化的商业模式，通过信息技术分析、预测老人各方面的需求，并能及时响应，向老年人提供个性化服务，提高了服务效率和服务质量。[②]

小贴士

智慧康养模式与传统养老模式的区别

智慧康养模式与传统养老模式相比，具体表现在以下几个方面。

一是技术手段不同。智慧健康养老运用的技术方法包含大数据、物联网、人工智能、移动互联网、云计算等信息技术，能随时随地满足养老需求，并能实时记录服务过程，将相关信息传递到大数据中心；传统养老模式一般借助企业管理软件、呼叫通信等技术，不能实时全程记录数据。[③]

二是管理方式不同。智慧康养服务可以通过统一的养老服务信息平台，实现一站式、综合性管理，数据共享度高；传统养老模式多采用组织内部管理软件，建立客户档案，数据多在内部使用，与外部共享度低。

三是服务方式不同。智慧康养服务可借助智能终端设备、网络通信获取需求信息和提供服务，响应速度快、效率高；传统养老服务则更多依赖人工和电话通信，服务响应速度慢，效率较低。

四是时间限制不同。智慧康养服务能突破时空限制，使老年人可以随时随地获取各种养老服务。传统养老服务受机构、社区、居家等不同养老模式的限制，服务资源有限。

五是商业模式不同。智慧康养服务可借助“平台（大数据中心）＋服务＋老人＋终端”运营模式，打通产业链上中下游各环节，完成商业闭环，产业链条各环节关系紧密；传统养老服务多是借助平台发布供求信息，产业上下游之间关系较为松散。[④]

---

① 刘潇雨 . 大连市西岗区智慧健康养老服务发展调查研究 [D]. 大连：大连理工大学，2019：3.

② 刘会丽，牛玉霞，赵桃敏 . 基于大数据的智慧养老服务模式研究 [J]. 科技和产业，2022（3）：157–161.

③ 张丽，严晓萍 . 智慧养老服务供给与实现路径 [J]. 河北大学学报（哲学社会科学版），2019（4）：96–102.

④ 同②.

2. 智慧康养涵盖的领域

智慧康养作为信息社会养老方式的重大创新，为我国社会养老保障困境的化解提供了新理念、新方向和新途径。[1]融合是智慧康养的生命。智慧康养是一种新的养老模式，其本质是与传统的居家、社区、机构养老模式有机融合，融合度越高，智慧康养就越有生命力。目前，智慧康养涵盖智慧康养管理、智慧康养设施、智慧康养服务和智慧康养产品四大领域。

（1）智慧康养管理。通过搭建智慧康养综合管理平台，从各个方面共同合作，打造安全高效的智慧康养系统，可以有效地优化管理，降低成本，提高效率。

智慧康养综合管理平台，可以根据应用场合、服务对象的不同划分为供应链管理平台、医护业务管理平台、终端监护管理平台、可视化数据分析管理平台等多个具体应用平台，运营时遵循“谁使用，谁管理”的原则。可以独立运营与维护，也可以引入第三方合作商，由其在授权管理的范围内提供专业的运营与维护服务。[2]

（2）智慧康养设施。近年来急速发展的智慧建筑、智能家居、智慧交通设施，可以真正实现居住和交通的智能化、全龄化、无障碍化的目标。

（3）智慧康养服务。通过智慧康养服务，不管是居家，还是在养老机构，老年人都可以通过新技术享受到更加专业、安全的康养服务，与此同时可以减轻服务人员的照护负担，还可以基于人与人、人与物、物与物的全链信息，实现养老服务需求的精准对接。

（4）智慧康养产品。智慧康养产品，即智慧康养智能终端，是指嵌入现代先进技术的智能设备，以穿戴式、移动式、便携式、固定式、非接触式及无意识触摸式等，及时高效地为老年人提供全方位、多层次、多元化的养老服务。[3]目前市场上这些海量智慧康养终端产品，可以实现养老服务的即时可靠互联。在老年人的各类养老服务需求中，安全健康需求最为迫切，针对传统照护服务可能存在的不及时、不适老等问题，智慧康养（产品）将使老年人照护、健康管理、安全保护等服务更加及时、便捷、有效，大大提升老年人养老生活的安全感、获得感和幸福感。[4]

任务 1.2　智慧康养服务的内容

微课

智慧康养服务主要包括慢性病管理、居家健康养老、个性化健康管理、互联网健康咨询、生活照护、养老机构信息化等内容。其致力于推动企业和健康养老机构充分运用智慧康养产品，培育智慧康养服务新业态。学者韦艳、尚保卫深入调研了从事智慧康养服务的众多企业，探讨其自身服务特色，梳理智慧康养服务的内容如下。[5]

1. 慢性病管理

即利用智能健康管理设备和互联网平台等手段对老人进行慢性病管理。当前发展重点是疫情监测、档案管理、个性化评估、趋势分析、诊疗建议、异常预警、紧急救助及康复服务等。

---

① 豆小红 . 新时期我国智慧养老健康发展研究 [J]. 湖南行政学院学报，2019（6）：5–10.

② 陈志峰，刘俊秋，王臣昊 . 智慧养老探索与实践 [M]. 北京：人民邮电出版社，2016：72–76.

③ 沈明辉，邹锐，李宁，等 . 信息技术在智慧康养中的探索与应用 [J]. 信息技术与标准化，2019（6）：8–11.

④ 吴玉韶 . 智慧养老既要“技术精度”更要“人文温度”[J]. 中国社会工作，2020（23）：18.

⑤ 韦艳，尚保卫 . 智慧健康养老产业高质量发展的现状与路径 [M]. 北京：中国经济出版社，2022：138–142.

典型服务案例为西安松鹤养老院。

西安松鹤养老院依托西安唐城医院先进的医疗设备、雄厚的技术力量、优秀的护理团队和完善的服务设施，将现代医疗技术与养老保障模式有效结合，主要服务对象为失能、失智、半失能人员。该养老院以“替政府分忧、为家庭解难、替天下儿女尽孝”为宗旨，利用智能医疗设备和互联网，积极探索提高失能、失智及临终人员生活质量的护理方法，真正做到“无病养老、有病治病”，为老年人提供专业的健康管理、慢性病干预、康复护理、药物管理等规范服务。

2. 居家健康养老

即以家庭为核心、以社区为依托、以专业化服务为依靠，利用智能健康养老产品，为居住在家的老年人提供以解决日常生活困难为主要内容的居家养老服务。当前发展重点是健康体检、居家环境监测、远程看护、亲情关怀、健康干预及健康评估反馈等。典型服务案例为靖边县颐靖轩居家养老服务中心。

小案例

3. 个性化健康管理

即基于个体的健康现状，利用互联网建立健康管理档案，提出个性化的健康管理指导方案；基于个体的健康档案和智能健康监测设备，为高健康风险的老年人提供健康维护与疾病预防服务、紧急援助服务，降低医疗开支，提高生命质量。当前重点发展信息采集、健康计划、健康教育、健康跟踪、风险筛查、病情诊断和健康信息查询等业务。典型服务案例是西安家庭医生呼叫中心。

西安家庭医生呼叫中心是经西安市卫生局批准的一家以提供家庭医生全年全天送医送药上门服务为主的专业医疗机构。其主营家庭医生出诊、巡诊、家庭病床医疗、长短途病员转诊和家庭医生健康管理业务，承接各种公益或商业大型活动并提供医疗保障的业务。同时，它也是德国安邦集团全球医疗服务的定点机构，与陕西省各大医院均建立了转诊、分诊服务体系，主要提供上门看病、救护车送人、重症转诊等服务。针对老年人开展的特色服务有以下几种。

（1）出诊、巡诊，全科医生上门看病。当老年人身体出现不适时，呼叫中心会派出全科医生和护士直接到患者家里开展上门就诊服务，解决老年人群、行动不便人群和无人陪护人群“看病难”“住院难”的问题，实现“小病不出门，大病进医院”的目标。

（2）签约家庭医生服务。中心通过与社区和个人签订家庭医生健康管理服务协议，为签约用户提供完善的健康管理医疗服务，如家庭医生定期上门体检与回访，建立完善的个人医疗档案，提供快速医疗绿色通道，向患者提供有针对性的医院转诊服务，快速办理住院手续等。同时，通过可穿戴式智能设备以及云数据，为签约对象提供紧急求救服务，通过及时定位服务，并进行数据的收集、整理和分析，加上自身的医疗团队支撑，可更加准确地应用在个人身体指标预警、常规健康管理，乃至慢性病干预之中。

4. 互联网健康咨询

互联网健康咨询即利用互联网实现健康咨询预约，获取专家预约服务和在线咨询服务或互联网医疗服务，通过互联网咨询网站获取多种医疗保健知识，在医与患、医与医、患与患之间实现信息共享。健康交流平台上进行互动交流。当前，互联网健康咨询的发展重点是依托互联网平台，开展在线咨询、预约挂号、诊前指导和诊后跟踪等服务。典型的服务案例包括西安宏朴网络科技有限公司和空军军医大学唐都医院互联网医院。

小案例

5. 生活照护

生活照护是指向老年人提供饮食、起居、清洁及卫生照护等服务。当前，生活照护的发展重点是基于互联网平台，为老年人提供家政、配餐、代买等智慧便民服务和关怀照料等养老互助服务。典型服务案例为陕西金宝美养老服务有限公司的虚

小案例

拟养老院。

6. 养老机构信息化

养老机构信息化是指利用信息技术在养老机构内为老年人提供智能化服务。当前重点发展机构内老年人的无线定位求助、跌倒报警、夜间监测、老年人行为智能分析、老年痴呆症患者的走失监测、视频智能联动、门禁系统联动、移动定位和消费娱乐等服务。养老机构信息化的典型服务案例是西安力邦医疗网络科技有限公司。

小案例

微课

任务 1.3　智慧康养服务的类型

由于养老地点的不同，智慧康养服务也有很多不同的类型，如居家智慧康养服务、社区智慧康养服务、机构智慧康养服务等。

1. 居家智慧康养服务

居家智慧康养服务是通过物联网、云计算、大数据、智能硬件等新一代信息技术产品，实现个人、家庭、社区、机构与康养资源的有效对接和康养资源的优化配置，从而推动居家养老服务智慧化升级，提升居家养老服务的质量、效率和水平。居家智慧康养服务将智慧养老与居家养老服务结合在一起，形成一种以智能化养老服务为主要服务内容的养老模式，它涵盖了健康监测与管理、智能照护服务、远程医疗服务以及社交娱乐服务等内容。

（1）健康监测与管理。通过可穿戴设备、智能家居等物联网设备，实时监测老人的生理指标、生活状态等信息，及时发现健康风险并进行预警和干预。

（2）智能照护服务。利用机器人、智能语音交互等技术，为老人提供日常起居、卫生清洁、饮食照料等智能化照护服务。

（3）远程医疗。通过互联网医疗平台，为老人提供远程问诊、健康咨询、药品配送等医疗服务，方便老人及时就医和获取专业建议。

（4）社交娱乐服务。通过社交应用、智能电视等设备，为老人提供与家人朋友沟通交流的渠道，以及丰富多样的娱乐内容，满足老人的社交和娱乐需求。

总的来说，居家智慧康养是一种创新的养老模式，它整合了多种技术手段和服务资源，旨在打破时间和空间的限制，为老年人提供更加便捷、高效、舒适和个性化的养老服务。[①]

小贴士

小贴士

居家养老上门服务基本规范

《居家养老上门服务基本规范》（GB/T 43153—2023）是中国在居家养老服务领域的一项国家标准，于2023年9月7日正式发布并实施。这是中国首个针对居家养老上门服务发布的标准，旨在为合理界定居家养老上门服务范围、规范供给主体资质条件及供给流程内容要求等提供基本依据。该规范对于推动居家养老服务标准化、规范化、专业化发展具有现实意义。

《居家养老上门服务基本规范》对服务人员、服务内容、服务流程、服务场所和安全应急等都提出了具体要求。例如，应建立服务管理制度，包括安全管理制度、合同管理制度、财务管理制度、档案管理制度等；应配备与服务内容相适应的服务人员；应公开服务热线、服务内

① 韦艳．智慧健康养老产业：理论、方法与实践 [M]. 北京：中国经济出版社，2024：101-102.

容、服务方式、收费标准、支付方式和服务监督方式，公开信息应真实、完整、有效；应对服务人员开展岗前培训，并定期开展岗中培训；服务人员应掌握基本的安全保护知识与应急处置方法；养老护理员、老年社会工作者等提供专业化居家养老上门服务的人员应取得相关资质或达到相应职业标准要求；服务场所应具备与提供服务相适应的资质与能力，应建立突发事件应急预案，定期进行安全应急演练，不断完善预案，并在服务前履行风险告知义务。

在服务内容方面，该规范涵盖了生活照料、基础照护、健康管理、探访关爱等多个方面，如助餐服务、助浴服务、助洁服务、助行服务、助医服务、助急服务，生活照护、排泄护理、护理协助、用药照护、康复护理、信息采集、健康监测、健康咨询、健康干预，以及上门探访等。

2. 机构智慧康养服务

机构智慧康养服务是指养老机构以智能化技术为支撑，通过对平台建设、养老设施、服务内容、管理方式等进行信息化、智能化升级改造，为机构内老年人提供便捷化、精细化、系统化、智能化、信息化、更为多样、更高质量的养老服务，同时实现养老机构的高效管理。此外，养老机构的智慧康养服务还包括由养老机构推出的，以互联网、物联网智能技术为依托，面向机构周边居家老人，为其提供助医、助餐、助浴、助娱等养老服务。养老机构的智慧康养服务并非脱离传统机构养老服务模式而单独存在，而是将智能化技术融入现有的机构养老服务模式中促使其升级，并借助互联网和物联网将养老机构的服务对象拓展至居家老人，实现机构养老模式与居家养老模式的联动。机构智慧康养服务是未来养老的一大主体方式，特别适合喜欢有同龄人做伴或者完全没有自理能力的老年人。

小贴士

3. 社区智慧康养服务

社区智慧康养服务是介于居家智慧康养服务与机构智慧康养服务之间的一种智慧康养服务模式。作为解决传统养老问题的一种新型养老模式，该模式在多方协同努力下，为智慧康养服务提供了有效可行的实践路径。

社区智慧康养服务是利用大数据、云计算、物联网、移动互联等先进技术，将老人、老人家属、社区、服务机构、医疗机构、政府等各方紧密联系在一起，为老年人提供高效化、智能化的养老服务。它是以老年人为中心，依托互联网和社区平台整合各类资源并促进老年人身心健康的新型服务方式，其实质是以互联网为支撑的智慧养老应用和以社区为媒介的平台资源对传统养老模式进行创新，为老年人提供精准化、个性化的养老服务。社区智慧康养服务不仅关注老年人的物质需求，还重视他们的精神需求，通过为社区老年人创造一个安全、舒适、便捷的养老环境，让他们真正享受到老有所养、老有所依、老有所乐、老有所为的幸福生活。

社区智慧康养服务提供的服务内容十分广泛，包括紧急健康救助服务、远程健康管理服务、居家安全管理和生活服务、定位服务，以及社会交往和老年就业服务等。

如可以提供居家安防服务，通过安装摄像头进行视频监控，使得老年人的家属可以通过智能终端随时了解老年人在家中的情况；连接家中的水电气开关、门窗开关，将危险信息发送到智慧社区养老服务平台；提供智能穿戴设备或智能一键式手机，对失智老人进行实时定位追踪。保证发生突发事件时及时向社区工作人员报告；提供健康医疗服务，包括健康智能检测、健康数据管理、远程医疗咨询、智能保健康复、家庭签约医生、智能送药上门等服务，打造“医康养结合体”的服务模式，使老年人在家门口就能享受到专业的医疗指导和服务。[①]

小贴士

---

① 韦艳 . 智慧健康养老产业：理论、方法与实践 [M]. 北京：中国经济出版社，2024：117-119.

小贴士

介绍智慧康养设施设备的礼仪

无论是居家智慧康养服务、机构智慧康养服务，还是社区智慧康养服务，智慧康养服务人员都要向老人、老人家属及其他来宾介绍智慧康养设施设备。在介绍智慧康养设施设备时要注意以下几点。

（1）全面介绍。在介绍智慧康养设施设备时，应向老人说明操作的目的、步骤和注意事项。

（2）态度友好。在向老人介绍智慧康养设施设备时，智慧康养服务人员应保持微笑，使用礼貌用语，如“请”“谢谢”“不客气”等，以示尊重和关心。

（3）言谈有礼。介绍智慧康养设施设备的语言要诚恳、温和，用词准确，简明扼要，面部表情自然、亲切。

（4）保护隐私。介绍过程中要注意保护老人的隐私，避免不必要的泄露。对于可能暴露老人隐私的操作项目，应在老人耳边低声交流，使其感到被尊重和理解。

（5）仪表整洁。智慧康养服务人员应衣冠整洁、步履轻快、动作敏捷。推治疗车、持治疗盘及病历的姿势要规范。

（6）细心照顾。在介绍智慧康养设施设备过程中，要细心关注老人的需求和感受，及时疏导其疑虑和恐惧，消除他们对相关操作的恐惧。

（7）遵守医疗规定。在介绍智慧康养设施设备时，要遵循医疗操作规程和安全规定，确保操作过程的安全和质量。

（8）尊重老人的选择。在操作智慧康养设施设备为老人提供智慧康养服务时，要充分尊重老人的意愿和选择。如果老人的选择不符合医疗原则，要耐心解释并给出合理的建议。

通过遵循这些礼仪要求，智慧康养服务人员可以更好地与老人沟通，提高其满意度和信任度。

任务 1.4　智慧康养服务人员的素质

我国智慧康养服务的快速发展，对从业者的素质提出了更高的要求。智慧康养服务人员应具备以下素质。

1. 智慧康养服务人员的思想素质

作为一名智慧康养服务人员，首先应该具备良好的思想素质，包括良好的职业道德、坚定的职业信念和严格的职业守则。

（1）智慧康养服务人员的职业道德。养老服务行业是关爱“夕阳”人士的朝阳产业，与其他行业人员相比，智慧康养服务人员需要具有一定的文化、道德素养，需要有更多的爱心、关心和耐心。

对任何一家智慧康养机构而言，其从业人员对老人的关爱和人性化的管理服务是其能否盛衰的关键所在。山东省淄博市张店区金乔老年公寓非常重视员工的职业道德修养，向员工提出“五心”“六多”“七不”的要求。① “五心”即满怀爱心、一片热心、处处关心、事事操心、周

① 于涛．养老服务人才的现状调查与对策：以淄博市为例．社科纵横（新理论版），2011（6）：94–97.

到耐心；六多即多一声问候、多一句解释、多一点同情、多一分关爱、多一些笑容、多一声祝福；七不即不礼貌的话不说、不耐烦的话不说、傲慢的话不说、责难的话不说、泄气的话不说、庸俗的话不说、讽刺的话不说。在工作人员的努力下，浓浓的亲情充盈着金乔老年公寓的每个房间。

智慧康养服务人员的职业道德就是规范其如何运用公共行为标准，处理与老人及其亲属之间、与同事和社会之间相互关系的准则。智慧康养服务人员的职业道德是社会主义道德体系的重要组成部分，职业道德建设要做到爱岗敬业、诚实守信、办事公道、服务群众、奉献社会，从这五个方面出发才能树立正确的职业观，为社会主义各项建设打下坚实的基础。

（2）智慧康养服务人员的职业信念。智慧康养服务人员的职业信念应包括以下内涵：一是无论老人的条件如何均应同等对待；二是必须具有正确的劳动态度；三是必须具有优秀的团队精神。

（3）智慧康养服务人员的职业守则。我国养老事业任重道远，要使智慧康养事业朝着专业化的方向发展，从业人员首先应当遵守一定的职业守则。只有在遵守职业守则的前提下，才能制定并执行智慧康养服务人员的各项行为规范。智慧康养服务人员的职业守则是：尊老敬老、以人为本；服务第一，爱岗敬业；遵章守法、自律奉献。

这里尤为重要的是要注重程序、按章办事。智慧康养服务人员要注重工作程序，智慧康养服务岗位是在老人身边，为老人进行生活护理、疾病护理、心理护理等工作，必须遵守老年服务工作相关规章、制度、流程，在工作中懂得如何去做，如何规范化去做，实事求是、不折不扣地完成，白天晚上一个样，有无家属在场一个样。甚至，要注意个人事情的处理程序，对某些事情有些看法是正常的，有些思想情绪也是正常的，但是绝不可带着情绪工作，任何事都要按章办事。还要注重和家属沟通的程序，把握好度，处理好关系。只有程序化的服务、规范化的服务，才能真正提高智慧康养的服务质量，打造智慧康养机构的品牌，吸引更多的老人入住或加入，在创造社会效益的同时，增加经济效益。

智慧康养服务工作既辛苦又默默无闻，没有兢兢业业的工作态度和奉献精神，没有不计个人名利得失的宽广胸怀，是不可能干好的。新时期智慧康养服务人员应树立长远的目标，保持良好的心态，在服务工作中要具备爱心、细心、耐心、热心、诚心。因此，扎扎实实地学习和掌握为老人服务的过硬本领和相关的新知识及理念，是提高养老护理人员服务质量的关键。

2. 智慧康养服务人员的业务素质

智慧康养服务人员的业务素质包括专业素质、法律意识和创新意识。

（1）智慧康养服务人员的专业素质。良好的专业素质是智慧康养服务人员顺利开展工作的根本保证。智慧康养机构的专业化水平是衡量其服务质量的主要标准之一。智慧康养机构服务人员的专业素质应当包括以下几个方面。

① 先进的智慧康养思想和观念。智慧康养服务人员要具有先进的智慧康养思想和观念，并将其融入本单位的业务管理和建设中。

② 贴近老年人的专业眼光。智慧康养服务人员应具有专业化眼光，办任何事情都要结合老人的特点，一切以老人的满意度为服务标准。

③ 全面的专业知识和技能。智慧康养服务人员需要具备丰富的专业知识，包括老年护理、健康管理、医疗救护、智慧康养核心技术及其应用等方面的知识。要了解老人的生理特点、心理变化和老年保健知识，熟练掌握各种护理技能，如常用药物的给药方法、生命体征的观察方法、常用清洁、消毒方法、冷热疗法及卧床老人的护理方法等。还要善于理论联系实际，在工作实践中学习，不断发现问题、解决问题、总结经验，以推动养老护理工作的开展和自身业务

素质的不断提高。

④ 较强的心理护理能力。智慧康养服务人员要不断提高自身素质，尤其要具备良好的心理品质，通过自己的态度、语言、行为等有意识地影响老年人的感受和认知，改变老年人不良的心理状态。智慧康养服务人员还需要掌握必要的心理学知识，特别是老年人心理健康服务技能。学会言语性沟通和非言语性沟通，要采取有效的沟通方法，面对不同的老人，采取不同的沟通方式，包括询问式交谈、理解式交谈、鼓励式交谈、批评式交谈等。在进行心理护理时，对生活失去自理能力的长期卧床的患者应予以局部轻度按摩等，使患者感到亲切、温暖，体会到护理人员的关心和体贴，从而达到心理满足。采用劝导、启发、理解、同情、支持、提供保证和消除顾虑的方法帮助重病缠身的老人，帮助他们认识疾病，改善心情，增强信心，促进老人身心健康。

⑤ 细致周到的保健宣教。智慧康养服务人员必须具有一定的文化素养，特别应当丰富自己的养生保健知识，能够随时科学合理地指导老人正确饮食、合理运动、调养情志、劳逸结合、积极乐观地对待生活。智慧康养服务人员还需不断锻炼、培养自己的宣传教育能力，能适时地为老年人提供智慧康养知识和科学保健知识，尤其要能针对老人的多种疾病提供相应的保健知识。能利用自媒体以及举办讲座等方式，从饮食、运动、情绪、生活等方面指导老人合理调养，这样才能为老人营造出一个舒心、安全、放心的养老环境。

⑥ 较强的组织管理能力。组织管理能力和水平是智慧康养机构从业人员必备的条件，也是其做好工作的基本要求。智慧康养服务人员的组织管理能力至少应包括以下几个方面。

一是驾驭全局的能力。在思考问题、解决问题时能注意整体性原则、联系性原则和最优化原则；善于由全局而思局部、再由局部而思全局，能在宏观上把握工作发展趋势。

二是观察能力。观察能力要求机构在日常运作中敏锐地发现问题并解决问题。

三是协调能力。对外能妥善处理方方面面的关系，做好方方面面的工作，争取上级领导和社会各界对养老事业的关心与支持；对内能形成合力，调动全体员工的积极性，能使服务对象也参与民主管理，了解、理解、支持院方的工作。

四是组织和计划能力。善于在繁忙的工作中抓重点，抓主要矛盾，科学制定工作计划和安排工作，善于组织和动员全体员工心往一处想，劲儿往一处使。

五是学习和发展的能力。要不断学习和提高自己的专业知识和技能，以适应行业发展的需要。持有相关的职业资格证书也是必要的。

六是跨文化沟通能力。随着国际交流的频繁和老龄化进程的加快，智慧康养服务人员还需要具备跨文化沟通能力，尊重不同文化背景的老年人，避免误解和冲突。

（2）智慧康养服务人员的法律意识。智慧康养服务人员从事的是世界上最复杂的“人”的工作，只有自觉学法、懂法、守法，才能更好地保护老人的权益不受侵害，更好地维护个人利益。智慧康养服务人员应认真贯彻《中华人民共和国老年人权益保障法》《中华人民共和国残疾人保障法》《中华人民共和国民法典》《中华人民共和国治安管理处罚法》等相关法律法规和制度，全面掌握、深刻领会有关知识。要增强法治观念，提高防范意识，避免工作失误，远离职务犯罪。

（3）智慧康养服务人员的创新意识。新时代的智慧康养服务工作要求从业者必须具备创新意识。需要在工作思路和工作方法上创新，不断提高工作效率和工作质量。在智慧康养服务工作中善于发现问题、分析问题、解决问题，并培养锐意进取的精神，克服智慧康养服务工作中的难点和堵点，满足不同层次老年人的个性化需求。

小训练

对照智慧康养服务人员的素质要求，与同学交流，找出自身的短板，从而有针对性地提升自己的素质，成为一名合格的智慧康养服务人员。

课后练习

1. 什么是智慧康养？
2. 请给智慧康养服务下一个定义。
3. 智慧康养服务包括哪些内容？
4. 智慧康养服务有哪几种类型？试就其中一种类型，谈谈其核心内容和特点。
5. 智慧康养服务人员应具备哪些素质？
6. 选择一家国内外优秀的智慧康养服务企业，分析该企业的优势和劣势。
7. 请就以下问题与同学开展讨论：

（1）我国发展智慧康养服务的意义；

（2）智慧康养服务未来可能的发展方向；

（3）智慧康养机构如何更好地服务老年人。

项目 2　认识智慧康养服务礼仪

学习目标

知识目标

（1）了解礼仪的含义、特性和原则。

（2）掌握智慧康养服务礼仪的含义和特点。

（3）掌握智慧康养服务礼仪的原则和本质。

（4）明确智慧康养服务礼仪的作用。

能力目标

（1）运用智慧康养服务礼仪原则，培养良好的个人素质。

（2）运用智慧康养服务礼仪修养的方法不断提升礼仪修养。

（3）运用智慧康养服务礼仪赢得老年人的信任和好感。

素质目标

（1）具有尊老、爱老、护老、助老的意识。

（2）在为老年人提供智慧康养服务时有规范职业形象的意识。

案例导入

张奶奶与小李

夕阳红智慧康养服务中心的张奶奶，今年 82 岁，老伴儿已经去世，儿女在外地工作。两个月前，她住进了康养中心，养老护理员小李负责她的日常生活照护。小李生活中喜欢把自己打扮得漂漂亮亮的，特别喜欢穿高跟鞋、化浓妆、披肩发、穿超短裙；工作时穿着比较随便，有时工作服染上污渍也不及时更换和清洗，不喜欢听人唠叨，与老年人交流不多。张奶奶思想比较传统，喜欢整洁，喜欢与人聊天，把与她孙女年龄相当的小李当自己的孙女一样看待，看不惯的就要求小李改正。一天早上，张奶奶又说小李不该穿超短裙、涂大红口红和浓黑眼影，工作服上昨天染上的污渍也没有洗掉，小李不希望张奶奶老是说她，就生气地对张奶奶说道："你又不是我什么人，干嘛管得这么宽？能照顾好你自己就算不错了！"张奶奶气得直流眼泪，早饭吃得很少，小李也不理她。护理部严主任了解情况后，与小李进行了深入的交流并严肃批评了他，小李也认识到了错误并决心改正。

思考题：

（1）在礼仪上，小李怎样才能得到张奶奶的认可？

（2）小李应怎样与张奶奶沟通，才能得到她的原谅？

智慧康养服务礼仪是一个复合词，其中的"礼仪"是中心词，"智慧康养服务"是修饰语。因此，要正确认识智慧康养服务礼仪，准确理解智慧康养服务礼仪的基本内涵，需要以正确理解礼仪为前提，才能对智慧康养服务礼仪有全面的认识和把握。

任务 2.1　礼仪的含义、特性与原则

礼仪是人际交往过程中外在表现形式与规则的总和。它作为在人类历史发展中逐渐形成并积淀下来的一种文化，始终以某种精神的约束力支配着每个人的行为。礼仪是人类文明进步的重要标志，是适应时代发展、促进个人进步和成功的重要途径。礼仪、法律和道德，被称为人生幸福的三位守护神，而礼仪不像法律那样威严，也不像道德那样严肃。礼仪始终是一个会心的微笑、一种温和的声音、一种怡情悦性的需要。

1. 礼仪的含义

（1）礼仪是一种行为准则或规范。它是一种程序，有一定的套路，表现为一定的章法。只有遵守这些习俗和规范，才能适应社会的发展。

（2）礼仪是在一定社会关系中，人们约定俗成、共同认可的行为规范。它表现为一些零散的规矩、习惯，然后逐渐上升为大家认可的，可以用语言、文字、动作进行准确描述和规定的行为准则，并成为人们有章可循、可以自觉学习和遵守的行为规范。

（3）礼仪是一种情感互动的过程。在礼仪的实施过程中，既有施礼者的控制行为，也有受礼者的反馈行为。即礼仪是施礼者向受礼者表示尊重、进行情感互动的过程。

（4）礼仪的目的是实现社会交往各方面的互相尊重，从而达到人与人之间的和谐。在现代社会，礼仪体现着一个人对他人和社会的认知水平、尊重程度，是一个人学识、修养和价值的外在表现。遵守礼仪是人们获得自由的重要途径之一。

2. 礼仪的特性

（1）文明性。礼仪是人类文明的结晶，是当代文明的重要组成部分。人类从茹毛饮血到共享狩猎成果，从盲目迷信、敬畏鬼神到崇尚科学、论证无神，从战争到和平，无不体现着人类文明进步的历程。特别是文字的发明，使人类学会了运用语言文字来表达文明、宣传文明。文明的宗旨是尊重，既是对他人的尊重，也是对自己的尊重，这种尊重总是同人们的生活方式有机、自然、和谐地融合在一起，成为人们日常生活、工作中的行为规范。这种行为规范体现着个人的文明素养，比如待人接物热情周到、彬彬有礼；人们彼此间互帮互助、和睦相处，体现出人们日常生活中的文明、友好；注重个人卫生，穿着适时得体，见人总是微笑着问候致意，礼貌交谈，使用文明用语。同时，这也体现出人们的品行修养。总之，礼仪是人们内心文明与外在文明的综合体现。

小幽默

听了脏话

一位老人因患中耳炎，乘公共汽车去医院。途中，一青年在老人的旁边，闻到异味，骂道："你这老头子耳朵怎么这么臭啊！"老人说："因为它听了脏话。"

小故事

（2）共通性。礼仪是人们在社会交往过程中形成并得到共同认可的行为规范。它贯穿于整个人类社会发展的始终，普遍存在于社会的各个领域，渗透到各种社会关系之中。只要人类存在交际活动，社会就有礼仪。尽管不同国家、不同地区、不

同民族对于礼仪内容的理解不同，重视程度不同，表现形式也不同，但礼仪都体现为社会共同认可的行为规范，就礼仪本身的内涵和作用来说，具有共通性。特别是在现代社会中，世界各地人们的交往更为快捷、频繁、多样，许多礼仪更加具有国际通用的特点。

（3）多样性。世界是丰富多彩的，其中的礼仪也是五花八门的。世界各地的民俗礼仪千奇百怪，几乎没有人能说清楚世界上到底有多少种礼仪形式。从语言的表达礼仪到文字的使用礼仪，从举止礼仪到规范化礼仪，从服饰礼仪到仪表礼仪，从风俗礼仪到宗教礼仪等，在不同的国家、不同的场合，其表达方式也有所不同。例如，在人们常见的国际交往中，仅现代交际礼仪中的见面礼节就有握手礼、点头礼、亲吻礼、鞠躬礼、合十礼、拱手礼、脱帽礼等，可谓多种多样。

不仅如此，有些礼仪形式所表达的内容，在不同国家或地区有可能截然相反，甚至一个国家的不同地区也可能有不同的含义。手势在不同国家所表达的含义如表 2-1 所示。

表 2-1　手势在不同国家所表达的含义

手势	中国	美国	英国	法国	日本	印度	其他国家
	棒、厉害	顺利	搭车	搭车	男人、父亲	搭车	在孟加拉国意味着侮辱和挑衅
	最小的或倒数第一	打赌			女人、女孩、恋人	想去厕所	在缅甸表示想去厕所；在尼日利亚等国家表示打赌
	数字 0 或 3	征求对方意见或表示同意、赞扬、了不起		零、一钱不值	金钱	正确、不错	在韩国、缅甸表示金钱；在菲律宾表示想得到钱或没有钱；在印度尼西亚表示一无所有或一事无成；在突尼斯表示无用、傻瓜

（4）传承性。任何国家的礼仪都具有自己鲜明的民族特色，其礼仪都是在继承本国古代礼仪的基础上发展起来的。离开了本国、本民族既往交际礼仪成果的传承，就不能形成现代礼仪，这就是礼仪传承性的特定含义。作为一种文明积累，人们将交际应酬中的习惯做法，即礼仪固定下来，并逐渐形成自己的民族特色，这不是一种短暂的社会现象，而是不会因为社会制度的更替而消失。对于既往的礼仪遗产，正确的态度不应是食古不化、全盘沿用，而是有继承、有扬弃，更有发展。

（5）变化性。礼仪并不存在僵死不变的永恒模式。随着时间的推移，礼仪会发生巨大的变化。可以说，每种礼仪都有其产生、形成、演变、发展的过程。礼仪在运用时也具有灵活性。一般说来，在非正式场合，有些礼仪不拘泥于约定俗成的规范，可增可减，随意性较大。在正式场合，讲究礼仪规范是十分必要的。但如果双方已非常熟悉，即使是较正式的场合，有时也不必过于讲究礼仪规范。

小训练

有人认为：“礼仪不就是个形式吗？”请问你同意这一观点吗？为什么？

3. 礼仪的原则

（1）遵守原则。礼仪规范是为维护社会生活的稳定而形成和存在的，实际上反映了人们的共同利益要求。社会上的每个成员不论身份高低、职位大小、财富多寡，都有自觉遵守、应用礼仪的义务，都要以礼仪规范自己的一言一行、一举一动。如果违背了礼仪规范，就会受到社会舆论的谴责，交际自然就难以成功。

（2）敬人原则。尊敬是“礼”的本义，是礼仪的重点和核心。在对待他人的诸多做法中最重要的一条，就是要敬人之心常存，处处不可失敬于人，不可伤害他人的尊严，更不能侮辱对方的人格。可以说，掌握了敬人的原则就等于掌握了礼仪的灵魂。尊敬的作用是巨大的。

小贴士

（3）宽容原则。一般来说，交往双方的心理总存在一定的距离，存在不相容的心理状态，这种差异会在交往者之间产生思想隔膜，甚至会使关系僵化。要想缩小这种心理上的差异，求得人与人之间能多一分和谐、多一分信赖，就必须抱着宽容之心。宽容就是要求人们既要严于律己，又要宽以待人，要多容忍他人、体谅他人、理解他人，而不能求全责备、斤斤计较、苛求他人、咄咄逼人。孔子曰：“宽则得众。”唯有宽容才能排除人际交往中的各种障碍，不能宽容他人的人，往往会得理不饶人，使人际关系恶化。共性寓于个性之中，人们应该维护和发展共性，以理解和宽容来增强人们之间的凝聚力。

小故事

（4）平等原则。平等是人与人之间建立情感的基础，也是达到最佳交际效果的诀窍，是建立也是保持良好人际关系的基础之一。在尊重交往对象、以礼相待这一点上，对任何交往对象都必须一视同仁，给予同等程度的礼遇。不允许因为交往对象彼此之间在年龄、性别、种族、文化、身份、财富以及关系的亲疏远近等方面有所不同而厚此薄彼，给予不同待遇。当然，可以根据不同的交往对象采取不同的交往方法。

小故事

（5）信用原则。信用原则即讲究信誉的原则。诚实守信是中华民族的传统美德，信守约定也是交往活动中必须严格遵守的一项原则。要遵守信用，做到守时、守约、说话算数、许诺兑现，“言必信，行必果”。在交际中只有讲究诚信，才能赢得别人的尊重。

（6）自律。自律原则要求个体把学习和运用礼仪当作自觉要求，通过学习，在心目中树立起礼仪信念和行为准则，以此来约束自己在社会交往中的行为，并做到“吾日三省吾身”，不断地用礼仪规范对照自己的交际行为，以形成良好的礼仪习惯。只有做到“慎独”，才是一个真正讲礼仪的人。

小贴士

社交活动中不要随便发怒

在社交场合中随便发怒，会造成两种不良的后果。一是对发怒的对象不友好，会伤了和气，失去朋友、同事之间的友谊与信任。二是对发怒者不利，一方面对本人的身体产生不良影响；另一方面对发怒者的形象也会产生不良影响，人们会认为他缺乏修养，不宜深交。

在社会生活中，人们适应环境，并求得环境的认可和接受，也是一种本能的表现，在社会交往中主要表现为以良好的心态与朋友、同事友好相处，不发怒或不发脾气，并从多方面克制自己。

任务 2.2　智慧康养服务礼仪的含义和特点

微课

1. 智慧康养服务礼仪的含义

所谓智慧康养服务礼仪，是指智慧康养服务人员在为老年人提供智慧康养服务的过程中，为表达对被服务老年人的关注、关心与尊重而采取的律己敬人的方式与方法，是智慧康养服务人员在工作过程中应遵守的职业服务规范。智慧康养服务礼仪是以表示尊敬、建立和谐关系为目标的行为规范、准则和仪式的总和，是智慧康养服务行业约定俗成并共同遵守的行为准则和道德规范，包括仪容、仪表、仪态、举止等外在形象和学识、情操、交往等内在修养。

智慧康养服务礼仪是智慧康养服务人员在长期为老年人服务的过程中总结和提炼出来的，对智慧康养服务人员具有重要的指导意义。它要求智慧康养服务人员在工作中不仅要遵循通用礼仪的普遍规律，而且要遵从智慧康养服务行业特有的准则和规范。

智慧康养服务礼仪要求智慧康养服务人员要以智慧康养服务伦理为根本指导原则，并将其灵活运用于智慧康养服务礼仪的制定和智慧康养服务实践活动。作为一个组织，智慧康养机构需要在其内部制定各种规章制度来规范工作人员的行为，提高智慧康养服务的质量和效率。

小贴士

智慧康养服务礼仪可以分为个体服务礼仪和群体服务礼仪。

个体服务礼仪主要包括两个方面：一是外在表现形式，即个人的仪表、仪态、举止、谈吐、着装等；二是内在修养，即个人的职业道德、学识水平、人文素养等。作为智慧康养服务人员的个人礼仪，重点则应放在职业道德、工作态度、礼貌修养、心理素质等层面，将人文关怀体现在整个智慧康养服务工作过程中。

群体服务礼仪是指智慧康养服务人员在特定的团队中，自觉遵守群体礼仪中的行为规范和准则，即尊重老年人，尽量让其在被服务过程中体会到宽松、和谐的氛围。

2. 智慧康养服务礼仪的特点

智慧康养服务礼仪除了具有一般礼仪的特点外，还有以下自身的特点。

（1）规范性。所谓规范性，主要是指智慧康养服务人员待人接物的标准，它对具体的交流沟通行为具有规范性和制约性。这种规范性不仅约束着智慧康养服务人员的言谈话语、行为举止，使之合乎礼仪，而且是智慧康养服务行业必须采用的一种“通用语言”，是衡量他人、判断自己能否达到自律标准的尺度。

我们知道，智慧康养服务礼仪是智慧康养服务行业约定俗成的一种自尊、敬人的惯用形式。任何智慧康养服务人员要想在交际场合表现得合乎礼仪、彬彬有礼，都必须无条件地遵守礼仪规范。另起炉灶、自成一套，或是只遵守自己适应的部分，而不遵守自己不适应的部分，都难以为交往对象所理解、所接受。这种规范性本质上是一种被智慧康养服务行业广泛认同的社会价值取向和对他人的态度。

（2）操作性。智慧康养服务礼仪既来自智慧康养服务行业的实践，又直接为智慧康养服务行业的工作实践服务。规则简明、实用可行、易学易会、便于操作、切实有效是智慧康养服务礼仪的一大特点。作为智慧康养服务人员，要在工作中始终展示自己的职业素养、专业精神，就应当着装庄重规范、举止大方得体。智慧康养服务礼仪既有总体的礼仪原则、礼仪规范，又在具体细节上有一系列的方式、方法和技巧。每次与服务对象的沟通和交流都是对礼仪原则、礼仪规范的贯彻和落实，具有很强的可操作性。

（3）限定性。限定性是指礼仪的适用范围，即看对象讲规矩。智慧康养服务礼仪的限定性是指其仅限于智慧康养服务领域。若智慧康养服务人员脱离了智慧康养服务领域，则需要遵循其他领域的礼仪规范，而不是智慧康养服务礼仪。

小训练

分组讨论：如果你从事智慧康养服务工作，你将在工作中怎样体现对老年群体的尊重？

任务 2.3　智慧康养服务礼仪的原则和本质

1. 智慧康养服务礼仪的原则

智慧康养服务人员在智慧康养服务过程中除了遵循礼仪的一般原则，还要着力遵循以下智慧康养服务礼仪原则。

（1）德礼一体的原则。任何时代的礼仪都有其特有的道德内涵，礼仪与道德内涵互为表里。德礼一体，就好比礼仪是道德的外壳，道德是礼仪的灵魂，两者缺一不可。中国传统的礼仪文化以儒家核心价值观为道德内涵。孔子主张以仁义为礼的核心，质朴是好的，但若丝毫不加修饰，就会流于粗野；但只重修饰，而失去了质朴的本真，修饰就会变得没有丝毫意义，甚至会是虚伪的。因此，孔子说过要文质兼备。智慧康养服务礼仪应以“尊重”为核心，将“老年人至上”作为服务的一项基本原则，作为智慧康养服务行业的座右铭，也作为智慧康养服务工作中处理问题的出发点。在智慧康养服务工作过程中，服务人员对老年人的尊重，是自身良好品质和素养的体现，也是建立良好人际关系的基础，否则将是失礼甚至失职的表现。因此，服务人员要将对老年人的“尊重”渗透在日常生活和工作习惯中，展示在其动人的微笑、优雅的体态、清新自然的职业妆容、得体的礼貌用语和基本的人际沟通能力中。

（2）审美向善性原则。礼仪具有美的属性。不论是内在的礼仪思想，即对别人的尊重；还是外在的礼仪行为，即谦虚谨慎的态度、文明礼貌的语言、优雅得体的举止、大方规范的行为等，都是美的表现形式。智慧康养服务礼仪秉承了礼仪一贯对美的追求，如要求工作人员在体态上“头容正”“肩容平”“胸容宽”“背容直”，这“坐立行”规范既符合人类行为审美的规律，又关照了有益身体健康这一善的诉求，更重要的是让老年人感受到一种美的享受和服务，从而带来心灵和精神的满足。

（3）知行合一原则。我国素有“礼仪之邦”之称，从远古的典籍到今天的知识数据库里积累了大量礼仪知识。这套体系不仅有精深的理论，而且蕴含着丰富的知识。然而，我们深知良好礼仪的养成需要依靠礼仪的践行。因此，智慧康养服务人员在履行礼仪中，一方面要充分利用图书资料、广播电视、互联网络、教学函授等形式，全面而系统地学习智慧康养服务礼仪以及先进的智慧康养服务技术；另一方面要将知识与品行有机地结合在一起，通过礼仪的践行培养良好的礼仪修养与道德品格。一边学习智慧康养服务礼仪和服务艺术，一边逐步深入一线实践，坚持身体力行，真正做到“诚于中而行于外，慧于心而秀于言”，并最终在实践中检验和丰富智慧康养服务礼仪和服务艺术，用优质的服务赢得老年人的信任和赞誉。

（4）自我监督原则。古人强调个人要“吾日三省吾身”。学习智慧康养服务礼仪和服务艺术，同样需要自我监督。在智慧康养服务工作中，要自我监督，反躬自省，发现缺点，及时改正，将学习智慧康养服务礼仪和服务艺术的方法运用到工作中。在具体运用和实施智慧康养服务礼仪时，要着重解决两个问题。一是摆正位置，即以使被服务的老年人满意为服务宗旨。具体来讲，应尊重老年人的宗教信仰、风俗习惯，特别注意他们的宗教禁忌，保护老年人的合法权益。如果遇到一些分歧，应多沟通，多体谅他们的处境与困难，主动听取老年人的意见，积极配合他们的工作，以礼相待。二是调整心态。智慧康养服务行业的特点需要其工作人员是一个身心健康的人，而身心健康恰恰也是良好礼仪修养的体现。就心理健康来讲，智慧康养服务人员应具备良好的心理素质，即在工作过程中自觉性、自制性、坚韧性和果断性四个方面的统一。处事时应沉着冷静，有条不紊；处理复杂关系时要机智、灵活、友好地协作；处理老年人的不满投诉时要干脆利落，合情、合理、合法。

（5）和谐原则。冯友兰先生曾说："宇宙本来即有天然之秩序，即一大调和，而礼乐则是此秩序调和之具体例证也。"礼所蕴含的不仅仅是一个包含着"分"的生活结构，而且更是一个使人们超越现实结构形式的精神价值。可以说，和谐是社会秩序的一种理想形态。因此，在智慧康养服务过程中，始终注意营造和谐氛围是广大智慧康养服务人员共同追求的目标。应使其在与老年人的交往过程中，把握"贵和"的道德价值取向，根据自身的分工，将行为规范约束在一定的利益范畴中，各就各位，努力为老年人提供优质的服务，以融洽主客之间的关系，营造和谐的文化氛围，促进智慧康养机构的可持续发展。

小训练

请结合自身经历，谈谈在工作中如何践行智慧康养服务礼仪。

2. 智慧康养服务礼仪的本质

智慧康养服务礼仪是职业礼仪的一种，它的主要目的是满足老年人的服务需要，让老年人感受到温馨的适老化服务。对智慧康养服务礼仪本质的理解经历了以下几个阶段。

（1）服务论：满足老年人需求，提供优质服务。智慧康养服务礼仪的基本功能就是满足老年人需求，为他们提供优质的智慧康养服务。老年人对服务水平和质量的评价不但取决于智慧康养机构的硬件设施，更来自老年人的内心感受，即幸福感。

老年人幸福是指老年人在物质和精神上获得满足的心理体验，是实现人生目标的快乐满足心态，是生命价值和生存意义的实现。

物质幸福指老年人的物质需要和生理需要得到满足，健康长寿；社会幸福指老年人平等享受权利和自由，得到归属和爱的满足；精神幸福则指老年人的审美需要和自我实现需要的满足。智慧康养服务人员在为老年人提供服务时，要重视他们物质幸福、社会幸福和精神幸福三者的充分实现。

（2）制度论：智慧康养服务礼仪是一种管理的制度。礼仪对人们的行为构成有效的规范并具有约束力。礼仪作为一种约定俗成的行为准则，对人的行为有重要的约束作用，智慧康养服务礼仪要求其工作人员将礼仪行为内化为自觉行为。这种礼仪制度区别于一般的管理规则，既有强制性，又具有自觉性。一方面，智慧康养服务礼仪需要用制度形式规范工作人员的外在行为。另一方面，智慧康养服务礼仪要求工作人员以老年人为根本原则，并灵活运用于服务管理过程中。

（3）文化论：智慧康养服务礼仪是智慧康养服务文化价值的彰显。智慧康养服务礼仪是从业人员在向老年人提供智慧康养服务的过程中所展现出来的文明、礼貌、友好的礼仪修养。智慧康养服务礼仪既具体表现为员工个人的礼容、礼貌、礼节等外在行为方式，也体现了智慧康养服务人员的心理情操、价值观念、服务理念等更深层次的精神内涵。

任务 2.4　智慧康养服务礼仪的作用

微课

孔子曰："不学礼，无以立。"荀子曰："人无礼则不生，事无礼则不成，国无礼则不宁。"由此可见礼仪在社会生活和社会交往中的重要作用。智慧康养服务礼仪是根据智慧康养服务工作中的实践总结出来的，无论是对智慧康养服务人员素质的提升，还是对智慧康养服务活动秩序的规范，都具有普遍的指导意义和较强的实践价值。

1. 促进沟通

智慧康养服务礼仪有助于促进智慧康养服务人员与老年人之间的沟通与交流。礼仪就是一种信息符号，通过这种信息符号可以表达尊重、友善、真诚等情感，使交往对象感到温暖和惬意。在智慧康养服务工作中，以礼相待，以热情的问候、友善的目光、亲切的微笑、文雅的谈吐、得体的举止等恰当的礼仪，向对方表示发自内心的尊重和敬意，不仅可以获得老年人的好感、信任和理解，而且可以增进双方的感情，建立良好的关系，深化沟通和交流，使智慧康养服务人员在沟通交流中充满自信、胸有成竹、处变不惊，使智慧康养服务工作顺利开展并取得最佳成效。

2. 协调关系

在人们日常交往的过程中，礼仪起着十分重要的"润滑剂"作用。作为一种润滑剂，智慧康养服务人员在服务工作中，通过智慧康养服务礼仪促进人与人之间关系的协调。由于年龄差异、阅历不同、背景各异，服务人员与老年人之间难免会发生冲突。智慧康养服务礼仪使服务人员能够艺术地处理各种复杂关系，更好地向服务对象表达自己的尊重和敬佩、友好和善意，面对矛盾和冲突时，有利于促使冲突各方保持冷静，缓解已经激化的矛盾，使相互之间的感情得以沟通，建立相互尊重、彼此信任、友好合作的关系，进而促进智慧康养服务工作的开展。

3. 塑造形象

良好的个人形象是促进个人发展的基础，也是建设社会主义精神文明、构建社会主义和谐社会的重要内容。遵守智慧康养服务礼仪有助于树立和提升服务人员的个人形象和智慧康养机构的企业形象。

智慧康养服务礼仪是智慧康养服务人员内在修养和素质的外在表现，是智慧康养服务人员在进行人际交往时使用的一种交往艺术和沟通方式，是智慧康养服务人员塑造个人形象的重要手段。比如，交谈讲究礼仪，可以让语言变得文明；举止讲究礼仪，可以让行为变得优雅；穿着讲究礼仪，可以让形象变得大方……智慧康养服务人员在开展工作时注重礼仪、讲究礼仪，使用得当，就可以帮助人们增强内心的道德信念，向社会展现出严谨、自信、优雅、庄重的职业形象，更容易受到服务对象的欢迎。还可以通过对标准化操作的强化，规范智慧康养服务行业、市场和活动的秩序，保证智慧康养服务伦理原则的实施。否则，不懂礼仪，就无法处理好智慧康养服务实践中的各种关系，也就不能很好地完成智慧康养服务工作。

同时，在社会交际中，一位智慧康养服务人员的个人形象，有时代表的就是其所在智慧康养机构的企业形象。对于智慧康养机构而言，智慧康养服务礼仪是智慧康养机构企业文化和企业精神的重要内容，是智慧康养机构企业形象的主要体现。具备良好礼仪素养的智慧康养服务人员，可以塑造整个智慧康养机构的良好形象。成熟的智慧康养机构会对员工的礼仪规范提出高标准、严要求，会把礼仪培训作为建设企业文化的重要举措，因为礼仪是智慧康养机构获得社会认可的重要标志之一。

4. 规范行为

礼仪具有规范和约束思想和行为的作用。正如孔子所说的“非礼勿视，非礼勿听，非礼勿言，非礼勿动”，即强调礼仪对行为的约束性。没有规矩，不成方圆。智慧康养服务礼仪作为一种明确的行为规范，不断地支配和规范着智慧康养服务人员的行为。在一项智慧康养服务工作中，智慧康养服务礼仪约束着智慧康养服务人员的态度和动机，规范着他们的行为方式，维护着正常的工作秩序，使智慧康养服务人员都能够自觉自愿地用它来规范、约束自己的言行，从而赢得服务对象的好感和尊重。从仪表、仪态礼仪到沟通礼仪，从接待来访到现代通信礼仪，从老年生活照护礼仪、心理健康服务礼仪到老年产品营销礼仪，都是智慧康养服务人员在实际工作中应该遵守的行为规范。只要按照规范而行，就一定会在智慧康养服务工作中更上一层楼。

5. 提高修养

礼仪是修养的体现，同时，也有利于行为主体提高自身的修养。礼仪修养是指人们为了达到一定的目的，按照礼仪规范的要求，结合自身的实际情况，在礼仪品质、意识理念等方面进行的自我修炼和自我改造的过程。在智慧康养服务礼仪的学习和运用过程中，智慧康养服务人员通过自己的努力，把良好的礼仪规范内化为个人自觉自愿的行为，这是一个不断提高自身修养的过程。在这个过程中，智慧康养服务人员会自觉克服自身不良的行为习惯，不断提高个人修养，体现自身价值。

任务 2.5　智慧康养服务礼仪修养的方法

智慧康养服务礼仪修养是指智慧康养服务人员在智慧康养服务实践活动中，根据一定的礼仪原则和规范自觉地进行学习和训练，使自己养成一种时时事事按礼仪要求待人接物的行为习惯的过程。

对于智慧康养服务人员来说，礼仪的修养，不仅指对智慧康养服务礼仪的练习，还包括将所习之礼培养成一种习性或者说是品性的过程。这非一朝一夕可就的，一般说来，应着重于知、情、意、行的统一，注重运用以下方法。

1. 树立学习礼仪和智慧康养服务礼仪的意识

改变首先要从内心开始，内心的改变才是真正的改变。要想培养良好的智慧康养服务礼仪规范，智慧康养服务人员要从内心真正认识到智慧康养服务礼仪的重要性，任何时候与老年人沟通交流，都能抱以认真、投入的态度。因此，智慧康养服务人员要不断对自己强调、暗示：“为老年人服务是我人生中最重要的事情，我要与老年人保持良好的沟通与人际关系，我必须培养良好的礼仪风范。”有了这种意识，技术上的学习就有了坚实的基础。

在明确礼仪和智慧康养服务礼仪重要性的基础上，最要紧的就是必须树立长久的“习礼意识”，处处留心，时时注意。礼仪是一个社会文化沉淀的外显方式，经历了传承、变异的过程，它的习得首先便是个体的“社会化”“文化化”过程。也就是说，礼仪主要是靠传统，靠有意无意地模仿，靠周围环境的影响，靠在交际实践中不断地学习、摸索，逐渐地总结经验、教训而习得的。又因为礼仪具有变异性的特点，在完成了社会化以后，人们还有一个继续“社会化”的问题。所以习礼可谓一个贯穿终身的过程。

智慧康养服务礼仪本质上是一种规范，这种规范大家都知道，如要尊重老年人，遇到老年人要主动打招呼；但更多的是大家不知道，或知之不详的，如老年人过生日时，如何为其挑选一个合心意的礼物；再如，给老年人打电话做入户调查时，什么时间段打电话合适，每次通话以多长时间为宜，由谁先挂电话等。这些看似简单的问题，如果处理不好，就会影响服务效果。所以，一定要用心学习智慧康养服务礼仪。

2. 陶冶尊重老年人的情感

在强化礼仪修养过程中，情感是由“知”到“行”的一座桥梁。陶冶情操就是要使智慧康养服务人员产生一种尊重老年人的真挚感情，能够时时处处替老年人着想，始终抱有一种热情友好的态度。我们都有这样的体验：在交际活动中，如果遇到一个对人热情诚恳的人，那么就能很快与其建立起良好的关系；相反，如果碰到的是一个冷漠无情或虚情假意的人，则难以营造融洽的交流气氛。通常，一个人可以很快就了解一些礼仪方面的知识，但若缺少对人的情感，那么他就无法把这些礼仪形式完美地表现出来，这些形式也就成了没有灵魂的、僵死的躯壳。因此，我们可以看出，情感比认识具有更大的保守性，改变情感比改变认识要困难得多，对于智慧康养服务人员来说，陶冶尊重老年人的情感是更为艰巨的任务。

3. 锻炼履行智慧康养服务礼仪的意志

要使礼仪规范变成自觉的行为，没有坚韧不拔的意志是办不到的。意志坚强的人，能有效地控制自己的言行，特别是在不顺利的情况下，也能不畏困难，始终如一地按照自己的信念待人处事。

对于智慧康养服务人员更是如此，所习之礼要培养成习惯，要有意识地摒弃不合礼仪的旧习惯，养成遵从礼仪的新习惯。习惯是一个人行为方式的自动化，是不需要多加思考和意志努力的行为方式。习性一旦形成，具有一定的稳固性，但通过意志努力可以改变。因此，不该以“习惯若自然”为由，姑息迁就那些不合礼仪的坏习惯，而应从思想观念上重视礼仪、加强礼仪意识，牢记坚强的意志是保证实现礼仪规范的精神力量。

4. 养成遵守智慧康养服务礼仪的行为

学习智慧康养服务礼仪的最终结果在于使智慧康养服务人员养成良好的礼仪习惯，也就是把人员在智慧康养服务工作中对智慧康养服务礼仪原则和规范的遵从变成一种习惯性的行为。衡量智慧康养服务礼仪学习的效果，主要不是看受教育者了解多少有关智慧康养服务礼仪方面的书本知识，而是看他在智慧康养服务工作中的行为是否符合智慧康养服务礼仪规范的要求，是否能够顺畅地与老年人进行沟通和交流。因此，智慧康养服务礼仪的学习是一种不同寻常的学习，它与学习语文、数学不同，需要在学习过程中做到学以致用、学用结合，将书本知识与个人行为培养、个人礼仪实践及社会实践联系起来，做到知行合一。即边学习礼仪知识，边将所学的知识运用于实践之中，养成遵从礼仪的行为习惯，不断锤炼技能，勤于实践。只有边学边用、学用结合，才能更好地理解智慧康养服务礼仪的思想、要领和价值。

此外，智慧康养服务礼仪规范是从细节上来规范言行举止的，智慧康养服务人员要从大处着眼、小处着手，从一件件具体、琐碎的日常小事做起，寓礼仪于细微之中，逐渐养成习惯。只有在智慧康养服务工作中与老年人交往，不放过任何细节，每处细节都考虑到位，并不断地坚持，才能体现出良好的礼仪精神与礼仪风范。那种大大咧咧、马马虎虎的行为习惯是学习智慧康养服务礼仪的障碍。凡事满足于“差不多”，不愿从个人卫生、生活起居等具体事情做起，是不利于提高智慧康养服务礼仪修养的。

小贴士

小训练

请谈谈作为一名智慧康养服务人员，应当树立怎样的礼仪观念。

课后练习

1. 礼仪的含义、特性和原则是什么？

2. 智慧康养服务礼仪的含义和特点是什么？

3. 智慧康养服务礼仪的原则和本质分别是什么？

4. 智慧康养服务礼仪的作用是什么？

5. 应该如何加强智慧康养服务礼仪修养？

6. 讨论并分析大学生（尤其是职业技术学院的学生）掌握礼仪礼节的重要意义。

7. 调查本校学生社交礼仪缺失的现状，分析原因并提出改善措施。

8. 举出近一周来发生在你身边不符合礼仪规范的 5 个小例子，并分析其问题所在及改进办法。

9. 搜集一至两则中国古代有关尊老敬老礼仪的佳话，并向周围的人宣讲。

10. 观看电影《公主日记》《窈窕绅士》，总结主人公从麻雀变凤凰过程中的诸多礼仪元素以及其礼仪修养方法。

11. 请指出以下人员在礼仪上的问题。

① 小王邋里邋遢地站在智慧康养机构总经理办公室门前，头发乱蓬蓬、西装皱巴巴的，刚一进门就被秘书小姐赶出了办公室。

② 小李坐在接待室等待顾客，不耐烦地走来走去，还不时地翻看接待室的物品。顾客一来他就迫不及待地开始推销产品，顾客没机会插上一句话。

③ 拥挤的公共汽车上，小张因一点小事和一个乘客争吵起来。他气呼呼地赶到顾客那儿，发现顾客是刚才和自己在车上争吵的那个人。

④ 小刘是某酒店前厅的接待人员，客人登记住店时，看了房价后无意中说了一句："这么高的房价？你们的房价为什么这么高呢？"小刘回答："本来还要高，看你不是经商的，这不已经给你打折了。"客人听后极为不悦，大步离开了酒店。

⑤ 居民区苏小姐正在忙家务，门铃响了，她打开门，迎面而来的是一位戴墨镜的年轻男士。苏小姐问："您是……"男士没有摘下墨镜，而是从口袋里摸出一张名片说："我是保险公司的。"苏小姐接过名片看了看，不错，他确实是保险公司的，但这位男士的形象让她反感，便说："对不起，我们不打算买保险。"说着就要关门，而这位男士动作非常敏捷，已将一只脚迈进门内，挤了进来，一副极不礼貌的样子，在屋内打量："你们家的房子装修得这么漂亮，真令人羡慕。可天有不测风云，万一发生个火灾什么的，损失就大了，不如现在你就买份保险……"苏小姐越听越生气，光天化日之下，竟然有人闯进门来诅咒她的房子，于是，她把年轻男子轰了出去。①

12. 在某智慧康养服务公司新员工培训班上，培训讲师要求每位新员工评估自己的社交状况。如果你是培训班学员，请如实填写新员工社交状况自我评估表（表 2–2）。

① 胡详鸿 . 礼仪：销售人员的第一课 . 现代营销（经营版），2010（1）：42–43.

表 2-2　新员工社交状况自我评估表

类型	姓名	职业	社会地位	经济状况	主要活动方式	人品	备注
非常亲密							
亲密							
一般							
差							

13. 案例分析

小成面试

小成是某高职院校智慧健康养老服务与管理专业的应届毕业生，在参加某养老机构的面试时，她脚穿一双帆布拖鞋，上身穿着一件紧身 T 恤，下身一条超短裙，长发披肩，做了镶钻美甲。轮到小成进去面试时，她左手提包，右手拿着简历直接进入面试室，走到评委老师面前说："这是我的简历"，接着把右手拿着的简历放在评委老师面前的桌子上，然后退后五步，询问评委老师："可以开始面试了吗？"评委老师要求小成做自我介绍，小成回答："我叫成丽华，我的详细情况都写在简历上。"评委老师随意问了几个问题就请小成回去等消息，但是一个月过去了，小成没有收到任何录用通知。

思考题：

（1）小成为何没有求职成功？

（2）在面试时，小成在哪些地方做得不妥当？

14. 实训项目

日常礼仪行为养成实训

实训目标：了解礼仪的基本知识和规范，遵循礼仪的基本原则，并在日常生活、学习、工作中培养良好的礼仪习惯。

实训课时：从开学第一周到第十五周的课外时间，第十六周在全班总结，共 2 课时。

实训地点：教室、寝室、食堂、图书馆等。

实训内容：学习礼仪修养基本知识；学习礼仪修养基本规范；从第一节课后起，每天在教室、寝室、食堂、图书馆等公共场所，把课堂所学的礼仪知识应用在待人接物中，培养礼仪习惯。

模块 2

智慧康养服务人员的个人形象礼仪

面必净，发必理，衣必整，纽必结。头容正，肩容平，胸容宽，背容直。气象：勿傲，勿暴，勿怠。颜色：宜和、宜静、宜庄。

——张伯苓

对广大智慧康养服务人员来说，整洁、美观、大方、优雅的个人形象礼仪能体现出智慧康养服务人员良好的精神面貌和专业素养，能够拉近智慧康养服务人员与老人的距离，提高老人及其家属的满意度，彰显智慧康养机构的服务水平。智慧康养服务人员必须把形象礼仪当作一种职业要求加以重视，使用好个人形象这张名片，从一点一滴做起，不断增强吸引力、感召力和信任力，打造智慧康养机构良好的整体形象，实现养老优质服务品牌的增值。

——张岩松

人体以它生动柔和的线条和轮廓、有力的体魄和匀称的体态、滋润、光泽、透明的色彩成为大自然最完美的一部分，标志着我们这个星球上最高级生命的尊严。

——朱光潜

项目3　智慧康养服务人员的仪容礼仪

学习目标

知识目标

（1）掌握仪容修饰的要求。

（2）了解皮肤的类型及其保养方法。

（3）掌握化妆的原则、方法、禁忌及不同脸型的化妆技巧。

（4）明确智慧康养服务人员发型的基本要求。

（5）掌握正确的美体方法。

能力目标

（1）能够根据自身特点修饰和美化仪容。

（2）熟练进行适宜的化妆。

（3）根据自身特点选择合适的发型，以确保发型美观。

素质目标

（1）在生活中和智慧康养服务工作中自觉维护个人形象。

（2）提升审美水平，有针对性地修饰和美化仪容。

（3）不断提升个人审美能力与整体形象。

案例导入

小美和阿丽

小美和阿丽同是某智慧康养服务机构的行政管理人员。小美很在意自己的外在形象，每天上班都“略施粉黛”，显得精神焕发，充满活力，工作中也很受人们的欢迎。相反，阿丽不是特别注重自己的仪容修饰，工作中总是无精打采、精神疲惫的样子。为此，她也努力改变，向小美学习，上班时也涂个红嘴唇，用黑色眼线将眼睛轮廓包围起来，扑上厚厚的粉底，但是效果并不十分理想。阿丽对此十分不解，觉得自己已经尽力了，怎么还是没有得到想要的结果。

思考题：

（1）仪容修饰对个人形象的塑造有何意义？

（2）你觉得阿丽的问题出在哪儿？

仪容即容貌，通常认为，它由面容、发式以及身体所有未被服饰遮掩的肌肤构成，是其最吸引别人视线的地方，是一个人精神面貌和内在气质的外在体现。在服务行业中，服务人员的个人仪容是最受服务对象重视的。实践证明，当服务对象选择服务单位时，服务人员的个人容貌对其产生重要的心理影响。如果服务人员容貌端庄、秀丽，看上去赏心悦目，即“面善”，往往就会挽留住人，甚至有可能增加其进一步消费的欲望。相反，如果服务人员“面恶”，则很可能令人望而却步。因此，对于智慧康养服务人员来说，必须注重仪容美。

仪容美主要包括仪容的自然美、仪容的修饰美和仪容的内在美。仪容的自然美是指仪容先天条件好，天生丽质，与个人遗传因素有关。尽管以貌取人不合情理，但美丽的相貌无疑会令人赏心悦目，感觉愉快，乐意交往，这种仪容美是人们的普遍心愿。仪容的修饰美是指依照礼仪规范与个人条件，对仪容进行必要、恰当的修饰，扬长避短，塑造出美好的个人形象，在人际交往中使自己更自信、自尊、自爱。这种仪容美是仪容礼仪学习与实践的重点。仪容的内在美是指个人通过勤奋学习、规范实践和努力修炼，提高思想道德、文化艺术修养，培养出高雅气质和美好心灵的一种仪容美。这种仪容美是美的最高境界，也是个人修炼的主要目标。实质上，真正意义上的仪容美，应当是上述三种美的相互渗透、有机融合，忽略其中任何一种美，都会影响仪容的整体美。

仪容美是智慧康养服务人员个人形象塑造的重要组成部分，修饰得当的容貌既表达对他人的尊重，又体现个人良好的修养，塑造智慧康养机构的美好形象。因此，智慧康养服务人员应依据岗位需要对个人容貌进行适度的修饰，以塑造积极的个人形象，提高智慧康养服务工作成效。

任务 3.1　仪容干净整洁

讲究仪容美，并不是说智慧康养服务人员人人都必须是俊男靓女，而是说应当讲究个人卫生，时刻保持面容干净整洁。这不但反映社会的文明程度，体现社会风尚，而且是对智慧康养服务人员仪容的基本要求。那么，如何做到仪容干净整洁呢？最重要的是需要长年累月、坚持不懈、不厌其烦地进行仪容细节的修饰工作。

1. 坚持洗澡、洗脸

洗澡可以除去身上的尘土、油垢和汗味，使人精神焕发。有条件的话要常洗澡，至少也要坚持每周洗一次。在参加重大礼仪活动之前还要再洗一次。若脸上常有灰尘、污垢、泪痕或汤渍，难免会让人觉得此人又懒又脏。所以，除了早上起床后、晚上睡觉前洗脸，只要有必要、有可能，就要随时随地抽出一点时间洗脸。

小贴士

正确的洗脸方法

取适量洁面乳分别点在下巴、鼻尖、额头、脸的两颊，用中指和无名指轻轻地从下巴开始洗：从下巴至耳根—从嘴角至耳中—从鼻翼至太阳穴—从眉心至太阳穴—从眉心至鼻尖—从眼睛沿眉到眉尾再到眼角打圈—在嘴周围打括号，这样毛孔才能完全打开，把里面的脏东西清洗干净，洗完以后用接近体温的水冲洗干净。

2. 注意面容修饰

修饰面容，首先要使面容清洁。整洁、干净的面部仪容是本职业对智慧康养服务人员最基本的礼仪要求。智慧康养服务人员应养成良好的个人卫生习惯，特别要重视眉、眼、耳、鼻、口、颈等部位的卫生。因为这些部位处于面部的醒目位置，会对人的整体形象产生重要影响。

（1）眉毛。眉部在面容里，虽然不像眼睛一样引人注目，但它却绝非可有可无。智慧康养服务人员应养成每天上班前在进行面容修饰时审视自己眉毛的习惯，平时要认真擦洗眉部，注意保持清洁，特别要防止在眉部有灰尘、死皮或掉落的眉毛等异物，令眉毛整齐有序。如果一个人眉形存在不足，无疑会影响其整体形象，所以智慧康养服务人员应注意对眉部的修饰，但是一般不提倡文眉。

（2）眼睛。俗话说："眼睛是心灵的窗户。"眼睛是人际交往中被他人注视最多的部位，也是修饰面容时最重要之处。要及时清除眼部分泌物，保持眼部清洁，注意眼病的预防和治疗；佩戴眼镜不仅要力争美观、舒适、方便、安全，而且要注意随时保持眼镜的清洁；在工作场所或社交场所一般不要戴太阳镜或者墨镜。

（3）鼻子。鼻子对面部结构有很大的视觉影响。智慧康养服务人员平时应注意保持鼻腔清洁，不要让异物堵塞鼻孔。跟人谈话时不要下意识地捏鼻子、揉鼻子，要避免当众吸鼻子、擤鼻涕、挖鼻孔等，特殊情况下清理鼻涕应以手帕或纸巾辅助，并尽量避免发出过大声响。要注意检查自己的鼻毛，如果鼻毛过长，应遵守"修饰避人原则"，在私密的地方用小剪刀修剪，但不要用手拔。

（4）口腔。平时应保护自己的唇部，使其不开裂、不破皮，避免嘴角、牙缝内残留异物。要保持牙齿清洁，坚持早晚刷牙。常规的牙齿保洁应做到"三个三"，即三顿饭后都要刷牙；每次刷牙应在饭后 3 min 内完成；每次刷牙的持续时间不少于 3 min。切勿用饮水漱口和咀嚼口香糖一类无效的方法来替代刷牙。口腔异味会影响交际，所以在工作岗位上，还要养成平日不吃生蒜、生葱、韭菜、腐乳、虾酱等带刺激性气味食物的良好习惯，也不要饮烈酒，免得在工作中说话"带味道"，或是使接近自己的人感到不快。必要时可以用口香糖来减少口腔异味，但在正式场合嚼口香糖是不礼貌的，与人交谈时也应避免。

小案例

张婆婆为何产生了轻生的念头？

小陈是某市一家大型养老院的工作人员，平时工作一向积极认真，对待老人更是耐心又细心，她还特别会体贴老人，因此得到大家的一致好评。张婆婆是新入住这家养老院的老人，家里有三个孩子，可是孩子几乎从不去看望老人，对老人的事情也从来都是推三阻四。张婆婆一直和老伴儿相依为命。可是最近，张婆婆的老伴儿因病过世了，经居委会的人介绍，张婆婆来到了这家养老院。无依无靠的张婆婆即使到了养老院也成天唉声叹气，甚至有轻生的念头。这天，张婆婆看了电视里的悲剧情景又想起了自己的经历，哭得很是伤心，这时小陈正好进屋为张婆婆打扫房间卫生，张婆婆一把抱住小陈，把自己的过往一一对小陈道来，想得到小陈的关心，可对于张婆婆的哭诉，小陈却一直紧闭嘴巴不肯开口。两天之后，张婆婆竟从养老院失踪了，桌上留下一封信，她说儿女不管她，老伴儿又离她而去，而今就连养老院最关心体贴老人的小陈也不搭理她了，她觉得活在这个世界上已经没有什么意义。院长对此事非常纳闷，把小陈叫来询问，才得知那天中午小陈吃了韭菜饺子，觉得自己口气太重，才紧闭嘴巴不开口，没想到竟害了张婆婆。

（5）耳朵。进行面部清洁时，不要忽略对耳部特别是耳孔内的清洁，应及时除去耳部污垢和修剪外露耳毛；智慧康养服务人员应注意不要在工作岗位上，尤其是接待患者时挖自己的耳朵，否则会给患者造成不雅之感。

（6）颈部。颈部属于面容的自然延伸部分，是人体最容易显现一个人年龄的部位，平时要和脸部一样注意保养。经常保持颈部清洁，并加强颈部运动与营养按摩，防止皮肤过早老化而与面容产生较大反差。

3. 保持头发整洁

头发是人体的“制高点”，颇受他人的关注。作为智慧康养服务人员，塑造良好的职业形象应该从“头”开始。

（1）洗发。对头发勤清洗，有三方面作用：一是有助于保养头发，二是有助于消除异味，三是有助于清除异物。若是对头发懒于梳洗，弄得自己蓬头垢面，满头汗臭、油味，发屑到处可见，甚至生出寄生虫来，是很败坏个人形象的。一般来说，中性皮肤的人，冬天可隔 4 ～ 5 天，夏天可隔 3 ～ 4 天清洗一次。油性皮肤和干性皮肤的人，分别缩短或延长 1 ～ 2 天清洗一次。夏季每天洗发基本没什么问题，需要注意的是必须选用性质温和的洗发水，例如含有氨基酸、蛋白质等活性剂的洗发水。

要洗好头发，须注意以下三点。① 注意水的选择。洗涤头发，宜用 40℃左右的温水，水温过低或过高，都对头发有害无益。尤其要注意水质，各种矿泉水，包括含碱或含酸过多的矿泉水，均不宜用来洗头。② 注意洗发剂的使用。在选用洗发剂时，除了要选适合自己发质的，还应注意具有去污性强、营养柔顺头发、刺激性小、易于漂洗等特点。采用洗发剂洗头，一定要将其漂洗干净。③ 注意头发变干。第一步，用吸水性较强的毛巾将头发包裹至半干；第二步，当头发已经不再滴水的时候，用宽齿梳子将揉成一团的头发梳理开来；第三步，如果时间允许，最好令其自然晾干，这种做法最有益于保护头发。若打算令头发迅速变干，可以用电吹风将其吹干，但温度不宜过高，否则会损伤头发。

（2）理发。理发指的是对头发进行适当的修整，并将其剪短到一定程度。在正常情况下，每个人的头发会不断地进行新陈代谢，生长不停。因此，每到一定的时间，人们就必须理发。

在修剪自己的头发时，有两方面的问题应当引起重视。① 应当定期理发。通常情况下，男士半月左右一次，女士可根据个人情况而定，但最长不应超过一个月。② 应当慎选理发方式。具体说来，理发分为剪、刮、洗、染、吹、烫等不同的方式。作为智慧康养服务人员，在选择发型时，应当以大方简洁为原则，不宜选择过于夸张的发型。比方说，如果打算把自己的头发染得更黑一些，是比较正常的，因为它既是“人之常情”，也符合中国人传统审美习惯，然而若是执意把自己的黑头发染成红、绿、蓝、紫等各色，甚至将其染成数色并存的彩色，则与自己的身份不相符，也容易给服务对象留下较差的印象。

（3）梳发。梳发，是保持干净整洁的职业形象不可缺少的日常修整工作之一。梳发可以去掉头皮上的污垢和头皮屑，并给头发以适度的刺激，以促进血液循环，使头发柔软而有光泽。

就梳理自己的头发而言，需注意以下三点。① 选择适当的工具。梳理头发，不宜直接使用手指抓挠，而应当选用专用的梳子、头刷等梳理工具，其主要标准是不会伤及头发、头皮。② 掌握梳理的技巧。梳理头发，不但是为了将其理顺，使之成型，而且也是为了促进头部的血液循环与皮脂分泌，提高头发与头皮的生理机能。要做到这一点，就必须掌握必要的梳理技巧。例如，梳头时用力要适度，不宜过重或过猛；梳子与头发形成一定的角度，以促使头发形状起伏变化；梳子应向同一个方向梳理，不宜循环往复；等等。③ 勿在公共场合梳发。若是在外人面前梳理自己的头发，使残发、发屑纷纷飘落的情景落入他人眼底，是极不理智的行为，也是缺乏教养的表现。

4. 保持衣裳整洁

要勤换内衣，外衣也要定期清洗、消毒。要勤换鞋袜，保持鞋袜舒适干净，不要在集会或看演出等公众场合脱鞋。

此外，要使用自己的毛巾、口杯、脸盆、牙刷和香皂，养成良好的卫生习惯。

任务 3.2 妆容规范得体

对于每个智慧康养服务人员来说，规范的妆容要从以下几个方面入手。

1. 护肤得法

正常健康的人的皮肤具有光泽，且柔软、细腻、洁净、富有弹性；而当人处于病态或衰老的时候，其皮肤就会失去光泽、弹性，出现皱纹或色斑。对皮肤进行经常性的护理和保养，有助于保持皮肤的青春活力。

微课

（1）按类型保养。皮肤一般分为干性皮肤、中性皮肤、油性皮肤、混合性皮肤和敏感性皮肤。对于不同类型的皮肤，需要用不同的方法加以护理和保养。

① 干性皮肤的保养。干性皮肤红白细嫩，油脂分泌较少，经不起风吹日晒，对外界的刺激十分敏感，极易出现色素沉着和皱纹。对于这种皮肤，每天在洗脸的时候，可以在水中加入少许蜂蜜，湿润整个面部，然后用手拍干。坚持使用一段时间，就能改善面部肌肤，使其光滑细腻。保养的要点是补充油脂和保湿。

② 中性皮肤的保养。中性皮肤比较润泽细嫩，对外界的刺激不太敏感。这种皮肤比较易于护理，可以在晚上用水洗脸后，再用热水捂脸片刻，然后轻轻擦干。保养要点是维持水油平衡。

③ 油性皮肤的保养。油性皮肤肤色较深，毛孔粗大，油光满面，易生痤疮等皮脂性皮肤病，但适应性强，不易长皱纹。洗脸时可在热水中加入少许白醋，以便有效地去除皮肤上过多的皮脂、皮屑和尘埃，使皮肤富有光泽和弹性。保养要点是控制油脂分泌和保湿。

④ 混合性皮肤的保养。混合性皮肤看起来很健康且质地光滑，但T形区（额头、鼻子、下巴的区域）有些油腻，而脸颊及脸部的外缘有一些干燥的迹象。混合性皮肤在护肤时可考虑分区护肤的法则，对于干燥的部位除了更多的补水保养，还可以适当选择一些营养成分较丰富的护肤品，而偏油部分可以使用清爽的护肤品。保养要点是控制T形区油脂分泌，消除两颊的干燥现象并保湿。

⑤ 敏感性皮肤保养。敏感性皮肤的表皮较薄，毛细血管明显，使用保养品时很容易过敏，出现发炎、泛红、起斑疹、瘙痒等症状。保养要点是适度清洁，不过度去角质，不频繁更换保养品，不使用含有致敏成分的化妆品。

小贴士

确定皮肤类型的简单方法

在早晨起床前，准备三张干纸片，分别贴在额头、鼻子、面颊上，2 min后揭下，放在亮处观察，就可判断自己的皮肤类型。如果满纸油迹即为油性皮肤，极少油迹即为干性皮肤；如果额头、鼻子有油迹，脸颊上几乎没有则为中性皮肤；额头、鼻子有较多油迹，脸颊上没有则为混合性皮肤。

（2）合理饮食。合理的饮食是美容保健的根本。人体需要多种养分，有了养分，皮肤才有自然健康的美。因此，我们在日常生活中应注意饮食的多样化，多吃富含维生素的食物，少吃刺激性食物，保持消化吸收系统的畅通。一项研究表明，美好容颜的养成，内在营养占 80%，外在营养占 20%。

（3）保持乐观的情绪。乐观的情绪是最好的润肤剂。俗话说“笑一笑，十年少”，笑是一种化学刺激反应，它能激发人体各器官的活动，尤其是大脑、内分泌系统。笑的时候，脸部肌肉舒展，使面部皮肤新陈代谢加快，促进血液循环，增强皮肤弹性，起到美容的作用。经常笑能使面色红润，容光焕发，给人年轻健康的美感。放松是保持乐观情绪的一剂良药，每天平躺在床上，使脚高于头，什么也不想，可以听轻音乐，10 min 后，即可增加面部的供血量，起到护肤的功效。

（4）保证良好的睡眠。保持卧室的良好环境，卧室的温度、床垫和枕头的软硬，都要适合自己入睡的要求。如有可能，特别是在北方的冬季，可在室内放置加湿器，防止皮肤干裂。良好的睡眠可以使皮肤获得更多的氧气，满足其代谢需要。

（5）保持皮肤适度的水分。皮肤的弹性和光泽是由含水量决定的，要使皮肤滋润，每天要保证喝 2 000 mL 的水。每天晚上临睡前饮一杯凉开水，睡眠时，水分会渗入细胞，为细胞所吸收。早晨起床后，也要饮一杯凉开水，使肠胃畅通，使水随血液循环分布全身，滋润皮肤。皮肤角质层水分也可以从体外吸收，保持环境湿度，在化妆品中配合保湿剂，是保持皮肤水分的好方法。

（6）避免不良刺激。紫外线对皮肤有破坏作用，过度暴晒会使皮肤变黑、粗糙并出现皱纹，因此在阳光太强的天气，要注意防晒。应化淡妆，不要浓妆艳抹，以减少对皮肤的刺激。不要使用伪劣化妆品。

（7）按摩皮肤。具体方法是：两手掌相互摩擦发热，然后两手掌由前额顺着脸的两颊轻轻向下擦，擦至下巴时，再向上擦至前额，如此一上一下将脸的各处均擦到，上下共 36 次，每天早晚洗脸后进行。在按摩时手法要轻柔，不可用力过猛。

小贴士

总之，只有自觉地、习惯地在日常生活和工作中保养皮肤，坚持皮肤“锻炼”，才能使其细腻、光泽、柔嫩、红润，富有弹性，青春永驻。

2. 化妆得法

在现代社会，适当化妆是有必要的。化妆，是修饰仪容的一种方法。选择适当的化妆品，学习与自己的气质、脸型、年龄等特点相符的化妆方法，能增添自己的魅力。这既是自尊的表现，也意味着对服务对象的重视。智慧康养服务是一种高接触性的服务行业。对智慧康养服务人员来说，尤其是女性员工在工作时应采用工作妆，即鲜明、清丽、素雅，具有鲜明的立体感。它既要给人深刻印象，又不能显得脂粉气十足。男士在某些特定场合可以化淡妆，调整面部肤色，但不可以太露痕迹。

（1）化妆的类型。适度得体的妆容可以展现个人风采。“美丽自然”是美容化妆的精髓，能让老年人感到心情愉悦。一般来说，化妆的分类如下：① 按性质及用途分，可分为生活美容化妆、舞台化妆及戏剧化妆。② 按冷暖分，可分为暖妆和冷妆。③ 按色度分，可分为淡妆和浓妆。女性智慧康养服务人员的妆容受到职业环境的制约，要给老年服务对象以专业、负责、亲切的感觉，以淡妆为佳。

（2）化妆的目的。面部化妆以突出五官中最美的部分，并掩饰或矫正缺陷为目的。面部五官以“三庭五眼”的比例为标准。

“三庭五眼”如图 3–1 所示。（来源：http://k.sina.com.cn/article_3609583895_d725e11701900bk5z.

html）

“三庭”包括上庭、中庭和下庭。上庭，即从发际线到眉线；中庭，即从眉线到鼻底线；下庭，即从鼻底线到颏底线。

“五眼”是指从正面看，右耳孔到左耳孔之间的脸部横向距离，正好相当于五只眼睛的宽度，即两眼角至脸边线各为一只眼睛的宽度，两内眼角之间也为一只眼睛的宽度。如果符合这个比例，就会产生匀称感。如果不符，就要在化妆时运用一定的技法进行调整和弥补。

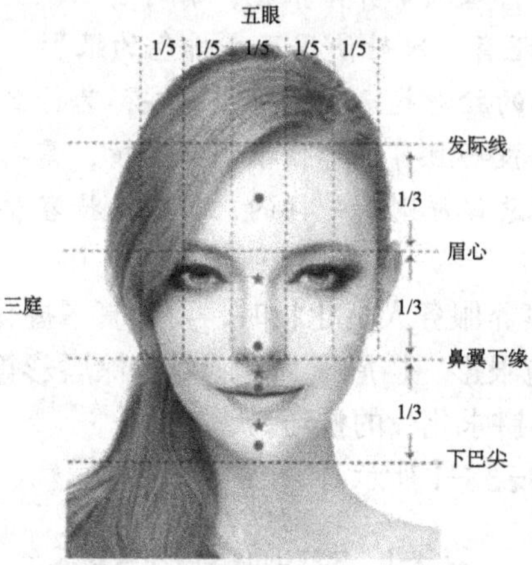

图 3–1

小训练

小吴是某职业技术学院智慧康养专业的一名在校生，她比较喜好梳妆打扮，对此背后也有不同的议论，你认为学生可以化妆吗？

（3）化妆的原则。仪容化妆必须坚持以下三个原则。

① 淡妆上岗。通常化妆有晨妆、晚妆、上班妆、社交妆、舞会妆、少女妆、主妇妆、结婚妆等多种形式，它们在浓淡程度和化妆品的选择及使用方面，都存在一定的差异。智慧康养服务人员应当化淡妆，要淡雅而又传神，恰到好处地展现自身的光彩与魅力。

智慧康养服务人员应当避免过量使用芳香型化妆品。以使用香水为例，智慧康养服务人员需要在老人房间开展服务工作，房间属于一个相对密闭的空间，如果智慧康养服务人员使用香水不当，会引起老人的不适甚至反感。使用香水时，应注意两个问题：一是应选择适当类型的香水，如淡香型、花香型等香水比较合适；二是使用香水的剂量不宜过大，而且要避免同时使用几种香水。

② 避免出现残妆。智慧康养服务人员在工作时应当避免出现残妆。要维护妆容的完整性，如用餐后、饮水后、工作后，一定要及时为自己补妆。妆容的深浅不一、残缺不堪必然会给服务对象留下不良印象，不仅有损自身形象，还会破坏智慧康养服务人员在老人心目中的专业形象。

③ 不当众化妆、补妆。智慧康养服务人员应当认真对待自己的妆容，不可以随时随地在公共场合为自己化妆或补妆。在众目睽睽之下化妆、补妆是非常失礼的，这样做有碍于别人，也不尊重自己。

小贴士

小案例

百变公主

小李是一名刚刚走上智慧康养服务工作岗位的大学毕业生，对新的职场生活充满了憧憬与期待。为了尽快融入职场，她在家人的支持下添置了不少行头，有职业装、化妆品、配饰等，可以说是应有尽有。可是每次上岗前的化妆是她最痛苦的事情，一是花费时间多，二是她根本不知道自己适合化什么样的妆，每次都弄得很花，有时自己感觉很尴尬。有一次，她还被一名男同事笑话是“百变公主”。还有一次她使用了咖啡色的眼影，吓坏了同事们。她自己也很苦恼，本来想用深色眼影让自己的脸看起来立体感强一些，为什么却适得其反呢?

可见，化妆是一门很需要技巧且可操作性很强的事情，需要多加练习才能得心应手。每个人化妆的手法可能不一样，但总体原则是一样的，那就是妆容要适合自己。

（4）化妆的方法。智慧康养服务人员化妆时，要认真掌握化妆的方法。化妆大体上分为打粉底、画眼线、施眼影、描眉形、上腮红、涂唇彩等步骤。每个步骤均有一定之法，必须认真遵守，讲求化妆的技巧。

小贴士

化妆的操作程序与要求如表 3-1 所示。

表 3-1 化妆的操作程序与要求

步骤	目的	操作要点	注意事项
1. 打粉底	调整面部肤色，使之柔和美丽	① 选择粉底霜； ② 用海绵取适量粉底，涂抹细致均匀	① 粉底霜与肤色反差不宜过大； ② 切记在脖颈部打粉底，以免面部与颈部“泾渭分明”
2. 画眼线	使眼神生动有神，并且更富有光泽	① 笔法先粗后细，由浓而淡； ② 上眼线从内眼角向外眼角画； ③ 下眼线从外眼角向内眼角画	① 一气呵成，生动而不呆板； ② 上下眼线不可在外眼角处交会
3. 施眼影	强化面部立体感，使双眼明亮传神	① 选择与个人肤色适合的眼影； ② 由浅而深，施出眼影的层次感	① 眼影色彩不宜过分鲜艳； ② 工作妆应选用浅咖啡色眼影
4. 描眉形	突出或改善个人眉形以烘托容貌	① 修眉，拔除杂乱无序的眉毛； ② 具体描眉形	① 使眉形具有立体感； ② 注意两头淡、中间浓，上边浅、下边深
5. 上腮红	使面颊更加红润，轮廓更加优美，显示健康活力	① 选择适宜的腮红； ② 延展晕染腮红； ③ 扑粉定妆	① 注意腮红与唇膏或眼影属于同一色系； ② 注意腮红与面部肤色过渡自然
6. 涂唇彩	改变不理想的唇形，使双唇更加娇美	① 以唇线笔描好唇线； ② 涂好唇膏； ③ 用纸巾吸去多余的唇膏	① 先描上唇，后描下唇，从左右两侧沿唇部轮廓向中间画； ② 描完后检查一下牙齿上有无唇膏的痕迹
7. 喷香水	掩盖不雅体味，使之清香宜人	① 选择适宜的香水类型； ② 喷涂于腕部、耳后、颌下、膝后等适当之处	① 香水切勿使用过量； ② 香水气味应淡雅清新

完成上述化妆过程后，要进行妆后检查。一是检查左右是否对称。眼、眉、腮、唇、鼻侧等，两边的形状、长短、大小、弧度是否对称，色彩浓淡是否一致。二是检查过渡是否自然。脸与脖子、鼻梁与鼻侧、腮红与脸色、眼影、阴影层次等过渡是否自然。三是检查整体与局部是否统一协调。各局部是否缺漏、碰坏，要符合整体要求，该浓该淡是否达到了应有的效果，整个妆面是否协调统一。四是检查整体是否完美。化妆要忌“手镜效果”，即把镜子贴近脸部检查。虽然这样会看清细小的部分，但一般人是在 1 m 之外的距离与你面谈或打招呼。所以要在镜前 50 cm 处审视自己，对脸部整体的平衡做出正确的判断。

小贴士

小训练

某智慧康养机构接待员小洁，看到同事们很注重自己的仪容，她也开始留心起来。她有一双丹凤眼，很有古典美，但她想让自己的双眼看起来更大一些。如果你是小洁的同事，你将如何帮她画出一双水汪汪的明亮大眼睛呢？

（5）化妆的禁忌。除了不能在公共场合化妆，还要注意以下四个禁忌。

① 女士不能当着男士的面化妆。如何让自己更加妩媚应是女性的私人问题，即便是丈夫或男朋友，这点距离也是要有的，从某种意义上来说，“距离”就是美。

② 不能非议他人的妆容。由于个人文化修养、皮肤及种族的差异，每个人对化妆的要求及审美观是不一样的。不要总认为只有自己化的妆才是最好的。在和他人交往的过程中，即便是好朋友，也不要主动去为别人化妆、改妆及修饰，这样做就是强人所难和热情过度。

③ 不要使用别人的化妆品。如果确实忘了带化妆品而又需要化妆，除非别人主动给你提供方便，否则千万不要用别人的化妆品，因为这是极不卫生的，也是很不礼貌的。

④ 男士使用化妆品不宜过多。目前，使用化妆品的男士越来越多，但男女有别。男士不能使用过多的化妆品，否则会给人带来不良的印象，让人感到你化妆后有“男扮女装”的感觉。

小幽默

化妆不难

阿美买了一堆化妆品，看着网上的使用教程，不禁感叹道：“步骤这么多，也太难记了吧！”

老公走过来看了看，说：“这还不简单？先洒水，后防水，再做隔离，最后刷白，这么一来，底子再粗糙也看不到了。”

阿美听了赞叹道：“老公，你真厉害！”老公把嘴一撇，说：“你忘了，我是干装修的，这跟刷墙一个道理嘛！”

（6）不同脸型的化妆。脸部化妆一方面要突出面部五官最美的部分，使其更加美丽；另一方面要掩盖或矫正缺陷或不足。经过化妆品修饰的美有两种：一种是趋于自然的美，一种是艳丽的美。前者是通过恰当的淡妆来实现的，它给人以大方、悦目、清新的感觉，最适合在家或平时上班时使用。后者是通过浓妆来实现的，给人以庄重、高贵的印象，可用在晚宴、演出等特殊的社交场合。无论是淡妆还是浓妆，都要利用各种技术恰当使用化妆品，通过一定的艺术处理，才能达到美化形象的目的。

① 椭圆形脸的化妆。椭圆形脸可谓公认的理想脸型，化妆时宜注意保持其自然形状，突出其可爱之处，不必通过化妆去改变脸型。

涂胭脂时，应涂在颊部颧骨的最高处，再向上向外揉开。

涂唇膏时，除嘴唇唇形有缺陷外，尽量按自然唇形涂抹。

修眉毛时，可顺着眼睛的轮廓修成弧形，眉头应与内眼角齐，眉尾可稍长于外眼角。

正因为椭圆形脸无须太多修饰，所以化妆时一定要找出脸部最动人、最美丽的部位予以突出，以免给人平平淡淡、毫无特点的印象。

② 长形脸的化妆。长形脸的人在化妆时应力求达到的效果应是增加面部宽度。

涂胭脂时，应注意离鼻子稍远些，在视觉上拉宽脸型。涂抹时，可沿颧骨最高处与太阳穴下方所构成的曲线部位，向外、向上揉开。

涂唇膏时，依自己的唇形涂成最自然的样子，修改不宜过大。

施粉底时，若双颊下陷或者额部窄小，应在双颊和额部涂以浅色调的粉底，增加光影效果，使之变得饱满一些。

修眉毛时，应令其呈弧形，切不可有棱有角。眉毛的位置不宜太高，眉毛尾部忌高挑。

③ 圆形脸的化妆。圆形脸给人可爱、玲珑之感，若要修正为椭圆形并不十分困难。

涂胭脂时，可从颧骨起始涂至下颌部，注意不能简单地在颧骨突出部位涂成圆弧形。

涂唇膏时，可将上唇涂成浅浅的弓形，不能把双唇涂成圆形，以免有“圆上加圆”之感。

施粉底时，可用来在两颊制造阴影，使圆脸看起来瘦一点。选用暗色粉底，从额头靠近发际处起向下窄窄地涂抹，至颧骨部位下可加宽涂抹面积，造成脸部亮度自颧骨以下逐步集中于鼻子、嘴唇、下巴附近。

修眉毛时，可修成自然的弧形，可做少许弯曲，不可太平直或有棱角，也不可过于弯曲。

④ 方形脸的化妆。方形脸的人以颧骨突出为特点，因而化妆时要设法掩饰，增加柔和感。

涂胭脂时，宜涂抹得与眼部平行，切忌涂在颧骨最突出处。可抹在颧骨稍下处并往外揉开。

涂唇膏时，可涂得丰满一些，以强调柔和感。

施粉底时，可用暗色调在颧骨最宽处制造阴影，令其方正感减弱。下颌部宜用大面积的暗色调粉底制造阴影，以改变面部轮廓。

修眉毛时，应修得稍宽一些，眉形可稍带弯曲，不宜有棱角。

⑤ 三角形脸的化妆。三角形脸的特点是额部较窄而两腮较宽，整个脸部呈上窄下宽的形状。化妆时应将下部宽角“削”去，把脸型修正为椭圆形。

涂胭脂时，可由外眼角处起始，向下抹涂，令脸部下半部分拉宽一些。

涂唇膏时，注意使唇角稍向上翘，唇形可适当外扩。

施粉底时，可用较深色调的粉底在两腮部位涂抹、掩饰。

修眉毛时，宜保持自然状态，不可太平直或太弯曲。

⑥ 倒三角形脸的化妆。倒三角形脸的特点是额部较宽大，而两腮较窄小，呈上宽下窄状。人们常说的“瓜子脸”“心形脸”即指这种脸型。化妆时，掌握的诀窍与三角形脸相似，但需要修饰的部分则正好相反。

涂胭脂时，应涂在颧骨最突出处，而后向上、向外揉开。

涂唇膏时，宜用稍亮些的唇膏以加强柔和感，唇形宜稍宽厚些。

施粉底时，可用较深色调的粉底涂在过宽的额头两侧，而用较浅的粉底涂抹在两腮及下巴处，造成掩饰上部收缩、突出下部的效果。

修眉毛时，应顺着眼部轮廓修成自然的眉形，眉尾不可上翘，描眉时从眉心到眉尾宜由深渐浅。

小训练

两名同学为一组，相互为对方化淡妆。化妆品自备，教师检查并点评。

3. 剃须得法

对男性智慧康养服务人员来说，剃须是规范妆容至关重要的方面。要经常刮胡须，以保持面部清洁，这样显得既整洁又精神。留胡须或鬓角的人，也应当经常刮脸、修剪胡须。一般情况下，每1～3天进行一次即可。剃须时，要注意操作程序、方法是否正确、得当。

（1）清洁皮肤。剃须前，应先洗净脸部。如脸上、胡须上留有污物及灰尘，在剃须时，剃刀可能会刺激皮肤，产生刺激或轻微碰伤皮肤，污物可能会引起皮肤感染。

男性皮肤一般比较粗糙，表面经常粘附污垢并堵塞毛孔，导致毛囊及皮脂腺疾病。夏秋之交，新陈代谢加快，加上外界紫外线的照射和周围温度的变化，导致油脂分泌不平衡，皮肤容易出现皱纹、松弛、浮肿等现象。因此在清洁面部之前，先用热毛巾敷在脸上，这样可以促使毛孔张开，然后将适量男士洗面奶放在手心，轻轻搓出泡沫后仔细而轻柔地按摩脸部，除去毛孔中的污垢。在清洁的时候最好使用含水解动物蛋白和水杨酸的润肤洗面奶，它们具有滋润作用，保护皮肤水分的同时可以消除皱纹，还能清除皮肤深层的污垢，使皮肤保持光滑、柔软。

（2）软化胡须。洗净脸后，用热毛巾捂住胡须，或将软化胡须膏涂于胡须上，使其软化。如果可以，稍微做一下脸部按摩，这样能促使皮肤表层的衰老细胞及时脱落，提高皮肤深层细胞的活力，为之后的剃须做好准备。过一会儿再涂上剃须膏或皂液，以利于刀锋对胡须的切割，减轻对皮肤的刺激。

剃须膏是男士剃须的专用产品，有泡沫型和无泡沫型两种。最好适量使用由薄荷香和消炎药物制成的男士剃须膏，不仅能避免引起细菌感染，而且用按摩手法在脸上来回涂抹，能保护肌肤。

剃须膏的使用方法比较简单，先用温水将胡须部位打湿，再挤少量剃须膏均匀地涂抹在胡须上。待泡沫出现或稍等片刻后，即可开始剃须。这样也可避免在剃须的过程中因刮胡刀直接接触皮肤而产生伤害。

（3）正确剃刮。剃须时应绷紧皮肤，以减少剃刀在皮肤上运行时的阻力，并防止碰破皮肤。对于易起皱纹的皮肤，更应绷紧，使之保持弹性和一定的支撑力。

剃须的顺序是：从左至右，从上到下；先顺毛孔剃刮，再逆毛孔剃刮；先剃鬓角、两颊和颈部，然后剃下颌和上唇的胡子。因为下颌以及上唇的胡子更厚、更多，需要更长的时间来软化。如果还觉得不够干净，再逆着胡须的生长方向重复刮一次即可。

剃刮完毕，用热毛巾把泡沫擦净或用温水洗净后，应检查一下还有没有胡茬。喉部的胡须如果没有剃干净，会很刺目，可以紧贴胡须根再剃一次。

（4）剃后保养。剃须后应注意皮肤保养，因为剃刮胡须对皮肤有一定的刺激，并且易使皮脂膜受损，为了在新皮脂膜再生之前保护好皮肤，应在剃须后用热毛巾敷上几分钟，然后可选用须后乳或有舒缓作用的保湿产品，以滋润剃须过程中受损的皮肤，也可以形成保护膜，使皮肤少受外界刺激。

任务 3.3　发型和谐美观

小案例

气质魅力从头开始

王勇作为一名出色的养老院院长，获评某市2024年度最美养老院院长，他要接受电视台的采访。为了慎重起见，王勇向形象设计公司的形象设计师咨询，有无需要特别注意的事项。对方专程赶来之后，仅仅向王勇提了一项建议：换一个较为儒雅而精神的发型，一定要剃去鬓角。对方的理由是：发型对一个人的上镜效果至关重要。果然，改换了发型之后的王勇在电视上亮相时，形象焕然一新。他的发型使他显得精明强干，他的谈吐使他显得睿智稳健，两者相辅相成，令电视观众们纷纷为之倾倒。

可见，发型是仪容的重要组成部分，对塑造一个人的整体形象起着重要的作用。最美养老院院长王勇换了发型就带给人不同的视觉感受，气场也发生了很大的变化，正所谓“气质魅力从头开始”。

发型是构成仪容美的重要内容，仪容修饰应“从头开始”。美观的发型能给人以整洁、庄重、洒脱、文雅、活泼的感觉。发型的选择要与性别、发质、服装、身材、脸型等相匹配，还要与自己的气质、职业、身份相吻合，这样才能扬长避短、和谐统一，展现出真正的美。

1. 智慧康养服务人员的发型基本要求

在确保发型整洁的前提下，智慧康养服务人员应根据自己的工作性质选择发型，具体来说，发型要符合以下要求。

（1）长短适当。无论是男性智慧康养服务人员还是女性智慧康养服务人员，其发型的基本要求都是长短适当。

① 对于男性智慧康养服务人员头发的标准长度，一般的要求是既不宜理成光头，也不宜将头发留得过长或者梳起辫子。为了显示良好的精神面貌，同时也为了方便服务工作，通常提倡将头发剪得稍短。具体而言，头发应做到：前发不覆额，侧发不掩耳，后发不触领，面不留须。

② 女性智慧康养服务人员在工作岗位上头发长度不应超过肩部，刘海不应挡住眼睛，不允许随意将头发披散开来。提出这一要求，并不是强迫长发过肩者全部将其剪短，而是希望其采取一定的措施，在上岗之前，将超长的头发盘起来、束起来、编起来，或是置于工作帽之内。当然，女性智慧康养服务人员也不允许剃光头。

（2）风格庄重。智慧康养服务人员在选择发型时，应当有意识地使自己的发型体现庄重而保守的整体风格。智慧康养服务人员通常不宜使自己的发型过分时髦，尤其不要为了标新立异而有意选择极端前卫的发型。

智慧康养服务人员在为自己选择具体发型时，务必牢记，发型必须与自己的身份相符，必须符合本行业的“共性”，切忌与自己的身份不相符或是“个性化”色彩异乎寻常强烈。

2. 女性智慧康养服务人员的发型塑造技法

（1）女性智慧康养服务人员的长发发型塑造技法。女性智慧康养服务人员的长发，要求统一盘起，一是出于工作安全的需要，一旦发生紧急情况，可以没有任何阻碍，能非常迅速地采取应急措施。二是职业岗位的需要，使女性智慧康养服务人员显得干练、利索、干净、整齐，具有职业气质。

盘发用具包括发网、小型发卡4个、皮筋、U型发卡、定型水、梳子等。下面介绍三种长发盘起的方法。

发型一：中式盘发。其盘发步骤如下：一是将长发整齐地向后盘起，发顶高度与耳部上缘取齐，前额不留刘海、碎发，使用定型水和发网固定，做到一丝不乱、整齐干净、饱满；二是用橡皮筋将所有头发扎成马尾状；三是用黑色发网将马尾全部罩住；四是左手抓住发根，右手抓住马尾并顺时针旋转，直至将头发盘起，位于头的后部；五是用U型发卡将发髻固定，使外形饱满；六是用小型发卡和定型水将碎发固定，真正做到一丝不乱。

中国式盘发如图3–2所示。

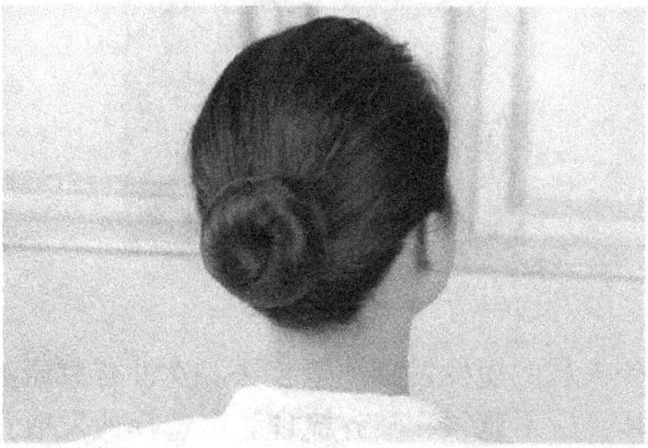

图3–2

发型二：佩戴头花式盘发。佩戴头花式盘发的步骤分两步：一是按照上述中国发髻的前两步操作；二是将头花网套上的卡子别在头发根部，再将碎发放入网套内，高度与双耳上缘对齐。

佩戴头花式盘发如图3–3所示。

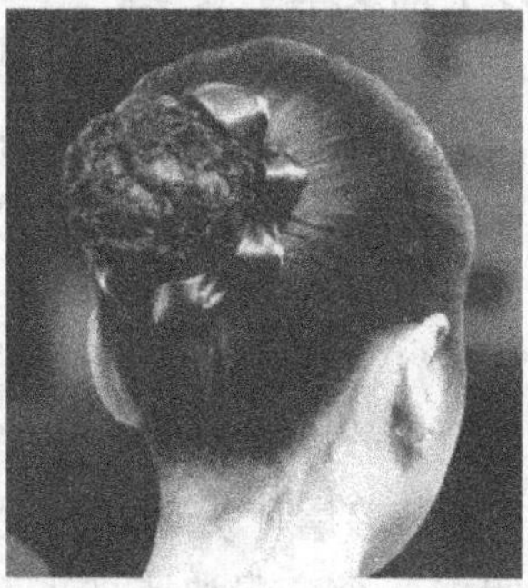

图3–3

发型三：法式盘发。法式盘发给人一种独特的时尚优雅感，更有富贵感。其步骤如下。

第一步：将头发拨到一边，稍稍偏离脑门中心，接着用另一只手从下至上垂直插入U型发夹。这一步需要注意的是不要夹入太厚的发层，以免发层不能被固定好。

第二步：从下至上垂直插入一排U形发夹，发夹互相交错成锯齿状，将头发固定住，最后一枚发夹从上至下插入。

第三步：用一只手将头发聚拢在一起，顺时针扭紧发束并向上提拉，尽量用扭转的头发遮住发根那一排 U 型发卡。拧头发的时候需要注意不能太紧，否则不仅夹子会承受不住从而松掉，而且发型也会显得太拘谨；也不能太松，这样不仅遮不住夹子，看上去也很凌乱。标准应该是拧 4 圈左右，拧的时候微微往下放，长发的女士可以多拧两圈并往下放。值得注意的是，如果你没有烫过头发并且头发很服帖，那就需要减少拧头发的圈数。

第四步：在头发扭转的最后，水平插入 U 型发夹，并与垂直插入的发夹交叉以固定发型。

第五步：将发梢稍作打理，让它们保持蓬松自然，然后用发胶喷雾定型。

法式盘发如图 3–4 所示。

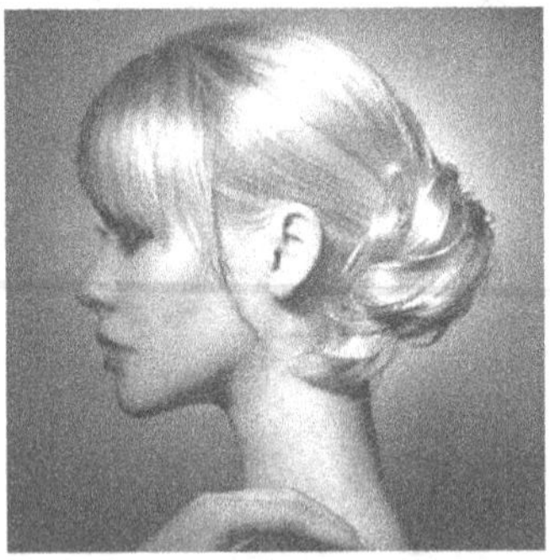

图 3–4

（2）女性智慧康养服务人员的短发发型塑造技法。女性智慧康养服务人员的短发，要前不遮眉、侧不遮耳、后不遮领、整齐梳理。可选择烫发或直发，但是不可留怪异发型、染成彩色或漂染成带有个性标志的发型。

小贴士

小训练

随机请三位同学起立，请大家评价他们的发型，必要时请其他同学提供专业的改进意见。

3. 智慧康养服务人员饰发基本要领

智慧康养服务人员还需要掌握以下饰发基本要领。

（1）发型与发质、服装。一般来说，直而硬的头发容易修剪得整齐，故设计发型时应尽量避免花样复杂，应以修剪技巧为主，做成简单而又高雅大方的发型。比如梳理成披肩长发，会给人一种飘逸秀美的悬垂感；用大号发卷梳理成略带波浪的发型或梳成发髻等，会给人一种雍容、典雅的高贵气质。

细而柔软的头发，比较服帖，容易打理成型，可塑性强，适合做小卷的波浪式发型，显得蓬松自然；也可以梳成俏丽的短发，能充分体现你的个性美。

在现代美容中，一个人的发型与服装有着十分密切的关系。什么样的服装应当与什么样的发式相配，这样才显得协调大方。假如一个高贵典雅的发髻配上一身牛仔服就显得不伦不类。因此，只有和谐统一才能真正体现美。

（2）发型与身材。发型设计不应只是简单地增加或减少身高的作用。发型、脸型和身材应该是和谐一致的。有时单看某一款发型很漂亮，与脸型和肤色都配合得很好，可是站起来一看就感到协调美中不足，原来是发型太短或太长，导致头长和身高比例失衡，或头宽与身宽比例不相宜。根据人体美学测量学的研究，头长和身高的比例应该为 1:7.5 ～ 1:8。只有遵循形式美法则，才能使发型设计具有增加体型美或修补体型缺陷的效果。发型与身材的配合大致有下列几种情况。

①身材矮小者的发型。身材娇小、脸型圆润会给人小巧玲珑之感，发型设计不宜破坏这种感觉。发型应以秀气、精致为主，避免粗犷、蓬松，否则会使头部与整个形体的比例失调，让人产生大头小身体的错觉。烫发时应将花式做得小巧、精致一些，或者选用偏分的短发或中长发，短发显得轻快活泼，富有青春魅力。身材矮小者也不适宜留长发，因为长发会使头显得大，破坏人体比例的协调性。留中长发时，可将发梢自然向里弯曲，任秀发自然飘逸。高耸的盘发可以增加身高的错觉，但要视脸型或头长而定。

②身材矮胖者的发型。矮胖体型的人给人一种丰满、健康、充满活力之感。发型要与这种健康的美感，形成一种有生气的健康美，譬如选择运动式发型。此外，应考虑弥补缺陷，胖人脖子短，不宜留披肩长发，不宜烫卷发，不宜让头发过于蓬松或过宽，尽可能让头发向高度发展，显露脖子以增加身体的高度感。也可以盘头，或选择让头发向上蓬松的发型（这要根据头长与身高的比例而定）。

③身材高瘦的发型。高瘦体型的人身材细长而单薄，头部显得小。若要弥补这些不足，发型就要求生动饱满，避免将头发梳得紧贴头皮，或将头发搞得过分蓬松，造成头重脚轻的错觉。一般来说，高瘦身材的人比较适合留长发和直发。应避免将头发剪得太短、太薄，或高盘于头顶。头发长至下巴与锁骨之间较为理想，且要使头发显得厚实、有分量。也可将长发盘起，梳理成高雅的发髻，优雅而别致。发型的轮廓宜保持圆形或烫出有波浪的卷曲状且层次分明，也可将头发后梳，显露丰满的面庞。

④身材高大者的发型。男人的高大是一种魁梧，给人一种力量美，但高大对女子来说就会缺少苗条、纤细的美感。除了服饰及化妆设计，发型设计也有一定的美化效果。为适当减弱这种高大感，发式应以大方、简洁为好。高大妇女的发型一般以直发为主，以长发或中长发、大波浪卷发为好，即使做卷发也应服帖、紧凑，也可以做盘发或简单的短发，发型应简洁明快，线条流畅、大方、奔放、洒脱，不要追求繁杂的花样，头发不要太蓬松。总的原则是简洁、明快、线条流畅。

另外，如果你的上身比下身长，或上下身等长，则发式可选择长发以遮盖上身；如肩宽臀窄，就应选择披肩发或下部头发蓬松的发式，以发盖肩，分散肩部宽大的视线；若颈部细长，可选择长发，不适宜梳短发，以免脖颈显得更长；若颈部短粗，则适宜选择中长发或短发，以分散颈部的注意力。

总之，选择发型时，必须根据自己的身材，选择一个与之相称的发型。

（3）发型与脸型。发型与脸型的配合要点主要是突出优点和遮盖缺点，达到美化面容的目的。人的脸型根据几何图形来分，大致可分为椭圆形、圆形、方形、长形、三角形、倒三角形、菱形7种，以椭圆形脸为标准脸型。

小贴士

各种头型的特征

（1）长形头顶部一般较尖，脸型较长，额骨较突出。

（2）圆形头的骨骼生长较均匀，肌肉丰满，头型的前后左右都圆润饱满。

（3）扁形头额骨不突出，枕骨部平坦，后脑勺扁平，没有立体感。

①椭圆形脸的发型。椭圆形脸通常被认为是标准脸型，俗称“鹅蛋脸”，尤其是女性，更能给人以高贵典雅的感觉。此脸型适合于各种发型，但发型不宜过分复杂，原则上以自然简单

的发型为主，以免弄巧成拙，影响脸型的美感。

② 圆形脸的发型。圆形脸面部肌肉丰满、轮廓圆润，额部发际线一般较低，下颌不长，给人以活泼年轻的印象，俗称“娃娃脸”。所以若留短发，发型应该顶部高，两侧略收紧，向椭圆形方向发展；若留长发，应利用直线条的发型削弱脸的宽度，颈部不妨多留一些，可以改变脸型过圆的印象。圆脸型最好将额头露出，这样可以使脸型看起来比较长。

③ 方形脸的发型。方形脸的特征是额部高而开阔，两腮突出，下颌较宽，面部方正，给人以刚毅顽强的阳刚美感。其缺点是脸部线条太过生硬，缺少柔和感。发型要求自然，才能中和生硬的线条，显现女性的柔美。应使顶部头发高而蓬松，两鬓收紧呈弧形，遮住方形额角，尽量减少方的感觉，营造圆润之感。

④ 长形脸的发型。长形脸的骨骼特点是上下宽度较窄，脸型过长，前额发际线较高，脸部肌肉不发达，下颌较宽较长，给人以朴实的印象。发型设计时应将顶部头发压低，脸部两侧多留一些头发，尽量以稍微弯曲的刘海、头花遮住过高的额部，这样可以缩短脸部长度。两侧头发蓬松自然，略带波浪形，使脸型轮廓有椭圆感。脸型较大时，可将长发卷曲成大波浪，把两侧面颊略微遮掩。

适合的发型是在脸的两侧增加发量的发型。例如，头发较长的可以采用烫发蓬松处理，但顶部不要加高，以展示女人优雅迷人的气质。

小贴士

⑤ 三角形脸型的发型。三角形脸型有额窄腮宽、上小下大的特点，给人以持重、稳健的印象。其发型顶部收紧、圆润，略遮过窄的额部；两侧放松，线条柔和，遮住过宽的腮部，尽量修正成上小下大的三角形脸型。

⑥ 倒三角形脸的发型。倒三角形脸与正三角形脸相反，特点是额宽、两腮狭窄、轮廓呈倒置三角形，给人以瘦小灵敏、干练的感觉。若配上短发，会显得单薄，所以刚好过肩的长度较适合。若两颊太宽，可将两侧头发自然下垂，使过宽的两颊不至于太明显。顶部头发应略高而收紧，额前中分式，略遮两额角，两侧头发略松，减少上大下小的倒三角形的感觉。

⑦ 菱形脸的发型。菱形脸又称枣核形脸。骨骼特点是上额部和下颌部都狭小，两颧骨部位较宽，呈菱形，给人以灵巧的感觉。其发型应放宽两头，收缩中间，顶部圆润，不能太高，耳上部两侧头发应当蓬松一些，将发量放在颧骨之上，以起到平衡、柔化颧骨部位的作用，底部发也应与整体丰盈度相适应，两侧弧形发线遮过额角，使脸型带有椭圆形感。适合的发型是略显凌乱的浪漫发型。

（4）发型与服饰。发型与服饰相协调，能给人一种整体美的感觉。

① 在庄重的场合穿礼服时，可将头发挽起，显得端庄高雅。

② 穿西装时，因西装给人以端庄整洁的感觉，发型应端庄大方，忌过于蓬松。

③ 穿运动装时，可将头发束起，或自然披散，给人以活泼、潇洒的感觉。

④ 穿连衣裙时，如果连衣裙为V领，可将头发盘起，若为外露较多的连衣裙，可选择束发或披肩发。

⑤ 穿宽大的棉麻服装时，可将头发梳成发辫，适当加上一些头饰，产生乡间质朴感与都市现代感完美结合的效果。

⑥ 穿艳色丝绸服装时，可将头发盘起，用同色或接近颜色的丝巾将头部包裹，会显得有异国情调且富有神秘色彩。总之，只要善于动脑筋，就会使发型与服饰相得益彰。

小贴士

用发型矫正面部缺陷的方法

（1）遮盖法。以头发组成适当的线条来改变脸型的不足，主要是在视觉上把原来比较突出而不够完美的部分遮盖掉，冲淡原来突出的部分。

（2）衬托法。主要将顶部和两侧的部分头发梳得蓬松或紧贴，以增加或减少某部分的块面，改变其轮廓。如圆形脸顶发向上梳得高而挺，下颌两侧紧缩些，脸型即有拉长感。脸型平时，发型的起伏要大，以增加脸型的立体感。

（3）填补法。利用头发或饰物来填补不足。例如，头部有塌陷部分，可用扎蝴蝶结、戴发夹、戴插花或戴假发填补。

（4）增美法。脸型和肤色都很美时，则要求发型不能破坏自然美，而应该衬托或者增加自然美。

任务 3.4 美体方法得当

形貌合一，和谐才是美，瘦要骨肉均匀，胖要凹凸有致。美体就是通过正确的方法和措施让自己的三围达到黄金比例，使身体变得美丽、性感。智慧康养服务人员可以采用以下的美体方法。

1. 颈部保健

颈部是人体最容易让人看出真实年龄的部位。颈部肌肤的厚度只有脸部的 2/3，胶原蛋白含量也比较少，如果缺乏适当的护理，很容易出现缺水、粗糙、暗沉、松弛和细纹等问题。特别是在干燥的环境里，颈部的保湿护理更加关键，否则会引发横向的颈纹，使皮肤提前老化。

要像修饰脸部那样修饰颈部，保持颈部皮肤的清洁。有的人洗脸只清洁面部，却忽略了颈部。耳朵后面的灰尘自己看不见，但在别人面前却很显眼，因此应特别注意清洁耳朵后面。

加强颈部的运动与按摩，是使颈部皮肤光洁动人的有效方法。临睡前对颈部进行适当的按摩，可促进该部位的血液循环。方法是：颈前可用手自下而上进行轻压上推按摩，后颈可将双手置于颈背，向下缓慢而有节奏地揉至双肩。

适当做一些颈部运动。如上下左右地扭动头部，每天 10 ～ 20 次即可，让颈部的肌肉得到充分的舒展和活动，或者进行适当的发声练习，也会收到同样的效果。

保持良好的坐姿、站姿。不好的姿势很容易使颈部产生皱纹。还要注意睡眠的姿势，尽量不要枕过高的枕头睡觉，高枕会使颈部弯曲从而产生皱纹，要尽可能枕平一些的枕头入睡。

2. 胸部保健

（1）端正的姿势。走路时应保持背部平直、收腹、提臀，使上身整体感觉向上。坐着时，应挺胸抬头，挺直腰板，这样胸部的曲线就会显得动人。休息时应采取侧卧、仰卧的姿势，不要俯卧，以免挤压乳房而使之受伤。

（2）科学的饮食。乳房的大小取决于乳腺组织与脂肪的数量。在饮食上应注重多食一些富含维生素 E 和 B 族维生素的食物，如卷心菜、菜薹、葵花籽油等。B 族维生素是体内合成雌激素不可缺少的成分。富含 B 族维生素的食物有动物肝、肾、心脏、蛋类、奶类及其制品，其中维生素 B_6 对乳腺发育有一定好处，富含维生素 B_6 的食物有谷类、豆类、瘦肉、酵母等。

（3）有益的锻炼。要使胸部丰满有弹性，就要加强胸部肌肉的锻炼。做一些俯卧撑及单、双杠运动，或者每天早晚各做数次深呼吸。游泳能通过水的压力起到按摩胸部的作用，有助于胸肌均匀、发达。

3. 手臂修饰

在智慧康养服务工作中，服务人员的手臂，尤其是手部，是与服务对象接触或递交物品时运用得最为频繁的部位。如接待老人家属时，人们通常以握手的礼节来表示欢迎，然后再伸出手递送名片等，对方总是先接触我们的手，形成对我们第一印象。观察一个人的手部可以判断一个人的卫生习惯，甚至对生活的态度。手臂通常被视为每位智慧康养服务人员的“第二张名片”，因此，应该悉心呵护手臂，注意对手部皮肤的保养和修饰。

微课

（1）手臂保养。如果智慧康养服务人员的手臂上总是粗糙、皲裂、红肿、生疮、长癣或者创伤不断，肯定会影响服务的效果，智慧康养服务人员一定要注意对手臂的保养。

保养手臂需要方法得当，在洗手时，应使用刺激性较小的香皂，或者不含刺激性的洗手液，洗完后要把手上的水分及时擦干。

在秋冬季节，洗完手后一定要在手臂上涂抹一些油脂类护肤品对其进行保护，或者晚上入睡前在手臂上涂抹一些营养霜，然后戴上纯棉手套，如果能经常这样做，可以保持手臂肌肤更加光滑柔嫩。

（2）手部清洁。智慧康养服务人员的手部卫生状况至关重要。如果智慧康养服务人员用不干净的双手为老人递送食品或物品，必会引起老人的反感。在工作岗位上，每位智慧康养服务人员都要谨记自己的双手要做到“六洗”：一是上岗之前要洗手；二是手脏之后要洗手；三是接触精密物品之前要洗手；四是接触入口之物前要洗手；五是上过厕所之后要洗手；六是下班之前要洗手。有时，洗手时还需按规定进行消毒或除菌。

（3）手臂修饰。在修饰手臂时，智慧康养服务人员需要特别重视下述几个方面的细节问题。

① 呵护双手。拥有一双美丽的纤纤玉手尤其对女性智慧康养服务人员来说是非常重要的。在为老人端饭递水时，在为老人进行专业照护服务时，如果自己的手非常漂亮，不但可以展现出自己的魅力，同时也会让老人觉得非常舒服。因此，平时就要多加注意手部的保养。

手部肌肤的油脂腺较少，较身体的其他部位更易变得干燥，又经常暴露于空气中。因此，细心呵护双手要注意以下几点：a）每晚用滋润的润手霜按摩双手；b）经常除去手上的死皮；c）做家务或干粗活时戴上手套；d）经常运动，以保持柔软；e）偶尔可敷上一些现成或自制的护手膜。

小贴士

手部健美操

（1）对手指进行按摩。最好利用看电视的时间来从事这种简单的手指运动（当然也可以专门做）。先从指尖开始按摩到手指底部，动作要坚定而柔和。在按摩前，有条件的可以先涂上润手霜或蜜，以增加柔润感。

（2）模仿弹钢琴的动作。这项运动就是把双手平放在台面上，柔和地向下压。然后每次举起一根手指，尽量举高。这项运动就像是在练习弹钢琴，它的作用是伸展手掌和手指，这样能使你的手轻快敏捷。

（3）举手。这种简单的动作可以使你的手恢复白嫩，并减少青筋的显露。只要展开五指，高举双手过头，每次数分钟就可以。

（4）握拳伸展。这是解除紧张的良好举措，并可以使手部柔软。先紧握拳头，然后展开，尽量伸展五指，每天用力做 3 ～ 5 min。

② 护理指甲。与保持身体其他部位的健康一样，指甲也必须从护理和营养着手。指甲是身体最先表达紧张、疾病或不良饮食习惯症状的部分，如果它们的健康被忽视，便会出现干燥、起薄片和脆裂的现象，因此必须注意日常的营养和定期护理。

首先要勤剪指甲。指甲长，在有些人看来，独具美感，而对智慧康养服务人员来说，蓄留长指甲，只会让别人感到手部不够清爽。所以，智慧康养服务人员的手指甲通常不宜长过指尖，要定期修剪指甲，将其修剪成椭圆形，不仅使之变得美观，而且可保持其健康。要养成“三天一修剪、每天一检查”的良好习惯，并且要做到坚持不懈。但在任何公共场合修剪指甲，都是不文明、不雅观的举止。

小案例

罪魁祸首

某市一家智慧康养机构的入住老人中，发现15人感染了病菌，最终导致12人死亡。医学专家组成专门小组对此事进行了调查，并对这家养老机构进行了全面检测，均未发现此类病菌。最后，一名专家在两名服务人员的长指甲里发现了寄生的病菌，而这种病菌正是导致老人感染乃至死亡的罪魁祸首。

可见，对于智慧康养服务人员来说，个人仪容卫生不仅关系到自身，还关系到服务对象——每位老人的安危，不可小觑！

其次，要进行指甲的修饰。出于养护指甲的目的，允许智慧康养服务人员平时使用无色指甲油。一般在工作岗位上，不允许涂抹彩色指甲油。此外，智慧康养服务人员也不要在手臂上刺字、刻画等。

③ 不要让腋毛外露。一般而言，智慧康养服务人员的工作服不宜裸露肩部。其主要原因在于，这种服装会令服务人员的腋窝一览无余，而一个人的腋毛在别人眼里未免有些不雅。

4. 下肢修饰

智慧康养服务人员在对自己的下肢进行修饰时，需要注意的问题大致有以下两个方面。

（1）勤于洗脚。人的双脚不但容易出汗，而且还会产生异味。所以，应做到每天认真洗脚，使之保持干净、卫生、无异味。同时，对脚趾缝、趾甲、脚后跟、脚腕等部位也要进行清洗。脚趾甲应每周修剪一次，以避免其藏污纳垢。

（2）勤换袜子。除了勤于洗脚，智慧康养服务人员还应自觉做到勤于更换袜子，做到每日一换。在选择袜子时，尽量选择透气性好、吸湿性强、不易产生异味的纯棉质地的袜子。

（3）勤换鞋子。智慧康养服务人员应定期更换鞋子，做到勤清洗、勤晾晒。每次在穿鞋之前，应对鞋子进行细心的清洁、擦拭，使鞋子一尘不染。

课后练习

1. 智慧康养服务人员怎样做到仪容整洁?

2. 女性智慧康养服务人员应如何护肤？

3. 化妆有哪些禁忌？

4. 女性、男性智慧康养服务人员的发型分别有哪些要求？

5. 智慧康养服务人员如何进行手臂和下肢的修饰？

6. 请女生准备化妆工具，用 5 min 时间给自己打造一款得体的智慧康养机构的职业妆。请实际操作，如果结果不能令你满意，就继续坚持，反复练习，直到取得满意的效果。

7. 请女生根据自己的发型练习燕尾帽的佩戴，并将造型前后的照片贴在下表中。

造型前	造型后

8. 请对着镜子检查一下，此刻的你，在个人卫生方面还有哪些地方需要改进？

9. 案例分析

面　试

某智慧康养机构要面向学校的智慧康养服务与管理专业的应届毕业生招聘一批智慧康养服务人员。前来报名的学生络绎不绝，小林也在其中。面对这份梦寐以求的工作，小林精心地为面试做好准备。她特意到美发店烫了头发，做了一款非常时髦的发型，并把头发染成现在非常流行的发色，然后她又到美甲店把指甲涂成了红色。

这天，小林高高兴兴地来参加面试。自我介绍后，面试官让每位应聘者进行智慧康养服务仪态展示。展示动作的过程中，小林的大波浪长发飘来飘去，红色指甲显得格外刺眼。面试官见到此状皱起了眉头，没有录取小林。

思考题：

（1）在上述案例中，导致小林面试失败的主要原因是什么？

（2）如果是你参加这次面试，你会如何进行发型的整理？

一道道亮丽风景线

阿美是一名智慧康养服务与管理专业的学生，初学化妆，她对化妆非常感兴趣，走在大街上，总爱观察别人的妆容，因此，发现了一道道奇特的风景线。

一位中年妇女没有做其他化妆，光涂了一个嘴唇，而且是那种很红很艳的唇膏，只突出了一张嘴。一位女士的妆容看起来真的很漂亮，只可惜脸很精致，脖子却粗糙，脸与脖子的分界线，像戴了面具一样。还有的女士用粗的黑色眼线将眼睛轮廓包围起来，像个“大括号”，看上去生硬、不自然。一位很漂亮的女士，身穿蓝色的时装，却涂着红色的唇膏……

思考题：

（1）请帮助阿美分析一下，针对以上几种情形，自己在化妆时应注意哪些问题。

（2）作为一名智慧康养服务人员，究竟应该如何修饰自己的仪容呢？

10. 实训项目

智慧康养服务人员化职业淡妆的技法训练

实训目标：通过实训，使学生掌握职业淡妆的基本技法和操作步骤。

实训内容：学生根据面部修饰的具体要求，进行洁面、涂爽肤水、涂护肤品、涂隔离霜、涂粉底液、画眉形、画眼线、涂眼影、涂睫毛膏、抹腮红、涂唇彩，两人一组进行分组练习，学生相互纠正，老师进行点评和示范。

实训步骤及要求：

（1）实训前对场地、实训用品及自身仪容仪表的整理。

（2）由老师演示化职业淡妆的基本技法和操作步骤。

（3）学生两人一组进行分组训练，相互对本组成员进行检查、点评，查找不足，再由教师做点评。

项目 4　智慧康养服务人员的服饰礼仪

学习目标

知识目标

（1）掌握着装的基本原则和一般要求。

（2）掌握工装穿着的一般礼仪规范。

（3）熟悉正装的穿着要求，掌握在不同场合选择和搭配服装的技巧。

（4）了解装饰物佩戴的原则和技巧。

能力目标

（1）熟练、规范地着正装，展示良好的工作形象。

（2）能够根据不同场合有针对性地进行服饰搭配。

（3）能够自主学习新知识，利用网络媒体查找与服饰礼仪相关的知识。

素质目标

（1）在生活中和智慧康养服务工作中自觉维护个人形象。

（2）具有良好的审美情趣。

（3）不断提升个人审美能力与塑造个人整体形象。

案例导入

小王的穿着

小王是社区智慧康养服务中心的工作人员。小王要去张奶奶家做智慧康养服务需求评估，为了给张奶奶及其家人留下好印象，她决定好好打扮一下自己。最后她选中了一条大花连衣裙，穿上高跟凉鞋，戴上项链、耳环、戒指、手链、脚链，还化了妆，随身带了漂亮的笔记本，她认为这样一定能在外形上加分。

思考题：

（1）小王做到了在外形上给自己加分了吗？

（2）智慧康养服务人员应如何进行服饰打扮？

服饰是人体的外延。在人际交往中，服饰被视为人的“第二肌肤”，既可以遮体御寒，发挥多种实用性功能，又可以美化人体，扬长避短，展示个性，发挥多种装饰性功能。服饰作为一种无声的语言，透露出一个人的个性、身份、涵养、经济状况、审美水平及心理状态等多种信息，还具有反映社会分工、体现地位、身份差异的社会性功能。在人际交往中，服饰会直接影响别人对你的第一印象和对你个人形象的评价。正如英国剧作家莎士比亚所说：“一个人的穿着打扮就是他的教养、品味、地位的最真实的写照。”因此，智慧康养服务人员得体、规范的服装，可以更好地凸显出对交际对象的尊重，反映

小案例

出个人良好的修养，同时也反映出智慧康养机构较高的管理水平。智慧康养服务人员应该重视着装，讲究服饰礼仪，塑造良好的个人形象。

任务 4.1　着装规范得体

微课

在智慧康养服务工作中，服务人员的着装要展现出职业感，为此要遵循一定的礼仪原则，掌握基本的礼仪要求，做到着装规范得体。

1. 着装的基本原则

总的来说，着装要规范、得体，就要牢记并严守 TPO 原则。TPO 原则（time 指时间、place 指地点、occasion 指场合）是世界通用的着装打扮的基本原则。它要求人们在选择服装、考虑其具体款式时，首先应当兼顾时间、地点、场合，并应力求使自己的着装及其具体款式与着装的时间、地点、目的协调一致，和谐匹配。

（1）时间原则。时间涵盖了每一天的早间、日间和晚间三个时间段，也包括每年春、夏、秋、冬四个季节的交替以及不同的时期。因此，人们在着装时应考虑到时间层面，做到随“时”更衣。

通常情况下，人们早间在家中和户外的活动居多，无论外出跑步做操，还是在家里盥洗用餐，着装都应以方便、随意为宜。可以选择运动服、便装、休闲服等，这样会透出几分轻松温馨之感。日间是工作时间，着装要根据自己的工作性质和特点，总体上以庄重大方为原则。如果安排有社交活动或公关活动，则应以典雅端庄为基本着装格调。晚间如果参加宴请、舞会、音乐会等正式社交活动，着装应以晚礼服为宜，以形成高雅、大方的礼仪形象。

（2）地点原则。地点原则是指地点不同，其穿着打扮也要有所区别。不同的地点对服饰有不同的要求，在特定的环境里搭配与之相适应的服饰，能获得心理上的和谐感。例如，在工作单位，穿职业装会显得更专业；在家待客穿休闲服，不仅可以让自己感觉舒适，也能让客人无拘束感。西装革履地步入金碧辉煌的高级酒店会产生一种人境两相宜的效果，而若出现在大排档，便会出现极不协调、反差强烈的现象。

（3）场合原则。场合原则，是指穿着打扮时要考虑场合的需要。穿着打扮只有与场合相得益彰，才能展示出美好的形象。例如，在办公场合，穿套装、长裤或长裙会显得庄重保守；在社交场合，穿着时装、礼服、民族服装可以显得时尚个性；在健身、旅游、购物等休闲场合，休闲服不仅可以让自己感觉舒适，同时也能让他人感到无拘无束。

2. 着装的一般要求

智慧康养服务人员的着装要符合以下要求。

（1）个体性。着装的个体性主要体现在要照顾自身特点，做到“量体裁衣”，使之适应自身，扬长避短，保持自己独有的风格，不要随波逐流。

小贴士

（2）整体性。着装的整体性主要体现在着装的和谐性上。要求着装的各个部分相互呼应，恪守服装本身约定俗成的搭配，在整体上尽可能做到完美、和谐，搭配得体，使服装各部分相得益彰，力求展现着装的整体之美。

小贴士

着装搭配口诀

大脸不宜戴帽，小头不可包巾；平胸不宜穿T恤，胸大不宜穿衬衫。
粗腿不穿裙装，细腿不穿宽松裤；肥胖不可袒露，骨感要配高领。
吊带不可外露，低腰不露内裤；黑鞋不配白袜，红衣慎穿绿裤。

（3）整洁性。着装的整洁性主要体现在着装整齐、完好、干净、卫生等方面。各类服装要勤换洗，不应有污渍和异味。

（4）文明性。着装的文明性，要求着装要符合本国的道德传统和常规做法，忌穿着过露、过透、过短或过紧的服装。身体部位过分暴露，不但有失身份，而且失敬于人，使他人感到不便。

（5）技巧性。服装的技巧性体现在着装时要依照各种服装约定俗成的穿衣规范而行，免得贻笑大方。

（6）专业化。专业化要求着装适应自身职业的特点，与工作和服务内容以及场合相符合。

任务 4.2　工装整齐大方

工装又名工作服、制服、职业服，是为工作需要而特制的服装。工作服是工作单位的形象，统一的工作服更能体现单位的专业度、规范度。一些正规的生产或服务企业以及一些行政执法部门要求员工必须穿工作服，比如公安、监察、工商、法院等部门，特殊的制服代表了某种权力。许多服务型单位为全体员工定制工作服，规定本单位的全体从业人员一律穿着制服上班，打造有内涵、有品位的单位整体形象，展现全体员工良好的凝聚力和合作性，方便单位更为有效地对全体员工提出要求和进行管理。

1. 工装穿着的一般礼仪规范

（1）制作精良。为体现企业形象，工作服应当优先选择优良的不易起皱的面料，款式简洁大方，线条自然流畅。大小合身，便于进行岗位服务或接待工作。所以工作服应量身定做。注意四长（袖至手腕、衣至虎口、裤至脚面、裙至膝盖）和四围（领围以能插入一指为宜，胸围、腰围、臀围以能穿进一件羊毛衫为宜）。

（2）规范整洁。工作服须按照单位要求在规定时间内穿着，要保证工作服的外观整洁，无特殊味道，常洗常换，随脏随换，不得懈怠。搭配衬衣时应将衬衣下摆收进裤子里，应统一穿黑色皮鞋或布鞋。佩戴工作牌和标志时，一般佩戴在左胸显眼处，挂绳式工作牌应正面向上挂在胸前，保持清洁端正。有的岗位还要戴好帽子和手套。穿着要文明，不可擅自改变工作服的穿着形式，私自增减饰物。不敞开外衣，不卷起裤脚、衣袖，不漏扣、不掉扣。制服外不得显露个人物品，衣裤口袋平整，勿显鼓起。企业应该健全必要的规章制度予以约束，任命专人负责检查制服的穿着情况，凡不合要求者，不仅要提出批评，而且要予以处罚。

如果工作单位没有统一制作工装，则应按照有关规定，穿着与本人所承担的服务角色相称的工作服。这不仅是对服务对象的尊重，而且使着装者有一种职业的自豪感、责任感，是敬业、乐业在着装上的具体表现。

2. 智慧康养机构护理人员的工装穿着

小案例

李奶奶质疑“甄护士”

甄女士是大连某医养结合型养老机构的一名护士，在养老院里经常为有需要的老人按照医嘱进行药物注射。这天是她值晚班，由于值完班后要前往机场同家人一起出国旅行，而且当晚也没有值班领导，于是她便穿了一身便装。晚上，新入住的李奶奶旧病复发，需要进行输液治疗，甄女士便取了医生开的针药并急忙赶到李奶奶的房间。可是李奶奶看到甄某，急忙缩回手臂，满脸怀疑地问道：“你会扎针吗？你以前做过这个吗？会不会扎不进血管啊？还是让别人来吧。”

思考题：

（1）为什么经验丰富的甄某会遭到李奶奶的质疑和拒绝呢？

（2）养老机构护理人员的职业装在服务中具有什么意义？其着装有哪些要求？

通常情况下，智慧康养机构中从事护理工作的主要有两类人员：一是类似于医院护士、持有相关资格证书的专业护理人员，负责老人的康复、保健和基本医疗护理工作；二是生活照顾人员，即养老护理员，负责老人的饮食起居等工作。他们都属于护理人员，其着装要求基本相似，但在某些具体方面的要求不尽相同，现分别介绍如下。

护理人员应穿着智慧康养机构统一制作的工作服。由于以白色为主基调的护理服装容易让老人产生在医院治病的感觉，因此智慧康养机构护理人员的工作服整体色彩要淡雅，忌大红大紫，忌黑色，可选择淡蓝色、淡粉色、淡绿色、淡米色等，这样更能使老人感觉到亲切自然。

专业护理人员应穿着护士服。护士服多为连衣裙式，给人以纯洁、轻盈、活泼、勤快的感觉，以整齐洁净、大方适体和便于各项操作为原则。穿着要求尺寸合身，以衣长刚好过膝、袖长刚好至腕为宜。腰部用腰带调整，宽松适度，下身一般搭配与上衣同色的长工作裤。对于生活照顾人员，应统一制作衣裤套装，衣服的下摆在臀部上下为佳，款式以简单、整洁为原则，一般以类似于中山装的小立领为主，不露出里面的衣服以保证外观的整洁；下身为直筒长裤。工作服的衣扣、袖扣应全部扣整齐，缺扣子要尽快钉上，禁止用胶布或别针代替扣子。工作服上禁止粘贴胶布，衣兜内忌塞得太满。袖扣扣好可以使自己的内衣袖口不外露。

专业护理人员和生活照顾人员的工作服不能过小、过紧，也不能过大、过松，着装忌短、露、透，忌仅穿内衣、睡衣和短裤。

女性专业护理人员应佩戴燕帽。燕帽要洁白无皱，佩戴燕帽时，两边微翘，前后适宜。一般帽子前沿距发际 3 ～ 5 cm，戴帽前将头发梳理整齐，以低头时前刘海不垂落遮挡视线，后发辫长不及衣领、侧不掩耳为宜。上岗前就应把头发夹好，不要一边工作一边腾出手去弄头发，一则易造成自己头发乃至面部的污染，二则会给人以搔首弄姿的不良印象。燕帽要轻巧地戴在头顶。戴燕帽时可在帽后用黑色或白色的发夹别住，以低头或仰头时不脱落为度。

女性专业护理人员在工作环境中可用发饰固定头发。头花、发圈、发网应采用与头发同色系的颜色，以素雅、大方为主色调，避免佩戴鲜艳、夸张的头饰给患者带来不良刺激。

戴燕帽的发饰如图 4-1 所示。

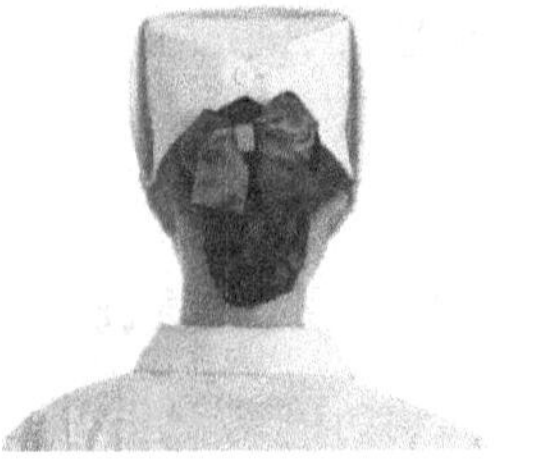

图 4–1

男性专业护理人员及生活照顾人员应佩戴圆筒帽。在佩戴圆筒帽前，应仔细整理好发型，头发应全部放在圆筒帽内，前不露刘海，后不露发际。

佩戴圆帽，如图 4–2 所示。

图 4–2

护理工作人员应佩戴统一制作的胸卡。胸卡是表明自己身份的标志，便于接受监督，要求正面向外，别在胸前。胸卡表面要保持干净，避免沾染药液、水迹。胸卡上不得悬挂或粘贴任何东西。

小贴士

智慧康养机构的生活照顾人员应根据工作要求佩戴手套，如用红色的手套擦床、床头柜，用黑色的手套刷厕所、倒垃圾、洗痰盂等，不同颜色和用途的手套要严格分开，不能混用，应根据自己的手的大小选用合适型号的手套（手套分大、中、小码）。戴手套前要洗手，每次用完后要把手套洗干净、晾干，最好每天下班后用消毒水浸泡手套 10 ～ 20 min，然后冲洗干净并晾干。手套如有破损要及时更换。为了防止粘连，手套内可撒适量滑石粉或爽身粉。

护理人员工作时应穿白色低跟、软底防滑、大小合适的工作鞋，这样在行走时，既可以防止发出声响、保持速度，又可以使脚部舒适、减轻疲劳。反之，如果穿着高跟鞋、硬底鞋、靴子或带钉、带响的鞋，自己行走时容易疲劳，而且也会影响老人休息。护理人员更不宜光脚或穿拖鞋。工作鞋应经常清洗，保持干净。袜子以浅色、肉色为宜，与白色鞋协调一致。

根据智慧康养服务工作要求，护理人员不应佩戴饰物。因为饰物不仅会妨碍工作，也是交叉感染的媒介，在护理工作进行时还可能会划伤老人、划破手套、脱落污染，不便于手部的清洁消毒。因此，智慧康养机构要求护理人员一律不得佩戴戒指、手镯、手链等首饰。

小贴士

小训练

分组练习智慧康养机构专业护理人员工作服的穿脱方法。

任务 4.3　正装符合要求

无论是男性智慧康养服务人员还是女性智慧康养服务人员，都应掌握正装的穿着礼仪，这样才能在工作和生活中更好地体现出作为现代人的良好气质和风度。

1. 男士西装的穿着

西装通常被智慧康养机构选为办公服装，为了塑造良好的个人形象，男士必须学会穿西装。

男士西装的搭配应注意以下问题。

（1）合体的上衣与衬衫。合体的西装上衣应长过臀部，四周下垂平衡，手臂伸直时上衣的袖子恰好过腕部，领子应紧贴后颈部。

微课

穿西装必须穿长袖衬衣，衬衣最好不要过旧，领子一定要硬挺、挺括，外露的部分一定要平整干净。衬衣下摆要掖在裤子里，领子不要翻在西装外，衬衣袖子宜长于西装袖子 2 cm 左右。

（2）注意内衣不可过多。穿西装时切忌穿过多的内衣。衬衣内除背心外，最好不要再穿其他内衣，如果确实需要穿内衣，内衣的领圈和袖口一定不要露出来。如果天气较冷，衬衣外面还可以穿上一件毛衣或毛背心，但毛衣一定要紧身，不要过于宽松，以免穿上显得臃肿，影响穿西装的效果。

（3）打好领带。正式场合的领带以深色为宜，非正式场合的领带以浅色、艳丽为好。领带的颜色一般不宜与服装颜色完全一样，以免给人以呆板的印象。具体做法：一是领带底色可与西装同色系或邻近色，但二者色彩的深浅明暗不同，如米色西装配咖啡色领带；二是领带与西装同是暗色，但色彩形成对比，如黑色西装配暗红色领带；三是一色西装配花领带，花领带的一种颜色尽可能与西装的颜色相呼应。

小贴士

领带的来历

领带起源于英国男子衣领下专供擦嘴的布。工业革命前，英国是一个落后的国家，人们吃肉时用手抓，然后大块大块地捧到嘴边去啃，成年男子又流行络腮胡子，啃大块肉就把胡子弄油腻了，男子们就用袖子去擦。为了对付男子这种不爱干净的行为，妇女们在男子的衣领下挂了一块布专供他们擦嘴，久而久之，衣领下面的这块布就成了英国男士上衣的传统附属物。工业革命后，英国发展成为一个发达的资本主义国家，人们对衣食住行都很讲究，挂在衣领下的布就演变成了领带。

如果系领带，领带结需靠在衣领上，但不能勒住脖子，也不能太往下系，显得松松垮垮，不精神。领带系好以后，垂下的长度应触及腰带，超过腰带或不及腰带都不符合要求。领带用领带夹固定。西装上衣左胸部的装饰袋，有时用来插放绢饰，但不可用来放钢笔之类的其他东西，钢笔应放在衣服内袋中。

小贴士

小案例

小训练

学生两人一组，互相练习打领带，每人至少采用两种打法。

（4）西装与皮带的搭配。与西服相匹配的皮带要求是皮质材料，光面、深色，带有钢制皮带扣。皮带的宽窄一般以 2.5 cm 为宜，颜色应与鞋子和公文包的颜色相协调。穿西装时，皮带上不要挂手机、钥匙等物品。

（5）西装与鞋袜的搭配。穿西装时一定要穿皮鞋，即便是夏天也应如此。和西装搭配的皮鞋最好是系带的、薄底素面的皮鞋。皮鞋的颜色要与西装的颜色相搭配，深色西装要搭配黑色皮鞋。皮鞋要上油擦亮，不留灰尘和污迹。穿西装皮鞋时，袜子的颜色要深于鞋的颜色，一般选择黑色。特别强调的是穿西装时一定不能穿白色袜子。袜筒的长度要高及小腿并有一定的弹性，袜口太短或松松垮垮的袜子，坐下来时会露出腿部皮肤或腿毛，不符合礼仪规范。

（6）西装与公文包、钱夹的搭配。与西装搭配的公文包以长方形为宜，面料以真皮为宜，并以牛皮、羊皮为最佳。颜色一般选择黑色或咖啡色，最好与皮鞋和皮带颜色一致。造型要求简单、大方。除商标之外，公文包在外观上不宜带有某种图案或文字。穿西装时，应该使用皮质的、造型长而扁的西服钱夹，将钞票平放其中。西服钱夹应该放在西装内兜里，不能装太多东西，以免破坏西装的平整。

（7）西装与手表和饰品的搭配。与西装相配的手表要选择造型简约、颜色保守、时钟标示清楚、表身比较纤薄的商务款式。男士在职业场合佩戴的首饰要减到最少，至多戴一枚婚戒。西装手帕是以熨烫平整的各种单色丝质手帕折叠而成的，可以折叠成三角形、三尖峰形、V 形等，插于西装上衣左上侧胸袋，达到锦上添花的效果。

图 4–3

归纳起来，男士西装的着装要求见表 4–1。标准的男士西装穿着如图 4–3 所示。

表 4–1　男士西装的着装要求

着装	要求
衬衣	白色或单色衬衫，无污渍，袖口不要长于手。领口不得显露破痕，所有的扣子系上，质地、款式、颜色与其他服饰相匹配，并符合自己的年龄、身份和公司文化
领带	领带紧贴领口，端正整洁，不歪不皱，不过分华丽耀眼，与衬衣、西裤相匹配，并符合自己的年龄、身份和公司文化
西装	整洁笔挺，背部无头发和头屑。不打皱，不过分华丽。与衬衣、领带和西裤相配。与人谈话或打招呼时，将第一颗扣子扣上。上衣口袋不要插笔，所有口袋不应因放置钱包、名片、香烟、打火机等物品而鼓起
铭牌	擦亮，表面没有胶条及皮筋。佩戴在上衣口袋连缝处，不能随意佩戴各种纪念牌
皮带	松紧适度，高于肚脐，不选用怪异的皮带头，颜色与鞋子、公文包搭配
裤子	无褶皱，适体，不系皮带时裤子不掉落。站立时裤脚不应拖地，应能盖住袜子
鞋子	鞋袜搭配得当。鞋面干净亮泽，鞋底不宜钉铁掌。不穿尼龙丝袜，袜子颜色和皮鞋接近

小贴士

西装纽扣的系法

西装上衣可以敞开穿，但双排扣西装上衣一般不要敞开穿。如果是单排一粒扣西装，系或不系均可。如果是单排两粒扣西装，扣子全部不系表示随意、轻松；系上面一粒扣，表示庄重，而全系就不合适了。如果是单排三粒扣西装，扣子全部不系表示随意、轻松；只有中间一粒表示正统；系上面两粒表示庄重，全系也是不对的。如果是双排扣西装，可全部系上，亦可只系上面一粒，表示轻松、时髦，但不可不系。如果穿三件套西装，则应系好马甲上所有扣子，外套的扣子可以不系。

关于男士西装扣子的系法还有“站时系扣，坐时解扣”的说法。男士在站立的时候，要把西装扣子系好，这样在讲话、做手势的时候，西装才不会随着肢体乱跑，整体线条看起来更显干净利落。在坐下之前，男士必须解开西装扣，如此西装才能随着身体的弧度，自然服帖地顺势而下，线条看起来比较流畅，也不会有束缚的感觉，您才能舒适自在地坐在位子上。

小幽默

系　扣

一个上校检查新兵的仪表，忽然发现一名新兵军装上的一个扣子没系，便严厉地说：“扣子没系上你应该怎么办？”这时，新兵战战兢兢地把上校的扣子扣好了。

在日常工作及非正式场合的社交活动中，男士可穿西服或便装。西服、便装的上下装不要求严格配套一致。颜色可上浅下深，面料也可以上柔下挺。可以穿衬衫扎领带、配西裤，也可以不打领带、不穿衬衫，而穿套头衫或毛衣。

小案例

2. 女士套裙的穿着

女士西装套裙的搭配应注意以下问题。

（1）套裙与衬衫的搭配。女士衬衫面料轻薄而柔软，可选择真丝、麻纱、纯棉等面料。与职业套裙搭配的衬衫颜色要求雅致而端庄，且不失女性的妩媚。最好是白色、米色、粉红色等单色，衬衫色彩与套裙的色彩要协调，内深外浅或外浅内深，形成深浅对比，衬衫最好无图案，也可以有一些简单的线条或细格图案。衬衫的款式要简洁，不带花边或皱褶。穿衬衫时，衬衫的下摆必须放在裙腰内，不能放在裙腰外，更不能把衬衫的下摆在腰间打结。在穿着职业套裙时，不能在外人面前脱下西装，直接以衬衫面对对方。尤其是身穿紧身且透明的衬衫时，更要注意这一点。

（2）套裙与丝巾的搭配。职业女性一定要备一款唯美的丝巾，丝巾是职场女性的标志，既能展示出女士干练的气质，又能增添几分柔情似水，使女性朋友们显得更有魅力。

丝巾的款式丰富，按规格可分为大、中、小丝巾，按材质可分为丝、棉、麻、混纺等，按形状可分为长方形、正方形和三角形丝巾。在商务场合常用的小方巾的规格一般是 60 cm × 60 cm，形状为正方形，材质优选丝绸。

佩戴丝巾时要注意：如果脸色偏黄，则不宜选用深红色、绿色、蓝色、黄色的丝巾；如果脸色偏黑，则不宜选用白色、有鲜艳图案的丝巾。

丝巾折叠的基本动作包括折、收、绕、拧、拉、系和穿。其折叠方法有巴黎结、领带结、西班牙结、海芋结、竹叶结、凤蝶结等。

小贴士

小贴士

丝巾的搭配

丝巾折叠的宽度可根据颈部比例而定，太宽会导致整条丝巾失去平衡感。搭配圆领时，可以将带有休闲风格的衣领演绎得更加华美；搭配方领时，看上去会充满女人味；搭配套装最好选用尺寸稍大一些的丝巾，看起来更加协调，使丝巾的两端垂在前面，增加丝巾的垂坠感。这个不适合脖子太短或梨形脸型。

（3）套裙与袜子的搭配。在社交场合中，女士穿裙装而不穿袜子是很不礼貌的。女性袜子的款式和色彩多种多样，但在裙装里占主导地位的还是丝袜。穿裙子时，应配长筒丝袜或连裤袜。千万要记住，袜子的长度一定要高于裙子下摆边缘，否则走一步露一截腿出来是很不雅观的，而且袜子不可以有丝毫破洞、抽丝、染色等现象，否则会给人以粗心大意、缺乏细致作风，或经济条件不佳的感觉。袜子的选择上，要注意色彩和厚薄的搭配。一般来说，肤色越深，袜子的颜色也应越深。在普遍情况下，肉色或比肉色深一点的袜子较为适宜。在正式场合中，袜子不能有网眼、花纹、图案，穿上后要平整；白色袜子在正式场合中不多见，一般只适合在运动场中出现，或者小姑娘穿，显得活泼可爱；厚袜子不要搭配细高跟鞋，薄袜子不要搭配球鞋。

（4）套裙与鞋的搭配。在社交场合中，最常穿的鞋是皮鞋。白色皮鞋与浅色服装相配，给人年轻活泼的感觉。若是选择其他颜色的鞋，就要注意与服装的色调为同色系，如果鞋的颜色与服装的颜色反差太大，就会破坏整体美感。总之，鞋子的颜色最好与服装主色调相呼应。

（5）套裙与配饰的搭配。女士的饰物有戒指、项链、耳环、手镯（手链）、胸针、头饰等。在职业场合，女士佩戴的饰物与服装要协调搭配，款式要简单、精致；同时佩戴的饰物不要超过三种，否则会造成焦点过多，影响整体效果。

① 戒指。戒指的佩戴隐含了一定的意义，所以佩戴戒指时不能随心所欲。一般情况下，一只手上只戴一枚戒指。戒指通常戴在左手上。戴在食指上，表示没有交男朋友；戴在中指上，表示正处在恋爱之中；戴在无名指上，表示已经订婚或结婚；戴在小手指上，表示自己是独身主义者。

小案例

小芳的戒指

小芳毕业后到一家公司做文秘工作不久，一次在接待客户时，领导让她照顾一位华侨女士。临别时，华侨对小芳的热情和周到的服务非常满意，留下名片，并认真地说："谢谢！欢迎你到我公司来做客，请代我向你的先生问好。"小芳愣住了，因为她根本没有男朋友，何谈"先生"呢？可是，那位华侨也没有错，她之所以这么说，是因为她看见小芳的左手无名指上戴有一枚戒指。

可见，戒指的佩戴是有基本规定的，这些规定透露出相应的信息，为了避免交际对象的误解，一定要注意将戒指佩戴在合适的手指上。

② 项链。佩戴项链时，可以利用项链的长短来调节视线，起到锦上添花的作用。如又细又长的项链，可以拉长视线，弥补脖子短粗的缺陷等。项链上的挂件，也体现佩戴者的气质和个性。如椭圆形的挂件体现佩戴者成熟、圆润的个性，菱形和方形的挂件体现佩戴者独立、自

信的个性等。

③ 耳环。在职业场合，不要佩戴造型夸张的耳环。造型简洁的耳饰，既具女性美，又显端庄、稳重。戴耳钉时，一只耳朵只能戴一只，不能出现一只耳朵戴好几只耳钉的造型。穿礼服时可以佩戴装饰性较强的耳环，但是也要注意和脸型相适应。

④ 手镯或手链。一只手腕不要同时戴手表和手链（或手镯），也不要同时戴两条手链（或手镯）。如果戴手链（或手镯）妨碍工作，就不要佩戴。

⑤ 胸针。胸针是西服裙装中最主要的饰品。穿西装套裙时，别上一枚精致的胸针，能使视线上移，让身材显得高挑一些。胸针一般别在左胸襟，胸针的大小、款式、质地可根据每个人的喜好决定。

图 4–4

标准的女士套裙穿着如图 4–4 所示。

小训练

作为女士，请每天出门前对照一下“女士仪容仪表自我检测”，仔细审视自己，看看自己哪些方面需要改进，以养成良好的习惯。

女士仪容仪表自我检测

服饰端庄：不太薄、不太透、不太露。

领口干净，脖子修长，衬衣领口不过于复杂或花哨。

饰品不过于夸张和突出，款式精致、材质优良，耳环小巧、项链精细，走动时安静无声。

公司标志佩戴在要求的位置，私人饰品不与之争夺别人的注意力。

衣袋中只放小而薄的物品，衣服轮廓不走样。

指甲精心修剪过，不太长，不太怪异，不太艳丽。

裙子长短、松紧适宜，拉链拉好，裙缝位置正。

衣裤或裙子的表面无明显的内衣轮廓。

鞋子洁净，款式大方简洁，没有过多的装饰与色彩，鞋跟不太高，鞋头也不太尖。

衣服上没有头发和头皮屑。

丝袜无勾丝、无破洞、无修补痕迹，包里有一双备用的丝袜。

小贴士

课后练习

1. 着装的基本原则和一般要求是什么？

2. 智慧康养服务人员穿着工装有哪些要求？

3. 男士如何选择适合自己的西装？穿西装有哪些要求？

4. 女士穿西装套裙时应注意什么？

5. 日常生活中违反服饰礼仪规范的常见现象有哪些？

6. 请根据以下情境，叙述在与老年服务对象交往的过程中，如何展示智慧康养服务人员的职业形象，以取得老人及其家属的好感。

情境：某智慧康养机构年轻活泼的养老护理员小郑（女，22 岁）接到任务，明天去家访某知名投资商刚从老家接到当地来养老的父母。她晚上一回家就开始准备第二天的服装和化妆品，以便在明天的工作中更好地展示自己和机构的职业形象。

7. 案例分析

第一天上岗的小周

小周第一天走上工作岗位，穿上了公司新发的天蓝色套裙制服，配上了时尚的黑色丝袜，穿上黑色鱼嘴高跟鞋，指甲也涂上了和套裙一样的天蓝色，并且特意化了一个精致的妆容，紫色的眼影、珊瑚红的腮红、桃红的唇彩，看起来很艳丽，她来到公司报到。却被主管单独请到办公室进行了一番仪表搭配的指导。

思考题：

（1）如果你是主管，你会对周红说什么呢?

（2）本案例对你有何启示?

8. 实训项目

智慧康养服务人员的服饰礼仪培训

实训目标：

（1）使学生结合实际，加深对仪表礼仪的认识与理解。

（2）培养学生对仪表礼仪的兴趣。

实训内容及组织：由教师组织，学生自愿组成小组，每组 6 ～ 8 人，选择以下题目进行仪表礼仪训练。

① 工装穿着训练。

② 男士西装穿着训练 / 女士西服套裙穿着训练。

实训考核。

（1）每组提交一份实训报告。

（2）各组进行汇报。

（3）教师根据各组的实训报告与课堂汇报进行评估。

项目5　智慧康养服务人员的仪态礼仪

学习目标

知识目标

（1）掌握智慧康养服务人员的站姿、坐姿、走姿、蹲姿的动作要领。

（2）掌握眼神、微笑、手势等礼仪规范。

能力目标

（1）针对不同场合有针对性地展现良好的仪态。

（2）能够自主学习新知识，利用网络媒体查找与仪态礼仪相关的知识。

素质目标

（1）在生活中和智慧康养服务工作中展现出大方、自然的个人形象。

（2）在为老年人服务的过程中，能够充分考虑老年人的感受。

（3）不断提升个人审美能力，自觉规范自身行为举止，塑造良好的形象。

案例导入

面　试

某智慧康养机构拟招聘一名办公室文员，三位毕业生同时前去应聘。面试前，他们坐在会客室等候。当总经理经过会客室时，他看到了这样的情形：两位同学坐在沙发上，一位跷起“二郎腿”，而且两腿还不停地抖动；另一位身体松弛地斜靠在沙发一角，两手还攥着拳头，手指“咯咯”作响；只有一位同学端坐在椅子上。总经理非常客气地对坐在沙发上的同学说：“对不起，你们两位的面试已经结束了。”两位同学面面相觑，不知面试还没开始就已经结束了。

思考题：

（1）两位同学面试时存在什么问题？

（2）仪态在交际中有什么作用？

仪态是指人的身体姿态和风度。身体姿态，即体态，是身体所表现的样子，而风度则是内在气质的外在表现。人的一举手、一投足、一弯腰乃至一颦一笑，并非偶然的、随意的，这些行为举止自成体系，像有声语言那样具有一定的规律，并具有传情达意的功能。人们可以通过自己的仪态向他人传递个人的学识与修养，并能够与其交流思想、表达情感。俗话说：“坐有坐相，站有站相。”智慧康养服务人员姿势端庄、态度和蔼，会使老人产生愉悦和亲切的感受；行为粗鲁、态度消极，不但失礼，而且会让老人反感。优美、协调的仪态对展现智慧康养服务人员的形象、气质、风度是非常重要的。因此，智慧康养服务人员必须十分注意自己的仪态，以体现良好的素质和修养。

任务 5.1　体态规范标准

小案例

老人们为何对小赵态度冷淡

小赵大学所学的专业是心理学，毕业后来到重庆一家养老院工作。他的职责除了接受老人主动的心理咨询外，每周还要求分别与每位老人交谈一次，以便及时了解老人的心理状况。这天是周一，小赵从一楼的房间开始，逐一与老人交谈。他最近生了痔疮，不宜久坐，所以进老人房间之后都是站立着与老人交谈，但他从小就有一个习惯动作，站立时总喜欢将双手交叉抱住胸前。整整4层楼走访下来，一看时间，竟然只花了1个小时，而且有好几个房间的老人，特别是新入住第一次见到小赵的老人，都很不情愿与小赵交谈，没说几句就把小赵打发走了，有的眼神里还露出怯懦的神情。小赵回到办公室后，对着镜子把自己的脸照了又照，也没发现什么可怕或者令人憎恶的东西啊，抓破脑袋也想不出为什么老人们会有这样的态度。

1. 站姿

俗话说“站如松”，站姿是人类的一种象征，男子的站姿如“劲松”之美，具有男子汉刚毅英武、稳重有力的阳刚之美；女子的站姿则如“静松”之美，具有女性轻盈典雅、亭亭玉立的阴柔之美。智慧康养服务人员正确的站姿是自信心的表现，会给老人留下美好的印象。

小贴士

不良站姿、坐姿是引发颈源性头痛的原因之一

姿势异常很可能是导致颈源性头痛的致病因素。生活中经常看见有些人站着的时候佝偻着身子，探着头，塌着肩膀，坐在沙发上时身体斜斜地靠着。然而这些人不知道的是，他们自认为舒服惬意的姿势是很多疾病的源头。大多数头痛病人都有不同程度的姿势异常，例如颈前伸、高低肩、上交叉综合征、腰椎前凸等。异常姿势改变了颈椎正常的受力，使关节移位，肌肉韧带痉挛，出现慢性炎症等，进一步导致颈椎失衡，压迫刺激颈神经，出现相应的临床症状。

（1）标准的站姿。标准的站姿，从正面看，全身笔直，精神饱满，两眼正视（而不是斜视），两肩平齐，两臂自然下垂，两脚跟并拢，两脚尖张开60°，身体重心落于两脚正中；从侧面看，两眼平视，下颌微收，挺胸收腹，腰背挺直，手部中指贴裤缝，整个身体庄重挺拔。

站姿的要领是：一要平，即头平正、双肩平、两眼平视；二是直，即腰直、腿直，后脑勺、背、臀、脚后跟成一条直线；三是高，即重心上拔，看起来显得高。

标准站姿正面如图5-1所示，侧面如图5-2所示。

图 5-1

图 5-2

（2）智慧康养服务人员的站姿。智慧康养服务人员的站姿主要有以下 3 种。

小贴士

① 分腿站姿。这是男士采用的站姿，智慧康养服务人员以及其他服务行业的门迎、侍应人员可采用此种站姿。要领是：两脚左右分开，与肩同宽，脚尖朝前并且两脚平行，手或交叉于前腹，或交叉于后背。

分腿站姿如图 5-3 所示。

图 5-3

②“丁”字步站姿。这一般是女子采用的站姿，智慧康养服务人员以及礼仪小姐、节目主持人多采用此种站姿。要领是：两脚尖展开，一脚向前将脚跟靠于另一只脚内侧中间位置，腰肌和颈肌略有拧的感觉。女子可以双手交叉于腹前，身体重心可在两只脚上，也可以在一只脚上，通过两脚的重心转移来减轻疲劳。

“丁”字步站姿如图 5-4 所示。

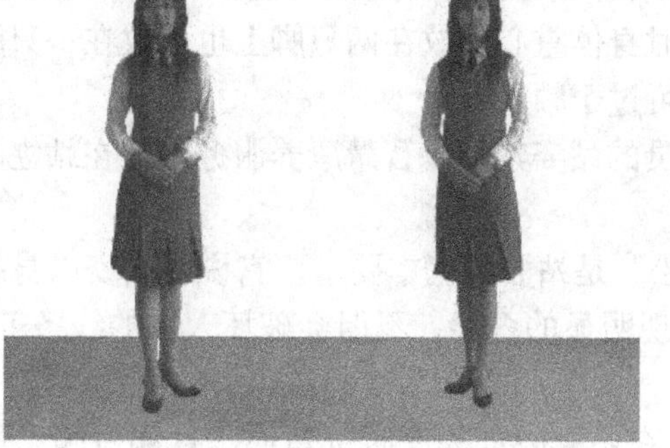

图 5-4

③ 扇形站姿。这是男性、女性智慧康养服务人员均适用的站姿。要领：两脚跟靠拢，脚尖成 45°～ 60°，身体重心在两脚上。

扇形站姿如图 5–5 所示。

图 5–5

（3）智慧康养服务中的站姿。在工作岗位上，当为老人提供具体服务时，智慧康养服务人员在保持基本站姿的基础上，可根据本人的实际情况或工作需要，适当地调整站立姿势。在智慧康养服务中，服务人员尤其要注意以下两种站位。

① 接待客人的站姿。在工作岗位上接待客人（如来访者、老人家属等）时，智慧康养服务人员可以采用此种站姿。当身前没有障碍物挡身，没有受到他人的注视，没有与他人进行短时间交谈或倾听他人诉说时，都是采用这种站立姿势的时机。

• 头部可以微微侧向服务对象，但一定要保持面部微笑。

• 手臂可以持物，也可以自然下垂。在手臂垂放时，从肩部至中指指尖应当呈现出一条自然垂线。

• 小腹不宜突出，同时臀部应当收紧。它最关键的地方在于：双脚一前一后站成“丁”字步；双膝在靠拢的同时，两腿的膝部前后略微重叠。

② 与人交谈时的站姿。智慧康养服务人员应注意把握以下几点。

• 双目自然直视前方，面带微笑，下颌微收。

• 脊背自然挺直，不挺腹，不后仰。

• 肩、臂自然放松，双手自然置于身体两侧，或交叉叠放于体后贴在臀部，或右手搭握在左手四指上置于腹前。

• 双脚可自然并拢，也可左右分开但不超过肩宽；还可以脚尖略分，右脚向前，左脚在后，微微靠近右脚脚弓处，这时身体重心可放在两只脚上也可放在一只脚上，并通过重心的移动减轻疲劳，但重心交替切不可过于频繁。

（4）智慧康养服务人员的站姿禁忌。智慧康养服务人员在站立时，以下姿态被视为不雅或无礼，应当避免。

① 身体歪斜。“立如松”是站姿的基本要求。它说明站姿以身躯直立为美。智慧康养服务人员站立时，如果身躯出现明显的歪斜，不但会破坏人体的线条美，而且还会给人颓废萎靡、工作不够积极的感觉。

② 弯腰驼背。一个人在站立时如果有腰部弯曲、背部弓起、颈部弯缩、胸部凹陷、腹部凸出、臀部撅起等一些不良体态，会显得精神状态和健康状态不佳。

③ 趴伏倚靠。在工作场合中，智慧康养服务人员要确保自己“站有站相”。在站立之际，随随便便地趴在一个地方，或倚靠在墙壁、桌柜边上，都是不允许的。

④ 手位不当。站立时手位不当，会破坏站姿的整体效果。不当的手位主要有：双手抱在脑后；用手托着下巴；双手环抱在胸前；把肘部支在某处；双手叉腰；将手插在衣服或裤子口袋里。

⑤ 双腿叉开。智慧康养服务人员应切记：在一般情况下，双腿站立时分开的幅度应该越小越好，双腿并拢最好，即使是分开，两腿之间的距离也不能大于肩宽。

⑥ 脚位不当。在正常情况下，“V”字步、“丁”字步或平行步等脚位均可采用，但要避免“人”字步、“蹬踩式”等脚位。“人”字步即俗称的“内八字”，指站立时两脚脚尖靠在一起，而脚后跟却大幅度地分开。“蹬踩式”指的是在一只脚站在地上的同时，把另一只脚踩在鞋帮上，或是踏在其他物体上。

⑦ 半坐半立。在正式场合，必须注意坐立有别，该站的时候就要站，该坐的时候就要坐。在站立之际，绝不可以为了贪图舒服而擅自采用半坐半立之姿。当一个人半坐半立时，不但不好看，而且还会显得过分随便。

⑧ 浑身乱动。站立是一种相对静止的姿态，故在站立时不宜频繁地变动体位，甚至浑身上下乱动不止。

小贴士

站姿练习

要形成正确的站姿，不仅要掌握基本理论要求，更要进行科学的训练。练习者从最初的基本状态到养成正确的站立姿态，需要耐心、认真和持之以恒地练习。

（1）对镜练习。在明确站姿要求的基础上面对镜子进行训练，从镜子中观察自己的姿态是否准确、优美，必要时可请他人协助和指导。在找到标准站姿的感觉后，再坚持每次 20 min 左右的训练，以巩固动作技能，形成习惯性动作姿态。

（2）靠墙站立练习。靠墙站立练习要求五点成一条线，即脚后跟、小腿、臀部、双肩、后脑勺都要紧贴墙壁。每次训练时间控制在 20 ～ 30 min，逐渐延长至 40 min。

靠墙站立练习如图 5–6 所示。

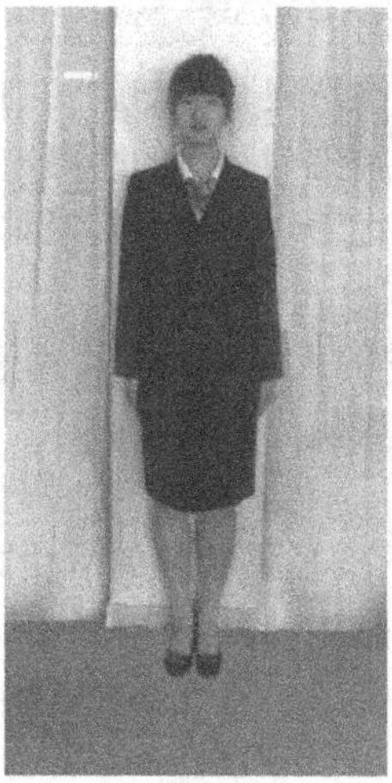

图 5–6

（3）工具辅助练习。在前两项练习的基础上，加强训练难度，使用工具辅助练习，工具为书籍。要求将一本厚度适中的书放在头顶中心，为使书不掉下来，头、躯干须挺直，自然保持平衡。这种训练方法可以纠正低头、仰脸、晃头及左顾右盼等不良习惯。每次训练时间控制在 20 ～ 30 min 为宜。

头顶书练习站姿如图 5–7 所示。

图 5–7

2. 坐姿

俗话说“坐如钟”，坐姿是人际交往中人们采用最多的一种姿势，它是静态姿势。优雅的坐姿给人一种端庄、稳重、威严的美。

（1）标准坐姿。落座时，要按照尊者优先的原则入座，不要争抢座位。通常侧身走近座椅，从椅子的左侧就座，如果背对座椅，要首先站好，全身保持站立的标准姿态，右腿后退一点，用小腿确定椅子的位置，上身正直，目视前方就座，注意落座时声音要轻，动作要缓，落座过程中，腰、腿肌肉要稍有紧张感。女士着裙装落座时，要用双手从后拢平裙摆，不可落座后再整理衣裙。

就座时，上身正直而稍向前倾，头、肩平正，腰部内收，通常只坐椅子的 1/2 ～ 2/3 处，两臂贴身下垂，两手可以搭放在椅子扶手上。无扶手时，女士右手搭在左手上，放于腹部或者轻放于双腿上；男子双手掌心向下，自然放于膝盖上。男士膝盖可以自然分开，但不可超过肩宽；女士的膝盖不可以分开。女士要注意使膝盖与脚尖的距离尽量拉远，以使小腿部分看起来显得修长，只有在脚背用力挺直时，脚尖与膝盖的距离才最远，在视觉上产生的延伸效果会使小腿看起来更加修长，使腿部线条更优美。与他人交谈时，要注意不能只是转头，而应将整个上身朝向对方，以示对其重视和尊敬。

离座时要先以语言或动作向周围的人示意，方可站起，突然站起会使周围的人受到惊扰；同落座时一样要注意按次序进行，尊者优先；起身时不要弄出响声，站好后方可离开，同样要从左侧离座。

人在坐着时，由臀部支撑上身，减轻了两腿的承受力。由于身体重心下降，上身适当放松，可减轻心脏的负担。因此，坐姿是一种可以维持较长时间的姿势。它既是主要的白昼休息姿势，也是一般的工作、劳动、学习姿势，还是社交、娱乐的常见姿势。正因为这个缘故，坐姿要求端正、大方、舒展。

标准坐姿正面如图 5–8 所示，侧面如图 5–9 所示。

图 5-8

图 5-9

小贴士

坐姿练习

坐姿的常用方式较多，在基本坐姿训练的基础上，可以利用具体情境进行训练，同时加强入座和离座训练，使整体就座过程连续、流畅，更富感染力。

（1）重视基本坐姿训练。在明确坐姿的基本要求和进行站姿训练的基础上，可以进行坐姿训练。在训练过程中，可以采用对镜规范训练、工具辅助训练（如头顶书本）等方式。初级练习，每次的训练时间应保持在 20 ～ 30 min，以后可随技能掌握水平的提高逐渐减少连续练习时间。

（2）在具体情境中练习。为提高学习者的兴趣，调动其学习积极性，可模拟具体情境进行训练，如招聘会、见面会、校友会等，把坐姿与情境结合起来，由学习者自行设计并保持姿态，达到强化的目的。每次训练时间控制在 10 ～ 15 min，可分多次进行。

（3）加强入座和离座的训练。在进行坐姿训练时，学习者往往较重视姿态训练，而忽略过程训练，因此会表现出动作过程不完整或缺失的现象。入座和离座应分别进行单一动作训练，每次训练时间应控制在 5 ～ 10 min。先单一训练后再合成动作，保持动作的连贯性和准确性，以体现坐姿的优雅、庄重。

（2）智慧康养服务人员的坐姿。以一个人脚的位置为依据，智慧康养服务人员的坐姿主要有以下几类。

① 垂直式坐姿。这一坐姿就是通常说的“正襟危坐”，在最正规的场合使用，男性、女性智慧康养服务人员均适用。要领是：上身与大腿、大腿与小腿、小腿与脚部都成直角，小腿垂直于地面，双膝、双腿完全并拢。

垂直式坐姿，如图 5-10 所示。

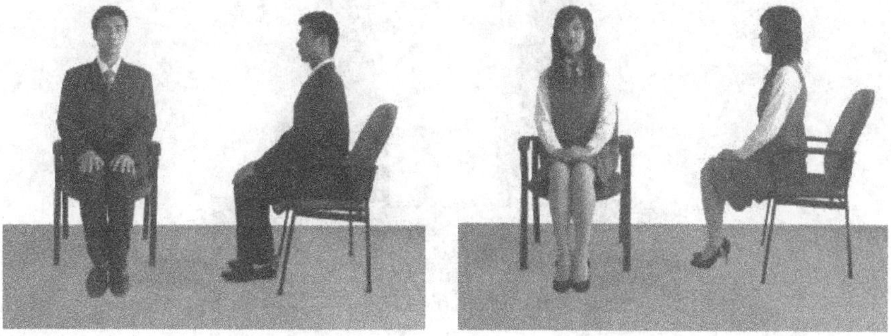

图 5-10

② 标准式坐姿。这一坐姿适用于各种场合。要领是：在垂直式坐姿的基础上，女性智慧康养服务人员两脚保持小“丁”字步，男性智慧康养服务人员两脚自然分开 45°。

标准式坐姿如图 5-11 所示。

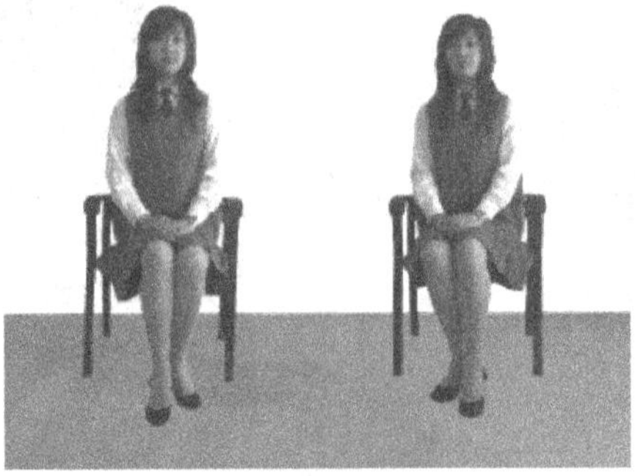

图 5-11

③ 屈膝式坐姿。尤其是坐在稍微低矮一些的椅子上更为适用，是女性智慧康养服务人员非常优雅的一种坐姿。要领是：大腿与膝盖靠紧，一脚伸向前，另一脚屈回，两脚前脚掌着地，两脚尖在一条直线上。

屈膝式坐姿如图 5-12 所示。

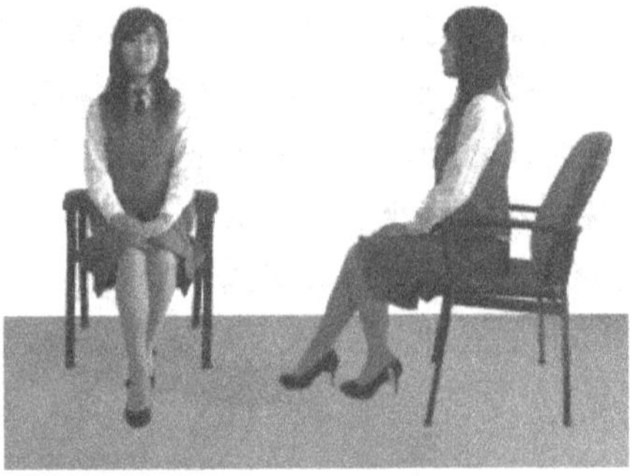

图 5-12

④ 前伸式坐姿。这一坐姿适用于各种场合，一般为女性康养服务人员所采用。要领是：双腿与双脚并在一起，向前伸出一脚左右的距离，按方向共有三种：正前伸、左前伸和右前伸，脚的位置可以是完全并拢，也可以是脚踝交叉，脚尖不可翘起。

右前伸式坐姿如图 5-13 所示。

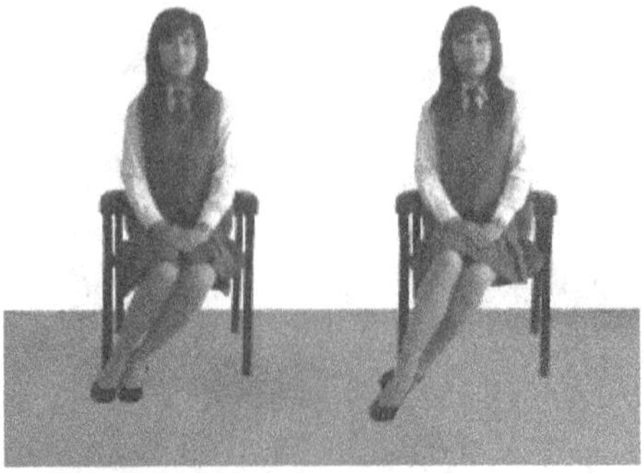

图 5-13

⑤ 后屈式坐姿。这一坐姿适用于各种场合，以女性康养服务人员为主。要点是：两腿并紧，两小腿向后屈回，脚尖着地，脚尖不可翘起。

后屈式坐姿，如图 5-14 所示。

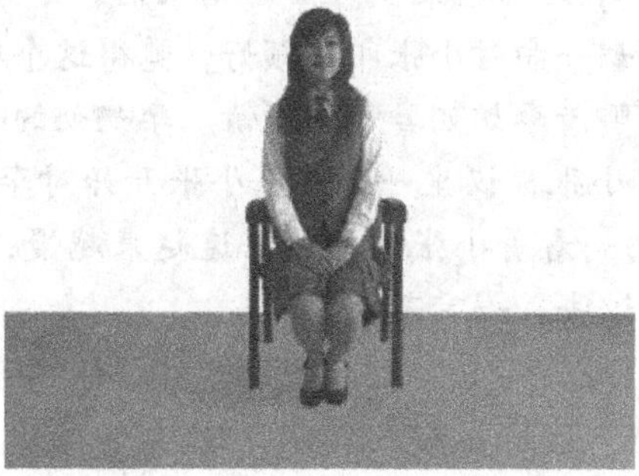

图 5-14

⑥ 分膝式坐姿。这一坐姿适用于一般场合，为男性智慧康养服务人员的坐姿。要领是：两膝左右分开，但不超过肩宽，小腿与地面垂直，两脚脚尖朝向正前方，两手自然放于大腿上。

分膝式坐姿如图 5-15 所示。

图 5-15

（3）智慧康养服务人员的坐姿禁忌。在他人面前落座，一定要遵守坐姿礼仪的基本规定，不要采用不规范的坐姿。

① 双腿之间的距离过大。不论是大腿还是小腿之间的距离过大，都是极为失态的。特别是穿裙装的女士必须牢记这一点。

② 双腿直伸出去。双腿直伸出去既不雅观，又给人留下满不在乎的印象。如果有桌子，双腿尽量不要伸到桌子外面去。

③ 抖腿。抖腿不仅让人心烦意乱，而且也给人极不安稳的印象。

小案例

李奶奶为何不爱搭理小张了？

小张是智慧康养服务与管理专业的毕业生，毕业后回到家乡，就职于某社区的智慧康养服务中心。平日里，小张的工作主要是组织各种丰富多彩的社区老年活动，大家也都很喜欢他。

经过一段日子的接触，小张发现李奶奶常常来服务中心，但每次活动总是坐在最后一排，基本不说话，不爱与外人接触，脸上总挂着不安的神情，双手也总是紧紧地攥着。由于小张在大学期间辅修了心理学课程，并考取了国家心理咨询师资格证，小张觉得李奶奶可能患有焦虑症，而焦虑症如果不及早发现治疗可能会引起高血压和冠心病等并发症，于是小张想主动找李奶奶谈谈，进一步了解一下李奶奶的生活状况，并希望利用自己所学的知识帮助李奶奶。

这天，社区又搞活动了，李奶奶也来了。活动结束后，小张走到李奶奶跟前，主动提出想陪李奶奶到公园逛逛。李奶奶一向对小张印象颇好，觉得这个小伙子又能干又善良，于是便答应了。两人在公园里散步，聊着李奶奶喜欢的事情。李奶奶的心情很放松，也开始露出了笑容。这时走到公园的小亭边，小张提议坐一会儿。小张开始对李奶奶现在家庭情况进行询问，一边习惯性地抖动双腿。李奶奶看着小张的腿，语速越来越慢，眉头越皱越紧，双手越攥越紧，表情愈发不安，直到扭头过去，一言不发。

④ 脚尖指向他人。国外认为这是骂人的举动。

⑤ 架腿方式欠妥。将一条小腿架在另一条大腿上，在两者之间留出大大的空隙，称为"架二郎腿"或"4"字形腿，甚至将腿搁在桌上，就显得更放肆了。

⑥ 手部姿势不当。就座后，将手放于桌下或支撑于桌上都是不够礼貌的。同样，将手抱在腿上或夹在腿间也是不可取的。

3. 走姿

小案例

小宋比小赵强在哪里？

小宋刚从大学毕业就进入了一家养老院工作，这家养老院位置相对偏远，规模比较小，这里的老人年纪也都相对较大。小宋刚刚毕业，服务能力一般，口才也不是很好，可走路的时候总是抬头挺胸，喜欢面带微笑，步履稳健，一副朝气蓬勃的样子，刚到这里工作一个星期，就得到了老人们的喜爱和一致好评。老人们喜欢和小宋待在一起，他们都说看到小宋连他们自己都精神抖擞起来啦。

后来，小宋才听说，之前有一位工作人员小赵，和小宋年龄相当，可走路的时候总是耷拉着脑袋，弯腰驼背，双脚还总是在地上拖着。老人们都不愿意和他在一起，他这才被辞退了。小宋现在的岗位就是小赵以前的工作岗位。

俗话说"行如风"，这说的是走姿。走姿是人体所呈现的一种动态姿态，是站姿的延续。走姿体现了人类的运动之美和精神风貌。男士的走姿要刚健有力、豪迈稳重，有阳刚之气；女士的走姿要轻盈自如、含蓄飘逸，有窈窕之美。智慧康养服务人员在日常工作和生活中，时刻保持正确的走姿，这有利于展现人体的动态美，并在无形之中像小宋那样感染周围人的情绪。反之，不正确的走姿不仅难看，还容易引发疲劳，导致腿、背部疼痛，甚至造成身体损伤。

（1）标准的走姿。有人编了走路的动作口诀，体现了走姿的要领：双眼平视，臂放松，以胸领动，肩轴摆，提髋提膝小腿迈，跟落掌接趾推送。

标准的走姿为：上身基本保持站立的标准姿势，挺胸收腹，腰背笔直，两臂以身体为中心前后自然摆动，前摆约 35°，后摆约 15°，手掌朝向身体内侧。起步时身子稍向前倾，重心落在前脚掌，膝盖伸直，脚尖向正前方伸出，行走时双脚踩在同一条直线上。正确的行走，使上体的稳定与下肢的规律运动形成和谐的配合；干净利落、鲜明均匀的脚步形成节奏；前后、左右行走动作的平衡对称，呈现行走时的形式美。男子走路两步之间的距离要大于自己的脚长，女子穿裙装走路时两步之间的距离要小于自己的脚长。

正常情况下，行走步速要自然舒缓，显得成熟自信。男子行走的速度标准为每分钟 108 ～ 110 步，女子为每分钟 118 ～ 120 步。

小贴士

（2）智慧康养服务人员走姿的禁忌。在日常生活中，常见的错误走姿主要表现为以下几方面，智慧康养服务人员一定要避免。

① 低头看脚尖，给人心事重重、萎靡不振的感觉。

② 拖着脚走，给人拖拖拉拉的感觉。

③ 蹦蹦跳跳，给人心浮气躁、不稳重的感觉。

④ 内八字和外八字，步态不雅。

⑤ 摇头晃脑、晃臂扭腰、左顾右盼、瞻前顾后，会被误解为轻浮、浅薄、矫揉造作。

⑥ 走路时上半身前倾，不仅动作不美，而且有损健康。

⑦ 行走时速度过快或过慢，方向不定，或与同伴勾肩搭背、搂搂抱抱，阻挡他人道路，对周围人造成不良影响。

⑧ 制造噪声。为了使自己的行走不妨碍到他人，行走时应有意识地控制声响。其做法为：一是行走时要轻，落脚不要用力过猛；二是上班时不要穿带有金属鞋跟或钉有金属鞋掌的鞋；三是上班时穿的鞋一定要跟脚，否则走动时会发出噪声。

小贴士

（3）智慧康养服务人员走姿的特例。关于走姿，除了要牢记“应该怎么做”和“不应该怎么做”外，还应了解以下有关走姿的特例。

① 陪同引导。陪同，指的是陪伴他人一同行进；引导，则是指在行进中为他人引路。陪同引导他人时应注意以下四点。

一是本人所处的方位。如果双方并排行走，陪同引导人员应居于被引导者的左侧。如果单排行走，陪同引导人员要居于被引导者左前方约 1 m 的位置。当被陪同人员不熟悉行进方向时，陪同者应该走在前外侧。

二是协调行进速度。陪同人员行走的速度要考虑到双方协调，不可以走得太快或太慢。这时候，一定要处处以对方为中心。

三是及时地关照和提醒。每当经过拐角、楼梯或道路坎坷、照明欠佳的地方，都要提醒对方留意。

四是采取正确的姿态。陪同引导他人时，有必要采取一些特殊的姿态。如请对方开始行走时，要面向对方，稍微欠身。在行进中和对方交谈或回答提问时，应把头部、上身转向对方。

小贴士

协助老人行走的方法

随着年龄的增长，老年人的机体功能衰退，关节活动幅度减小，关节柔韧性降低，视力减退，身体平衡能力下降，身患多种疾病等，都对老年人的行动能力产生较大影响。智慧康养服务人员帮助老年人进行站立行走活动，可以减少老年人长期坐卧的时间，扩大老年人活动范围以及提高活动中的安全性。

（1）平地行走方法。在协助老人行走前，照护人员需要让老人穿长度合适的裤子及防滑的鞋子，注意观察路面是否干燥、平整。协助老人行走时，注意保持平衡，移动重心要稳定，根据老人的身体状况，采取不同的助行方式，保障老人的安全，避免老人跌倒。

① 正面协助老人行走。照护人员站在老人正面，双手向上扶住老人上臂，指导老人先迈

患侧，再迈健侧，并与老人步伐保持一致，协助老人缓慢向前移动。

② 侧面协助老人行走。照护人员站于老人患侧后方半步，一手掌心向上扶握老人患侧手掌，另一手扶住老人腰部，叮嘱老人先迈患侧，健侧跟上，依次进行。

③ 后面协助老人行走。照护人员站在老人身后，双手扶住老人的髋部，让老人站直。在抬起健侧下肢时，协助老人用患侧下肢站稳，并缓慢将身体重心前移。在抬起患侧下肢时，协助老人将患侧髋部向前、向下转动。

（2）上下楼梯的方法。

① 上楼梯。照护人员站在老人后方半步，一手掌心对掌心向上扶握老人，一手扶住老人患侧腋窝或腰背部，嘱咐老人将手扶握栏杆，先迈健腿，患腿后跟上。

② 下楼梯。照护人员站在老人前方半步，嘱咐老人先迈患腿，健腿后跟上。

（3）协助老人站立行走的注意事项。

① 根据老人身体情况和肢体活动能力进行站立行走活动，遵循量力而行、循序渐进、持之以恒的原则。

② 协助老人站立行走过程中，注意穿着舒适合体，鞋子防滑，地面无障碍物。

③ 随时观察老人反应，询问老人感受，如有头晕、气喘、心慌、脸色苍白、出虚汗等现象，要立即停药。

② 出入房门。进入或离开房间时，要求做到以下四点。

一是先通报。在出入房门时，特别是在进入房门前，一定要以轻轻叩门、按铃的方式，向房内的人进行通报。

二是用手开关门。出入房门时，务必用手来开门或关门。开关房门时，最好是反手关门、反手开门，并始终面向对方。用肘部顶、用膝盖拱、用臀部撞、用脚尖踢、用脚跟蹬等方式开门或关门都是不雅的做法。

三是后进后出。双方一起出入房门时，为了表示礼貌，应当自己后进门、后出门，而请对方先进门、先出门。

四是出入拉门。平时，特别是陪同引导他人时，还有义务在出入房门时替对方拉门或推门。在拉门或推门后要使自己处于门边，以方便对方进出。

小贴士

走姿练习

行走姿态必须经过科学训练，进行一定量的练习，才可以形成良好的走姿。

（1）分步骤进行基本练习。初级训练阶段应采用分解式练习，把走姿分成三个过程：提、迈、落。

“提”指行进腿大腿向上提 45°，膝盖上提，脚尖向下。“提”如图 5-16 所示。

“迈”指行进腿以膝盖为轴，大腿保持不动，小腿向前伸长，脚尖稍离地的动作。“迈”如图 5-17 所示。

“落”指行进中腿落地，后脚推前脚，重心前移。“落”如图 5-18 所示。

练习时，先分解动作，再整合动作。节奏可以由三拍过渡到两拍，速度由慢到快。

图 5–16

图 5–17

图 5–18

（2）工具辅助练习。为保持走姿的平稳，可用书作为工具辅助练习。要求在行进中将一本厚度适中的书放在头顶中心，头、躯干挺直，自然保持平衡。这种训练方法可以纠正身体出现的不良姿态，如身体左右摇摆、头部晃动等。每次训练时间控制在 20 min。

（3）音乐体验式练习。当行走姿态基本正确后，可以配合音乐进行练习。音乐可采用慢速或中速的节奏。这种训练方法不仅可以起到调节情绪的作用，同时可培养学习者动作的韵律感和表现力，陶冶情操。

4. 蹲姿

微课

蹲姿是由站姿转变为两腿弯曲和身体高度下降的姿势，是相对静止的体态。蹲姿是人们在比较特殊的情况下采用的一种暂时性的姿势。

（1）蹲姿的适用情况。智慧康养服务人员一般在以下几种特殊情况下采用蹲姿。

① 整理着装。有时智慧康养服务人员整理着装，如自己的鞋袜，可以采用蹲的姿势。

② 捡拾物品。这是采用蹲姿最多的情况之一。

③ 提供服务。当智慧康养服务人员的服务对象是坐着或躺着的老人时，采用站姿服务会既不方便又显得服务人员居高临下，此时可采用蹲姿。

④ 整理工作环境。在对自己的工作环境进行整理时，如打扫卫生，适时采用蹲姿。

（2）标准的蹲姿。俗话说“蹲要雅”，蹲姿是人体静态美与动态美的结合。蹲姿要动作美观、姿势优雅。标准的蹲姿有如下要求：首先要讲究方位，当需要捡拾低处或地面的物品时，应走到物品的左侧；当面对他人下蹲时，要侧身相向；当需要整理鞋袜或于低处整理物品时，可面朝前方，两脚一前一后，一般是左脚在前，右脚在后，目视物品，直腰下蹲。直腰下蹲后，方可弯腰捡低处或地面的物品，如整理鞋袜或低处物品。取物或工作完毕后，先直起腰，使头部、上身、腰部在一条直线上，再稳稳地站起。行蹲姿时，男士的两腿间可留有适当的缝隙，女士则要两腿并紧，尤其是穿旗袍或短裙时需更加留意，以免尴尬。

标准的蹲姿如图 5–19 所示。

图 5–19

（3）智慧康养服务人员的常用蹲姿。

① 高低式。这是常用的一种蹲姿，基本特征是双膝一高一低。此蹲姿，无论男性还是女性智慧康养服务人员均适用。其要领是：下蹲后，左脚在前，右脚在后；左脚完全着地，小腿基本垂直于地面；右脚要脚掌着地，脚跟提起；右膝要低于左膝，右膝内侧可靠于左上腿的内侧，形成左膝高、右膝低的姿态；臀部向下，基本上以右腿支撑身体。女性智慧康养服务人员应注意紧靠双腿，男性智慧康养服务人员两腿之间可有适当的距离。

高低式蹲姿如图 5-20 所示。

图 5-20

一般来说，男性智慧康养服务人员在开展服务工作时选用高低式蹲姿，往往更为方便。

② 单膝点地式。这种蹲姿适用于男性智慧康养服务人员，其特征是双腿一蹲一跪。它是一种非正式的蹲姿，多用于下蹲时间较长或为了用力方便的场合。其要领是：下蹲后，右膝点地，臀部坐在右脚跟之上，以左脚尖着地；另一条腿全脚掌着地，小腿垂直于地面；双膝同时向外转，双腿尽力并拢。单膝点地式蹲姿如图 5-21 所示。

图 5-21

③ 交叉式。这种蹲姿优美典雅，其基本特征是双腿交叉在一起，此蹲姿适用于女性智慧康养服务人员。其要领是：下蹲后，左脚在前，右脚在后，左小腿垂直于地面，全脚着地；左腿在上，右腿在下，二者交叉重叠，右膝从后下方伸向左前侧，右脚跟抬起，脚掌着地，两腿前后靠近，全力支撑身体；上身略向前倾，臀部朝下。

交叉式蹲姿如图 5-22 所示。

图 5-22

（4）智慧康养服务人员的蹲姿禁忌。

① 突然下蹲。蹲下时切忌速度过快。

② 离人过近。在下蹲时，应与他人保持一定距离，以免因距离过近而与他人相撞。

③ 方位失当。在他人身边下蹲时最好侧身相向，避免正面对人或背部对人。

④ 毫无遮掩。女士下蹲时注意遮掩容易暴露之处。

⑤ 随意滥用。在公共场合，不要随意滥用蹲姿。

小案例

小贴士

蹲姿练习

要有意识地、经常主动地进行标准蹲姿训练，养成良好习惯。可以运用压腿、踢腿、活动关节等方式加强腿部膝关节、踝关节的力量和柔韧性训练，这是保持优美蹲姿的基础。

平时在进行蹲姿训练时可以配上优美的音乐，放松心情，减轻单调、疲劳。

小训练

（1）请同学轮流站到讲台上，大家当场指出其站姿是否规范。

（2）请同学走上讲台，说几句简短的话，再回到自己的座位上，由台下同学和老师评论该同学的表现。

（3）每位同学绕教室走一圈，老师和其他同学指出其走姿是否合乎要求，指出其存在的问题。

任务 5.2　表情友善亲切

面部是最有效的表情器官，面部表情能反映一个人的内心，是心灵的镜子。这面镜子，是由脸的颜色、光泽、肌肉的收与展，以及脸面的纹路所组成的。它以最灵敏的特点，把具有各种复杂变化的内心世界，如高兴、悲哀、痛苦、畏惧、愤怒、失望、忧虑、烦恼、疑惑等，最迅速、最敏捷、最充分地反映出来。人的面部表情主要表现为眼、眉、嘴、鼻、面部肌肉的变化。在为老人服务和与老人交往的过程中，智慧康养服务人员要高度重视自身表情的运用。

1. 表情运用的要求

智慧康养服务人员在服务岗位上使用表情时，必须遵循以下四个原则。

（1）表现谦恭。服务于人，待人谦恭，从表情神态方面可以很直观地看出来，而且备受服务对象的重视。因此，智慧康养服务人员在工作之中务必要使自己的神态表现对人恭敬、对己谦和。

（2）表现友好。在工作中，对待任何服务对象，皆应友好相待。这一态度，自然应当在本人的表情神态上表现出来。所谓服务行业要求的“笑迎八方来客，广交四海朋友”，其实就是要求智慧康养服务人员在服务中要以友好的表情神态先行。

（3）举止得体。从大的方面来看，人的表情神态可以是庄重、宽和，也可以是活泼、俏皮，有时还可以表示不满、气愤或悲伤。不论采用何种表情神态，智慧康养服务人员都要切记与现场的氛围、实际需要相符合。这就是所谓表情神态要适时。比如当老人极不开心时，即使笑脸相迎，也肯定不会得到对方的积极回应。

（4）表现真诚。智慧康养服务人员在服务老人时，既要使本人的表情神态谦恭、友好、适时，更要出自真心，发乎诚意。这样做才会给人以表里如一、名副其实之感。千万不要在表情神态方面弄虚作假。在表情神态上做戏，只会自欺欺人。

2. 眼神的运用

微课

小案例

小蔡的眼神

刚从智慧康养服务与管理专业毕业的小蔡，青春靓丽，勤奋好学。她想进入智慧康养行业就职，一展身手。但是近期她面试了五六次都未果。面试前她都会精心打扮，认真准备自我介绍。但是，每次面试时她就是不敢正视面试官，总是一会儿看看手，一会儿又看看脚，即使是看了面试官也超不过5 s，眼神始终飘忽不定，让人不得不怀疑她的诚意。面试屡遭挫败后，小蔡认识到了自己的“短板”，开始专注练习，最后成功克服了自己的缺点，如愿以偿地获得了心仪已久的工作。

思考题：

（1）小蔡面试五六次始终未果，经过专注练习，为什么能如愿以偿呢？

（2）应该怎样得体地运用目光礼仪？

眼睛是人体传递信息最有效的器官，而且能表达最细微、最精妙的差异，显示出人类最明显、最准确的交际信号。据研究，在人的视觉、听觉、味觉、嗅觉和触觉感受中，唯独视觉感受最为敏感，人从视觉感受中获得的信息占总信息的83%。人的七情六欲都能通过眼睛这个神秘的器官显现出来。

所谓眼神，指的是人们在进行注视时，眼部所进行的一系列活动以及在这一过程中所呈现的神态。在一个人的表情和神态中，眼神占有举足轻重的地位。所以人们常说眼睛会说话。智慧康养服务人员在学习、训练眼神时，主要应当注意注视他人的部位、注视他人的角度，以及在为多人服务时兼顾的问题。

（1）注视的具体部位。智慧康养服务人员注视老人时，注视的具体部位往往与双方相距的远近及本人的工作性质有关。依照服务礼仪的规定，智慧康养服务人员在工作时，可以注视对方的常规身体部位有以下四个。

① 对方的双眼。注视对方的双眼，既可表示自己对对方全神贯注，又可表示正在洗耳恭听对方所讲的话。如问候对方、听取诉说、征求意见、强调要点、表示诚意、向人道贺或与人道别，皆应注视对方双眼，但时间不宜过久，否则双方都会感到难堪。

② 对方的面部。与老人较长时间交谈时，可以把对方的整个面部作为注视区域。注视他人的面部时，最好不要聚焦于一处，而以散点柔视为宜。在日常智慧康养服务工作中，注视对方的面部是最常用的方式。

③ 对方的全身。同老人相距较远时，智慧康养服务人员一般应当以对方的全身为注视点。在站立服务时，往往会有此需要。

④ 对方的局部。在工作之中，智慧康养服务人员往往会因为实际需要对老人的某一部分多加关注。例如，在递接物品时，应注视对方的手。

值得注意的是，老人的头顶、胸部、腹部、臀部和大腿都是“禁区”。

（2）观察的角度。智慧康养服务人员在注视老人时，所采用的角度是否得当十分重要。既便于服务工作，又不至于引起服务对象误解的具体视角，主要有以下 3 种。

① 正视对方。正视，即注视他人时，与之正面相向。同时还须将上身前部朝向对方。即使老人处于自己身体的一侧，在需要正视对方时，也要同时将面部与上身转向对方。正视别人，是做人的一种基本礼貌，主要表示重视对方。斜着眼睛、扭过头去注视他人，或者偷偷注视别人，都难以表达此种含义。

② 平视对方。平视，即在注视他人时，身体与其处于相似的高度。平视与正视，一般并不矛盾。因为在正视他人时，往往要求同时平视对方。在智慧康养服务工作之中平视老人，可以说是一种常规要求。这样去做，可以表现出双方地位的平等与本人的不卑不亢。

③ 仰视对方。仰视，即在注视他人时，本人所处的具体位置比对方低，而需抬头向上仰望对方。反之，若自己注视他人时所处的具体位置比对方高，而需低头向下俯视对方，则称为俯视。在仰视他人时，可给予对方重视、信任之感，故此智慧康养服务人员在必要时可以这么做。俯视他人，则往往带有自高自大之意，或是对对方不屑一顾。服务礼仪规定服务人员站立或就座之处不得高于服务对象，主要就是为了防止造成俯视对方的客观事实。

（3）注视对方的时间。在和老人交谈时，注视对方时间的长短也是十分重要的。通常情况下，和对方目光接触的时间应占和对方相处总时间的三分之一，这样会让人感觉自然舒服。在向对方表示关注和重视或对对方的话题比较感兴趣时，也可以延长注视时间，但需要注意的是，不能始终盯着对方或者反复打量对方，偶尔也需要将目光移开。这种扫视的做法往往会使对方感到被侮辱、被挑衅。双方交谈时，听的一方通常应该多注视说的一方的嘴。要经常保持双方目光的接触，长时间回避对方目光，或者目光时常游离于对方而左顾右盼，是“心不在焉”或“不感兴趣”的表现，也会被对方视为轻视，令人不安。如果双方都沉默不语，应将目光移开，以免双方都因为一时没有话题而感到尴尬或不安。不允许对对方上上下下反复打量。

（4）目光礼仪的注意事项。

① 与人交流时，不要没有目光交流；也不要目光躲躲闪闪、飘忽不定。

② 与人交流时，不能一直盯着对方看或上下打量对方。

③ 与人交流时，须注意眼睛转动幅度不能过快或过慢。

④ 在与女性交流时，注意不要直视敏感部位。

⑤ 避免眯视、斜视、瞟视、瞪眼和翻白眼等不礼貌的眼神。

⑥ 避免冷漠、呆滞、疲倦、轻视、左顾右盼的眼神。

⑦ 当对方说了错误的话或拘谨害羞时，不要马上转移自己的视线。

⑧ 与多位老人交流时，要巧妙地运用自己的目光，对每位老人都要顾及。具体的做法就是要给予每位老人适当的注意，使其不会产生被冷落之感。

⑨ 正确运用目光礼仪的同时，还应当学会“阅读”对方的目光语言。从对方的目光变化中，分析他的内心活动和意图。

小贴士

眼神的训练方法

训练前做好以下准备：每人一面小镜子、音乐播放器材、音乐歌曲、优秀影视剧中的演员和节目主持人通过眼神表达内心情感的影像资料等。

以下方法坚持天天训练，不要间断，必能使目光明亮有神。

（1）睁大眼睛训练。有意识地增加睁大眼睛的次数，增强眼部周围肌肉的力量。

（2）转动眼球训练。头部保持稳定，尽最大努力使眼球向四周做顺时针和逆时针 360° 转动，以增强眼球的灵活性。

（3）视点集中训练。点上一支蜡烛，视线集中在蜡烛的火苗上，并随其摆动，坚持训练可达到目光集中、有神、眼球转动灵活的效果。

（4）目光集中训练。眼睛盯住 3m 左右的某一物体，先看外形，逐步缩小范围到物体的某一部分，再到某一点，再到局部，最后回到整体。这样可以提高眼睛亮度，使眼睛更有神。

（5）影视观察训练。观看录像资料，注意观察和体会优秀影视剧中的演员和节目主持人是如何通过眼神表达内心情感的。

（6）训练时可以配上优美的音乐来放松心情，减轻单调、疲劳之感。

小训练

① 向同桌讲一段自身经历的故事，要求恰当运用目光语，训练时长 10 min。

② 假设前方的固定物是你喜欢的人，请对着镜子和自己说话，进行目光语的练习。

3. 得体的微笑

小故事

微笑是人际交往中最美丽的语言，也是养老服务中的亮点。保持微笑的表情、谦和的面孔，是表示自己真诚、守礼的重要途径。微笑是自信心的表现，证明对自己魅力和能力抱有积极的态度。微笑可以表现出温馨、亲切的表情，能有效地缩短双方的心理距离，给对方留下美好的心理感受，从而形成融洽的交往氛围。对智慧康养服务人员来说，面对不同的场合、不同的情况，如果能用微笑来接纳对方，可以反映出个人良好的修养和诚挚的胸怀。

（1）微笑的方法。没有亲和力的微笑，无疑是重大的遗憾，甚至会给工作带来不便。那么，身在职场的人通过什么样的训练，才能获得微笑这一有效沟通的法宝和人际关系的磁石呢？心理专家告诉你以下步骤。

第一步，放松面部肌肉。然后使嘴角微微向上翘起，让嘴唇略呈弧形。最后，在不牵动鼻子、不发出笑声、不露出牙齿，尤其是不露出牙龈的前提下，轻轻一笑。

第二步，闭上眼睛，调动感情，并发挥想象力，或回忆美好的过去或展望美好的未来，使微笑源自内心，有感而发。

第三步，对着镜子练习，使眉、眼、面部肌肉和口形在微笑时和谐统一。

第四步，当众练习。按照要求当众练习，使微笑规范、自然、大方，克服羞涩和胆怯的心理，也可以请观众评议后再纠正不足。

（2）微笑的作用。对智慧康养服务人员而言，在工作时主要是要保持微笑，因为微笑可以收到好的效果。

① 融洽气氛。微笑有一种天然的吸引力，是人际关系的结合剂。微笑是发自内心地对人友好的一种情感传达，它能使人感到愉悦、融洽、平和，能够使人们心灵相通、相近、相亲，并产生净化情绪、氛围的作用。微笑还能表现自己的谦虚、随和。微笑是善意的标志、友好的使者、礼貌的表示。智慧康养服务人员正确运用微笑，可以摆脱窘境、化解僵局，能有效地缩短与老人的心理距离，打破交际障碍，为进一步的沟通与交往提供真诚、融洽、温馨的良好氛围。

② 消除隔阂。人际交往中难免产生隔阂，智慧康养服务工作自然也是如此。微笑是友谊之桥，是一种特殊的情绪语言，它可以起到有声语言所起不到的作用，能给人以亲切、友好的

感受，帮助对方驱散笼罩在心头的阴云，消除误解、疑虑和隔阂。所谓“举手不打笑脸人”和“一笑泯恩仇”，讲的就是微笑所具有的化干戈为玉帛的作用。在人际交往中，不同的微笑可以表达不同的心态和感情。表示友善、欢迎、亲切时，要面带微笑，这样更容易使人们的距离拉近，从而更融洽地相处；表示请求、道歉时，也要面带微笑。向他人道歉时边微笑边说“对不起”，可以消除对方的怒气，从而更快地得到原谅；拒绝他人时，更要面带微笑，可以避免去对方的尴尬，使拒绝更容易接受，不伤和气地解决问题。一般情况下，当人与人之间产生纠葛时，一方若能以微笑面对另一方，往往会削弱、消减已有的矛盾，有时，还可以化险为夷，消除双方的矛盾或误解。

③ 获得回报。微笑是人际交往的润滑剂。对于智慧康养服务人员而言，微笑不仅在外观上给人以美感，而且还会使老人倍感自己和蔼可亲。微笑是人际交往的最佳入场券，最易得到老人的认同、喜欢与回报。智慧康养服务人员在工作中若能始终面含微笑，以微笑开始，以微笑结束，必然会赢得老人的赏识，获得良好的服务效果。

④ 美化形象。微笑体现着一个人的美感，给人以亲切、甜美的感受。善于微笑的人，往往会赢得他人的好感和信赖。微笑作为一种表情，不仅是人的形象的外在表现，也是人的内在精神的反映。一个善于微笑的人，一定是一个心地善良、心胸豁达、乐观向上的人，是一个热爱工作、奋发进取、充满自信的人。

（3）智慧康养服务中微笑的运用。智慧康养服务人员掌握了微笑的方法后，还要注意正确的微笑方式，具体要做到以下几点。

小案例

① 把握微笑的时机。在与老人交谈时，微笑最好的时机是在与对方目光接触的瞬间，这样能够促进心灵的友好互动。

② 把握微笑的层次变化。微笑有很多层次，有浅浅一笑、含笑，也有哈哈大笑。在整个交谈过程中，微笑要有收有放，在不同时候使用不同层次的笑。如果一直保持同一层次的笑，表情就会显得僵硬、呆板，被对方认为是在傻笑。

③ 注意微笑维持的时间长度。微笑的最佳时间长度以不超过 3 s 为宜，时间过长会给人假笑或不礼貌的感觉，时间过短则会给人皮笑肉不笑的感觉。

④ 根据场合而定。微笑的表情很有讲究，不同的场合适合不同深度的微笑，不同的笑，也可以显示不同思想态度和感情色彩，产生不同的影响。在与别人交谈时，放声大笑或傻笑，都是非常失礼的。工作中把握好微笑的尺度，更能显示出你的内在修养。

小贴士

⑤ 微笑要自然。有人指出，中国的礼仪习惯是笑不露齿；也有很多礼仪培训教材提出，微笑要露出 6～8 颗牙齿。其实微笑是一种个性化的表情，不应该以技术化、标准化的形式加以规定，对微笑的要求整齐划一，这不符合礼仪美的要求。职业人士进行微笑训练，不是尝试露出几颗牙，嘴角提到几个位置，眼睛变化成哪种形状，而是要发现自己最美的瞬间，展现出独特的气质，自信、勇敢、自然、真诚地微笑。微笑的美在于文雅、适度、亲切、自然。微笑要诚恳和发自内心，做到“诚于中而形于外”，只有调整好自己的心态才能够做出表里如一的微笑，切不可故作笑颜、假意奉承。在生活中用善良、包容的心对待他人，用敬业奉献的热情对待工作，微笑就是自然甜美。

小贴士

卢舍那大佛

龙门石窟的卢舍那大佛（见图 5–23）造像微胖，衣裙简单，略去璎珞之类的繁饰，神采集于眉宇之间。造型兼具庄严与世俗。微微上扬的嘴角，流露出淡淡的笑意。远观时，卢舍那大佛的这种微笑表情尤为明显。当距离逐渐拉近时，卢舍那的笑意却逐渐消退。近身仰视卢舍那大佛，只见她的庄严。从两侧看，笑意比正面要浓一些，而从左侧看，笑意又比右侧多一些。从左侧 45° 角观看，卢舍那大佛还流露出一丝妩媚。正是她那永恒的微笑，使人看上去总觉得舒服、愉快，这就是经典微笑的魅力。

图 5–23

⑥ 微笑要自然。微笑时要调动多个部位和器官协调动作，才能形成微笑的表情。微笑一般要注意以下四个结合。

• 口眼结合。做到口到、眼到、神色到，笑眼传神，微笑才能扣人心弦。

• 笑与神、情、气质相结合。这里讲的“神”，就是要笑得有情入神，笑出自己的神情、神色、神态，做到情绪饱满、神采奕奕；“情”，就是要笑出感情，笑得亲切、甜美，反映美好的心灵；“气质”，就是要笑出谦逊、稳重、大方、得体的气质。

• 笑与语言相结合。语言和微笑都是传播信息的重要符号，只有注意将微笑与美好的语言相结合，才能相得益彰，才能发挥出它应有的特殊功能。

• 笑与仪表、举止相结合。以笑助姿、以笑促姿，形成完整、统一、和谐的美。尽管微笑有其独特的魅力和作用，但若不是发自内心的真诚微笑，就是对微笑的亵渎。有礼貌的微笑应是自然坦诚的，是内心真实情感的表露，而强颜欢笑、假意奉承的“微笑”，则可能演变为“皮笑肉不笑”或“苦笑”。如果只抬起一端嘴角微笑，使人感到虚伪；翕着鼻子冷笑，使人感到阴沉；捂着嘴笑，使人感到不自然，这些都是失礼之举。

小贴士

微笑的训练方法

训练前做好以下准备：筷子、小镜子（每人一面）、音乐播放器材、音乐歌曲 CD、优秀影视剧中的演员和节目主持人微笑的影像资料等。训练方法如下。

（1）“口咬筷子”法。把筷子横着含在嘴里咬住，嘴角斜着往两边拉，发出“一”的音。同时，对着镜子不断调整自己的表情。

微笑的口咬筷子训练方法如图 5–24 所示。（选自：http://www.ixinwei.com/newshow.aspx?DevPage=1&id=35444）

（2）情绪记忆法。将自己生活中最令自己最开心的事情储存在记忆中，当需要微笑时，只要想起那件事情，脸上就会流露出笑容。

（3）口型练习法。练习微笑时，嘴里可以发出“一”“七”“茄子”或“威士忌”等音，注意保持此种口型。

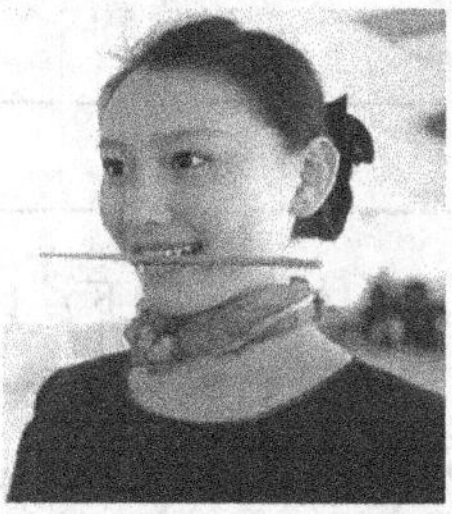

图 5–24

练习微笑之前要忘掉自我和一切烦恼，让心中充满爱意。练习微笑时可对着镜子，调整自己的口型，注意与面部其他部位和眼神的协调，做出使自己最满意的微笑表情。训练过程中可配上优美的音乐，放松心情，减轻疲劳。

小训练

（1）播放优秀节目或优秀演讲片段，指出在节目或演说过程中，主持人使用了哪些面部表情，并试着解释每个表情所表达的意义。

（2）请列举出用“眉”“眼”“目”“鼻”表示内心情感的成语，并试着通过面部表情表现出来。

4. 其他表情的运用

（1）脸。脸的表情依靠脸面肌筋动作和肌肉颜色、纹路的变化，而脸面肌肉颜色和纹路的变化又跟脸面肌筋动作的变化密切相关。一般情况，脸上有“愉快”“和谐”“善意”的表情，脸上的肌筋动作都向上；脸上有“不快”“悲哀”“痛苦”的表情，脸上的肌筋动作都向下；在感情剧烈的时候，脸上的肌筋动作，一部分向上，一部分向下，一部分向左右牵扭，失去其和谐性。我们在训练表情语时，可以选择一些感情丰富的演讲词，经过认真研读领会之后，带着感情对镜训练面部表情，使面部表情能够准确鲜明地反映出自己内在的真实感情。

（2）眉。眉和目相连，眉目常联合传情。如眉目低垂表示冷漠，眉目骤张表示恼怒，双眉紧锁表示忧愁，眉飞色舞表示兴奋等。在运用表情语时，眉的动作变化必须和眼睛变化协调配合。

小贴士

丰富的眉语

眉语十分丰富，仅眉毛的表情和动作就有 20 余种，可以表达出不同的意思。眉毛动作的含义如表 5–1 所示。在人际交往中，为了体现良好的教养，保持优美的形象，双眉应保持在自然平和的状态，不要皱眉、挑眉。

表 5–1　眉毛动作语义

动作	语义	动作	语义
扬眉	喜悦	横眉	轻蔑
展眉	宽慰	皱眉	为难
飞眉	兴奋	锁眉	忧愁
喜眉	欢愉	挤眉	戏谑
竖眉	愤怒	低眉	顺从

（3）口。口形变化能够表情达意。具体情况如下：口角向上表示“高兴”“愉快”“谦逊”；口角向下表示“忧愁”“失望”；嘴唇紧闭、口角向下表示“厌恶”“不满”；嘴唇微开、口角向下表示“悲哀”“痛苦”；口大张表示“畏惧”“恐怖”；口角平直而嘴紧闭表示“警惕”“坚定”；口角平而嘴唇颤抖表示“气愤”“激动”等。上述口形与脸面、眼神要协调配合，不能截然分开。

（4）鼻。鼻子这个身体语言，大部分用来表示厌恶、愤怒等情感。例如，鼻孔张大、鼻翼翕动，表示非常愤怒。在生活中，人们常见“摸鼻子”这个身体动作。从潜意识的角度，摸鼻子表示很犹豫，可能是在说谎。因为，人们知道自己在撒谎，所以就下意识地去摸自己的鼻子，潜意识上说，其正在遮住自己的嘴。所以，当看到别人在摸鼻子的时候，你一定要注意了，其很有可能是在说谎。

任务 5.3　手势运用正确

手势即手臂姿态，是最有表现力的一种“体态语言”。俗话说：“心有所思，手有所指。”手的魅力并不亚于眼睛。手势所表现的含义非常丰富，表达的情感也非常微妙。如招手致意、挥手告别、拍手称赞、拱手致谢、举手赞同、摆手拒绝等；手抚是爱、手指是怒、手搂是亲、手捧是敬、手遮是羞。手势的含义，或是发出信息，或是表达情感。在智慧康养服务中，智慧康养服务人员能够恰当地运用手势表情达意，会为自身服务形象增辉添彩。

1. 常见的手势

（1）手的垂放。这指的是智慧康养服务人员站立服务时双手垂放的姿势。它是一种最常用的手势。具体做法主要有以下 6 种。

① 双手指尖朝下，掌心向内，手臂伸直后分别紧贴于两腿裤线处。

② 双手伸直后自然相交于小腹，掌心向内，一只手在上一只手在下叠放。

③ 双手伸直后自然相交于小腹，掌心向内，一只手在上一只手在下相握。

④ 双手伸直后自然相交于背后，掌心向外，两手相握。

⑤ 一只手紧贴裤线自然垂直，另一只手则略微弯曲，掌心向内搭在腹前。

⑥ 一只手背在身后，掌心向外，另一只手则略微弯曲，掌心向内搭在腹前。

（2）手持物品。工作之时，智慧康养服务人员经常会帮助老人手持某种物品。智慧康养服务人员在持物服务时，对于稳妥、自然、到位、卫生四个方面，应给予高度关注。

① 稳妥。手持物品时，可根据其具体重量、形状以及易碎与否，采取不同的手势。既可

以使用双手，也可以只用一只手。但是，最重要的是要确保物品的安全，尽量轻拿轻放，同时也要防止伤人或伤己。

② 自然。手持物品时，智慧康养服务人员可依据本人的能力与实际需要，酌情采用拿、捏、提、握、抓、扛、夹等不同的姿势。不过一定要避免在持物时手势夸张、“小题大做”，失之于自然美。

③ 到位。有不少物品，在需要手持时，应当将手置于一定之处，这就是持物到位的含义。例如，箱子应当拎其提手，杯子应当握其杯耳，炒锅应当持其手柄。持物时手部未能到位，不但不方便，而且也很不好看。

④ 卫生。持物之时，卫生问题不可不察。为人取拿食品时，切忌直接下手。敬茶、斟酒、送汤、上菜时，千万不要把手指搭在杯、碗、碟、盘边沿，更不能无意之间使手指浸泡在其中。

（3）递送物品。在工作中，递送或接取物品都是智慧康养服务人员必须练好的基本功。递送物品时，应做到以下几点。

① 双手为宜。双手递物于人。不方便双手并用时，也要采用右手。以左手递物，通常被视为失礼之举。

双手递物品，如图 5–25 所示。

图 5–25

② 递于手中。递给他人的物品以直接交到对方手中为好。不到万不得已最好不要将所递的物品放在别处。

③ 主动上前。若双方相距过远，递物者理当主动走近接物者。假如自己坐着的话，还应尽量在递物时起身站立为好。

④ 方便接物。智慧康养服务人员在递物于人时，应为对方留出便于接取物品的地方，不要让其感到接物时无从下手。将带有文字的物品递交他人时，还须使之面对对方。

⑤ 尖、刃内向。将带尖、带刃或其他易于伤人的物品递给他人时，切勿将尖、刃直指对方。合乎服务礼仪的做法应是使其朝向自己，或是朝向他处。

递笔、刀、剪子，如图 5–26 所示。

图 5–26

⑥ 注意事项。应当目视对方，而不要只顾注视物品。一定要用双手或右手，绝对不能单用左手。必要之时，应当起身而立并主动走近对方。递送东西应到位，当对方接稳后再松手。当对方递过物品时，以手前去接取，切勿急不可待地直接从对方手中抢取物品。

（4）端拿手势。

① 服务时面带微笑，和老人有适当的语言交流和眼神交流。

② 端托盘时，双手端住托盘的后半部分，大拇指握紧托盘内沿，其余四指托住托盘底部；托盘的高度应在腰部以上、胸部以下，托盘端平，微向外倾斜；托盘上放置的物品不应过高，以不超过胸部为度。

③ 拿东西时，应轻拿轻放。拿水杯时，应该一手握住水杯把手（无把手水杯应拿水杯下1/3处），另一手轻托水杯底部。

（5）展示物品。展示物品时，手势的摆放至关重要。手的位置应与身体保持协调，避免遮挡自己的面部。具体而言，首先可以将物品举至高于双肩的位置，这种手势适合在观众较多的场合使用，能够有效吸引他们的目光。其次，物品也可以被举至双臂横伸的位置，手臂从肩部延伸至肘部，上不过眼部，下不过胸部，这种姿势不仅能够传达出一种稳定感，还能让观众更清晰地看到所展示的物品。

展示物品如图 5–27 所示。

图 5–27

（6）上举。手臂上举时要做到姿态优雅，必要时，可抬起脚跟以增加身体的高度。

（7）指示方位。智慧康养服务人员运用指引方位手势时，要求动作连贯、自然大方、规范到位，面带微笑，眼神兼顾人和所指方向。

① 横摆式手势。即手臂向外侧横向摆动，指尖指向被引导或指示的方向。要求手掌自然伸直，五指并拢，腕关节伸直，肘关节自然弯曲，大小臂呈 130° ～ 140° 的夹角，身体略向前倾。

横摆式手势如图 5–28 所示。

图 5–28

② 直臂式手势。它也要求手臂向外侧横向摆动，指尖指向前方。与前者不同的是，它要将手臂抬至肩高，而非齐胸。它适用于引导或指示物品所在之处。

直臂式手势如图 5-29 所示。

图 5-29

③ 曲臂式手势。手臂由体侧向体前自上而下抬起，当手臂与身体呈 45° 夹角时，以肘关节为轴，手臂由体侧向体前摆动，摆到手与身体相距 20 cm 处停住。手掌自然伸直，五指并拢，腕关节伸直，掌心向斜上方与地面大约 45° 角。请人进门时，可采用此方式。

屈臂式手势如图 5-30 所示。

图 5-30

④ 斜臂式手势。它的最大特点是手臂由上向下斜伸摆动。多用于请人就座。

斜臂式手势如图 5-31 所示。

图 5-31

以上四种形式，均为仅用一只手臂。另一只手臂此时最佳位置应为垂于身体一侧，或背于身后。

⑤ 双臂式。双手先叠放于腹前，然后抬至胸部之下，同时向身体两侧摆动。有时，亦可双臂同向摆动。它适用于指示较多人员之时。

双臂式手势如图 5-32 所示。

图 5-32

（8）招呼他人。左手放于体侧，手臂伸直或呈一条直线，右手向前向上抬起，手掌向下，向内屈伸手指做搔痒状或晃动手腕。这种招呼他人的手势在中国、欧洲大部分地区以及拉丁美洲的许多国家都比较常见。在美国、日本等国却与此相反，他们用手掌向上，向内屈伸手指做搔痒状或晃动手腕来招呼他人，而在中国、南斯拉夫和马来西亚等国，这种手势却是用来召唤动物的。

招呼他人的手势如图 5-33 所示。

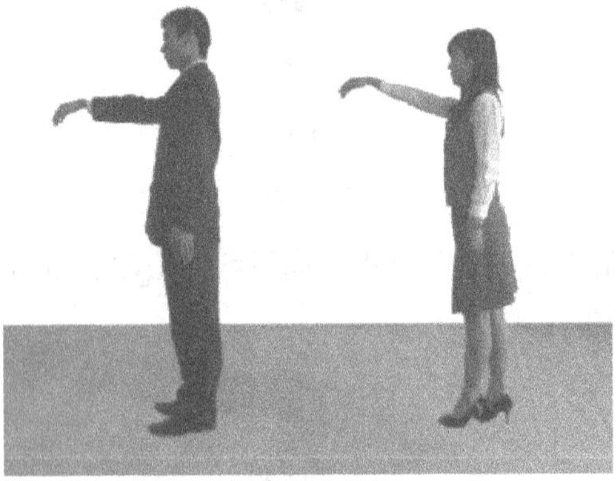

图 5-33

（9）挥手致意。挥手致意是生活中常用的礼节，多用于向他人表示问候、致敬、感谢等。它既可悄然无声地进行，也可以伴以相关的言辞。当智慧康养服务人员忙于工作，而又看见熟悉的服务对象，且无暇分身时，向其举手致意，可立即消除对方被冷落的感觉。挥手致意的正确做法可概括为下列 4 点。

① 面向对方。举手致意时，应全身直立，面向对方，至少上身与头部要朝向对方。在目视对方的同时，须面带笑容。

② 手臂上伸。致意时，手臂应当自下而上向侧上方伸出。手臂既可略有弯曲，也可全部

伸直。

③ 掌心向外。致意时须掌心向外，即面对对方，指尖朝向上方。千万不要忘记伸开手掌。

④ 切勿乱摆。举手致意时，理当手臂轻缓地由下而上地向上伸起，而不是自上而下或向左右两侧来回摆动。

挥手致意，如图 5–34 所示。

图 5–34

（10）鼓掌是在观看文体表演、参加会议、迎候嘉宾时，表达赞赏、鼓励、祝贺、欢迎等情感的一种手势。要领是：以右手掌心向下有节奏地轻轻拍击左手掌掌心（见图 2–40），不可左掌向上拍击右掌；不可右手掌向左，左手掌向右，两掌互相拍击。鼓掌时间以 5 ～ 8 s 为宜。

鼓掌如图 5–35 所示。

图 5–35

2. 常见手势语

除了伸出大拇指、小拇指手势以及“OK”手势，了解以下手势语的含义，并在智慧康养服务工作中正确运用。

（1）V 形手势。伸出食指和中指，掌心向外，其语义主要表示胜利（英文“victory”的第一个字母）；掌心向内，在西欧表示侮辱、下贱之意。这种手势还时常表示“二”这个数字。

V 形手势如图 5–36 所示。

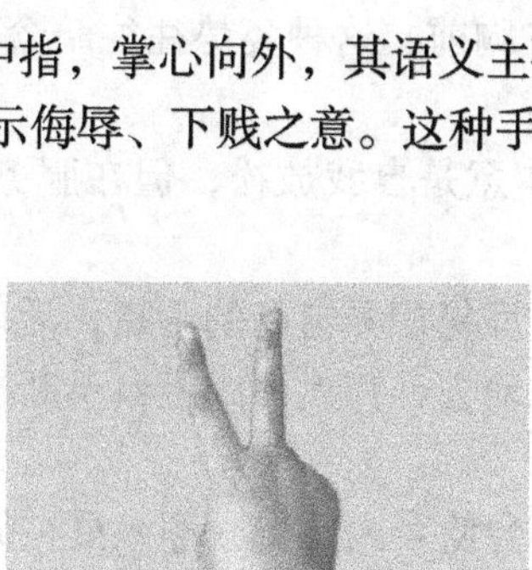

图 5–36

小幽默

手　势

两支部队正在打仗，一个士兵气喘吁吁地跑进营帐，冲着参谋长伸出了两根手指。参谋长看到这个V形手势，问：“用了我的计策，这么快就胜利了？”

士兵着急地说：“别做梦了！就剩咱们俩了，快跑吧！”

（2）伸出食指。伸出食指在我国以及亚洲一些国家表示“一”“一个”“一次”等；在法国、缅甸等国家则表示“请求”“拜托”等意思。使用这一手势时，一定要注意不要指向人，更不能在与人面对面时用食指指着对方的鼻子，这是一种不礼貌的动作，容易激怒对方。

（3）捻指作响。捻指是指用拇指和中指弹出声响，其含义或表示高兴，或表示赞同，或表示无聊。应尽量少用或不用这一手势，因为其声响有时会令他人反感或觉得对方没有教养，尤其是不能对异性使用此手势，这是挑衅、轻浮的手势。

3. 克服不良的手势

手势是人的第二张面孔，具有抽象、形象、情意、指示等多种表达功能。在使用手势和手势语时应注意克服以下不良手势和手势语，否则，将会给对方传达出不良信息。

（1）指指点点。智慧康养服务工作中绝不可随意用手指对服务对象指指点点，与人交谈时更不可这样做。指指点点地别人说话，往往引起对方较大的反感。

小案例

错误的数数方法

某日，小郑所在的智慧康养机构组织老人外出参观游览，老人们坐上车后，小郑笑容可掬地站在车门口开始清点人数：“1，2，3，4……”小郑轻轻地念着，同时用手指点数老人。在接下来的游览中，小郑的服务十分周到，但是他发现老人们的表情还是有点不对劲。小郑百思不得其解。

在人际交往过程中，应掌握不同情况下手势的正确使用方法。在清点人数时，可以采用默数的方式，即用目光进行清点，心里默记。本案例中，小郑的行为既不礼貌，也不符合职业道德。

（2）随意摆手。在接待服务对象时，不可将一只手臂伸在胸前，指尖向上，掌心向外，左右摆动。这种动作的一般含义是拒绝别人，甚至还有极不耐烦之意。

（3）抬起双臂。双臂抱起端在胸前，这种姿势往往暗含孤芳自赏、自我放松或置之度外、袖手旁观、看他人笑话之意。

（4）双手抱头。这一体态的本意是自我放松，但在服务时这么做，则会给人以目中无人之感。

（5）摆弄手指。工作中无聊时反复摆弄自己的手指，活动关节或将其捻响，打响指，要么莫名其妙地攥紧拳头或是手指动来动去，在桌面或柜台不断敲打，这些往往会给人不严肃、散漫之感，令人望而生厌。

（6）手插在口袋里。这种表现会使客人觉得服务人员在偷懒，在工作方面并未尽心尽力。

（7）搔首弄姿。这种手势，会给人矫揉造作、当众表演之感。

（8）抚摸身体。在工作之时，有人习惯抚摸自己的身体，如摸脸、擦眼、搔头、挖鼻、剔牙、抓痒、搓泥等，这会给别人以缺乏公德意识、不讲究卫生、个人素质低下的印象。

（9）勾手指手势。有人用食指或中指竖起并向自己怀里勾，其他四指弯曲，示意他人过来，这种手势有唤狗之嫌，对人极不礼貌。

小训练

两人一组进行训练，练习运用不同的手势（手势语），互相纠正对方不雅观或者不正确的地方。

4. 手势的运用

在智慧康养服务工作中，有效地使用手势语言能更有助于提高沟通效果。具体运用时要注意以下几个方面。

（1）手势与口头表达应一致。一般当人们的手势和口头表达不一致时，交际对象常常会更相信手势所表达的意义。所以，智慧康养服务人员在讲话或演讲时，手势与讲话内容保持一致能起到增强表现效果的作用。

（2）手势要自然适度。在讲话时，应该做到“情至于此，手自然来帮忙”，矫揉造作的手势动作会让人感觉不舒服，影响管理者的人格魅力。因此，智慧康养服务人员在讲话时切忌手势太多、动作太僵硬、速度太快、幅度太大。

小案例

一讲话就手舞足蹈的小王

马阿姨，79岁，半年前入住某智慧康养服务机构。护理员小王负责照顾她，为了让马阿姨开心，小王经常陪马阿姨聊天。小王生性幽默，爱讲笑话，常逗得马阿姨合不拢嘴。但是每次聊天，小王一讲话就手舞足蹈，好几次把桌子上的茶杯都碰掉到地上了。

问题：

手势语的使用应掌握什么样的原则？幅度是不是越大越好？

（3）尽量使用积极的手势。在养老服务中，应多使用有积极意义的手势，如竖起大拇指、举手致意、手掌向上等，这些会让老人感觉更亲切和友好，并可以大大提高工作效果；相反，如果经常使用消极的手势，如用手敲击桌子、用手指指向对方、手掌向下，都会给人不尊重的感觉。

（4）跨文化沟通时要注意不同文化间的差异。在不同的文化中，手势具有不同的含义。例如竖起大拇指这个手势，在中国表示赞扬、夸奖别人，而在中东地区则表示否定；在德国和瑞士，如果用手指指向自己则表示侮辱自己。因此，对跨文化沟通人士来说，应适应当地文化，因人、因物、因情、因事使用恰当的手势。

小贴士

小训练

请根据以下语句的内容给出相应手势和表情。

（1）请大家安静，安静。

（2）什么是爱？爱，不是索取，而是奉献！

（3）他转身朝着黑板，拿起一支粉笔，使出全身的力量，写了两个大字：“法兰西万岁！”然后他待在那儿，头靠着墙壁，话也不说，只向我们做了一个手势：“散学了——你们先走吧！”

（4）在过去的一年中，在座各位将我们产品的销售额不可思议地提高了17.17%！这在公司的整个历史上还从来没有过，从来没有！由此利润不是提高了5%或10%，而是整整13%！

（5）大家不要慌，请跟我来！

（6）我现在要明确地告诉对方辩友，你们犯了一个严重的逻辑错误！

（7）现在，请让我们大家在此心平气和地交换一下对这个问题的看法。

（8）现在，摆在我们面前的有两条道路：一是勇往直前奋战下去，有成功的可能，但也有失败的风险；二是原地踏步，坐以待毙。

（9）这几天，大家晓得，在昆明出现了历史上最卑劣、最无耻的事件！李先生究竟犯了什么罪，竟遭此毒手？他只不过用笔写写文章，用嘴说说话，而他所写的、所说的，都无非是一个没有失掉良心的中国人的话！大家都有一支笔、有一张嘴，有什么理由不拿出来讲啊？有事实拿出来说啊！

课后练习

1. 智慧康养服务人员正确的站姿、坐姿、走姿、蹲姿应是怎样的？
2. 智慧康养服务人员在服务岗位上应用表情时，应注意什么？
3. 怎样才能使眼神充满自信和活力？
4. 智慧康养服务人员在工作中怎样才能做到恰到好处地微笑？
5. 智慧康养服务人员在工作中，使用手势应注意哪些问题？
6. 以小组为单位，创设养老服务工作情境，自编情节，模拟仪态礼仪的运用。
7. 体会站、坐、走、蹲的基本要领，并进行模拟练习。
8. 指出以下各养老机构服务人员在服务过程中个人形象礼仪方面存在的问题，并谈谈如何克服和改进。

（1）小王，20岁，某老年服务机构的工作人员。最近几个月，因家人与邻居发生经济纠纷，小王一直闷闷不乐。因为心情不好，在与老人们打交道时，小王难得有个笑脸。为此，几个老人专门找到机构的领导，反映小王态度问题。家庭纠纷加上工作不顺，使小王愁眉不展。

（2）小李，男，25岁，晚霞智慧康养服务中心服务人员。小李性格内向，与人交往时总爱低着头，一副无精打采的样子。在接待老年人时，小李还会时不时做一些下意识的小动作，如身体晃动、搓手、挠头、拽自己的衣服，这些小动作让服务机构的领导颇为头痛。

（3）刘霞，23岁，夕阳红智慧康养服务中心的服务人员，如花似玉的年纪，人长得也很标致。但是工作一年多了，大家总反映刘霞“不会站”。站着与老人交谈时，她总是习惯性地将手插在裤袋里面或双手交叉抱在胸前，甚至双手叉腰。

（4）张奶奶，80岁。因记忆衰退，张奶奶反复对护理员讲相同的几个故事，护理员小赵刚开始还端坐倾听，时间久了以后，便觉得张奶奶的讲述索然无味。倾听时，小赵也开始坐不住了，有时甚至跷着二郎腿，有一搭没一搭地玩手机。张奶奶看在眼里，气在心里。

（5）马阿姨，79岁，半年前入住某老年服务中心。护理员小刘负责照顾她，为了使马阿姨开心，经常陪她聊天。小刘生性幽默，爱讲笑话，常逗得马阿姨合不拢嘴。但是每次聊天，小刘都比比划划，好几次把桌子上的茶杯都弄到了地上。

（6）陈爷爷，80岁，退休干部，入住某老年服务中心。陈爷爷睡眠较少，睡觉也很轻，一点小声响都能让陈爷爷难以入眠。护理员小杨，性格外向，动作幅度大，走路咚咚响，并且喜欢吹口哨，每次轮到小杨来照护陈爷爷，陈爷爷就会多出几道黑眼圈。

9. 案例分析

实习生小吴

小吴是智慧健康养老服务与管理专业的大三学生，在某智慧康养机构实习，在接待老年人时他经常低着头，无精打采，站立时把手放到衣服口袋中，身体不停地晃动。如果老人和他聊天，刚开始他还能端坐倾听，时间一长他就靠着椅背，甚至跷起二郎腿，拿出手机有一搭没一搭地玩起来。带教老师看到这种情形很无奈，老人们都不喜欢小吴为他们服务。

思考题：

（1）小吴在接待老人时的站姿存在哪些问题？该如何纠正？

（2）小吴在陪老人聊天时，有哪些地方不符合礼仪规范？

不善沟通的应聘者

某智慧康养服务机构要招聘一位业务部经理，一位名校硕士毕业生的简历深深地吸引了老总。这位应聘者有相关理论著述，而且在两家单位任过职，有一定的工作经验。公司通知他3天后去公司面试，但面试的结果竟然是没通过。老总后来说，那次面试是他亲自主持的。他发现这位应聘者有个特点，就是不管什么时候都锁着双眉，不会微笑，且在近20 min的谈话过程中，只与自己有过很少的眼神交流，他的眼睛一直看着自己的脚尖或墙角，显得很沉闷。这位老总还提到，虽然他专业知识非常扎实，长得也仪表堂堂，但坐下后，双脚一直在不停地抖动，还不时把手夹在两腿中间。老总认为，这种人是典型的不擅长沟通的人，而作为市场部的负责人，沟通是重要的工作内容。

思考题：

（1）案例中的应聘者在表情运用上存在哪些问题？

（2）善于沟通的人在仪式上应是怎样的？

介绍信

某智慧康养机构负责人，对他为什么要录用一个没有任何人推荐的小伙子时解释说：“他带来了许多推荐信。他神态清爽，服饰整洁；在门口蹭掉了脚下带的土，进门后随手轻轻地关上了门；当他看见残疾人时主动让座；进了办公室，其他人都从我故意放在地板上的那本书上迈过去，而他却很自然地俯身捡起并把它放到桌上；他回答问题简洁明了、干脆果断。这些难道不是最好的推荐信吗？”

思考题：

（1）该负责人所说的“推荐信”指的是什么？

（2）这些“推荐信”介绍了小伙子的哪些优点？

（3）小伙子在应聘中遵守了哪些礼仪？

10. 实训项目

手势训练

实训目标：掌握手势礼仪

实训学时：0.5学时

实训地点：礼仪实训室

实训方法：调整体态，保持良好的站姿。每两人一组练习常用手势，包括请、招呼他人、挥手道别、指引方向、递接物品（剪子、文件）、鼓掌、展示物品等手势，并互相纠正。

项目 6　智慧康养服务人员的形体训练

学习目标

知识目标

（1）掌握头部、肩部、胸部、腰部、髋部、手臂、膝关节、踝关节等部位训练的基本要求。
（2）掌握地面勾绷脚、地面吸腿、直腿和开胯、地面压腿训练的基本要求。
（3）掌握身体姿态、手臂姿态、腰部肌肉协调训练的基本要求。
（4）掌握芭蕾舞的基本知识，掌握芭蕾手型、手位、脚位、脚型等实操动作。
（5）掌握向前、向旁、向后擦地训练的动作要领，进行相关实操组合训练。
（6）掌握半蹲、全蹲的做法，进行相关实操组合训练。
（7）掌握小踢腿前踢、小踢腿旁踢、小踢腿后踢的动作要领。
（8）掌握提、沉、冲、靠等古典舞身韵基本元素的训练方法。
（9）掌握手型、手位、手臂基本动作、手臂基本姿态等中间训练的方法。

能力目标

（1）进行与形体动作相关的实操组合训练，要求动作优美、连贯、自如。
（2）进行芭蕾相关实操组合训练，要求动作优美、连贯、自如。
（3）进行古典舞身韵相关实操组合训练，要求动作优美、连贯、自如。

素质目标

（1）在生活中和智慧康养服务工作中自觉展现良好的形象。
（2）养成定期进行形体训练的习惯，缓解工作疲劳，提升意志品质。
（3）不断提升个人审美能力，改善自身形象。

案例导入

智慧康养服务中心的“形体训练”培训

随着生活水平的提高，社区居民对于精神文化生活的需求日益增长。优美的形体作为一种提升个人形象和气质的有效方式，越来越受到人们的重视。这天上午，×× 社区的智慧康养服务中心开展了以“健康形体　拥抱自信”为主题的形体仪态培训，社区居民和智慧康养服务中心的员工们积极参加了此次培训。

课堂上，老师用通俗易懂的语言为大家讲解了形体训练的重要性。伴随着节奏轻快的音乐，老师从拉伸关节的热身操入手，逐步示范并指导学员们舒缓颈肩、优雅站姿、优美笑容等仪态技巧，再到如何收腹、挺胸、立腰、摆手、抬腿、转体，一点点纠正学员的形体仪态。学员们专心致志地听讲，细心揣摩每个动作，并跟着老师的指令反复练习。在不断的训练中，学员们逐渐掌握了形体礼仪的基本要领，整个人精神焕发、自信优雅，充分展现了女性健康、积极、向上的个人魅力。课程得到了学员们的一致好评，大家纷纷表示非常享受本次课堂带来的快乐。

思考题：

（1）什么是形体训练？请谈谈你对形体训练的理解。

（2）形体训练的作用是什么？

要有美的形体，关键是要科学地进行形体训练。形体训练是拥有良好体态和气质的重要途径。所谓形体，是指在先天遗传和后天获得的基础上所表现出的身体形态上的相对稳定的特征，是包括表情、姿态和体形在内的人的外在形象的总和。从一定意义上说，先天遗传对形体起着决定性的作用，同时，形体和后天的生活条件及科学训练有密切关系。后天科学的形体训练，可以使个人的优点得到发扬，不足得到改善，从而使形体变得更美。形体训练是一个有目的、有计划、有组织的过程，不仅能使人获得健康美，而且还能使人获得体形美、姿态美、动作美和气质美。形体训练在现代社会越来越受到人们的重视，成为时尚的运动，吸引了大批人士积极参与。

智慧康养服务人员工作压力一般较大，如果能够经常进行形体训练，形成习惯，就能减轻工作压力，调节情绪，拥有健康的心态。

任务 6.1　形体动作训练

形体动作训练是形体训练的基础，是在形体舞蹈表演之前的最基本的训练，要想熟练地完成舞蹈动作，不仅要有理想化的形体和仪态，还需要刻苦的练习、良好的肌肉能力以及具备舞蹈动作所要求的协调、灵活、柔韧与节奏感。只有身体各部位肌肉协调配合，才能把舞蹈表现得流畅，充满激情与活力，达到形体美的目标。

小贴士

1. 人体各部位动作训练

人体各部位动作训练主要是以人体各部位为训练体系进行规范训练。通过基本动作训练，可以增强各部位肌肉的力量，扩大关节活动范围，提高动作的灵活性和柔韧性。同时，还能促进身体发育，预防和矫正形体畸形，形成优美的体态。

微课

1）训练指南

（1）头部动作的训练。

① 低头。头向前低下，下颌用力向下，眼睛看地面（见图 6–1）。

② 仰头。下颌用力向上，头向后仰起，颈部肌肉尽量向上拉伸（见图 6–2）。

③ 倾头。头正直准备，头顶向左、向右 45° 倾斜，视 1 点（见图 6–3）。

④ 转头。头正直准备，脸向左或向右 90° 水平转动，使鼻尖对左肩或右肩（见图 6–4）。

图 6–1

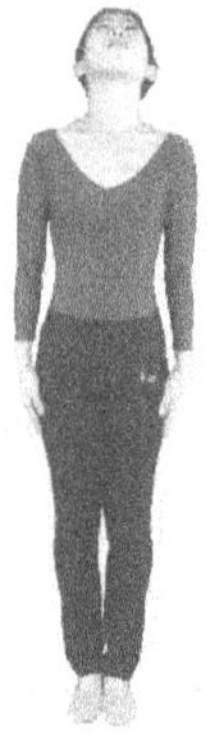
图 6–2

图 6–3

图 6–4

（2）肩部动作。

① 耸肩。

• 单耸肩。一个肩向上抬起，另一个肩保持不动（见图 6–5）。

• 双耸肩。两个肩膀同时向上抬起、落下，抬起时颈部保持不动，不要往下使劲（见图 6–6）。

② 转肩。两肩同时由前向后转动或同时由后向前转动（见图 6–7）。

图 6–5

图 6–6

图 6–7

（3）胸部动作。

① 含胸。两肩向前扣，胸部正中心开始向内缩，头稍低，两臂稍向前摆（见图 6–8）。

② 挺胸。胸部向前挺起，两肩向后展开，抬头，双臂向后摆（见图 6–9）。

图 6–8

图 6–9

（4）腰部动作。

① 前弯腰。双腿直立并拢站好，身体尽量拉长并往前弯腰，可做 90° 前弯腰（见图 6–10），也可做 180° 前弯腰（见图 6–11）。

② 旁弯腰。大八字位站好，双臂向身体两侧下垂。动作时，右手上举，掌心向内，胯部向右移动，上半身向左侧屈（见图 6–12），然后还原，也可做相反动作。

图 6–10

图 6–11

图 6–12

③ 后弯腰。

• 跪立后弯腰。跪立准备，两膝分开与肩同宽，双臂上举，掌心向前。做动作时，由双手开始带动头、颈、脊柱等关节向后弯曲，臀部向上顶起，双手最后落在两脚附近（见图 6–13），然后反向收回原位。

• 站立，后弯。站立姿势准备，两膝分开与肩同宽，双臂上举，掌心向前（见图 6–14）。动作时，由双手带动头、颈、脊柱、髋等关节向后弯曲，臀部向上顶起，双手着地（见图 6–15），然后反向收回原位。

图 6–13

图 6–14

图 6–15

（5）胯部动作。

① 摆胯。两腿打开与肩同宽，双手叉腰，胯部向左右摆动（见图 6–16）。

② 转胯。两腿打开与肩同宽，双手叉腰，胯部向前或向后按照顺时针或逆时针方向最大幅度转动（见图 6–17）。

图 6–16

图 6–17

（6）手臂动作。

① 前后摆臂。双手臂伸直同时向前或向后水平摆动，做前后摆臂动作时会和含胸、挺胸动作一起完成（见图 6–18 和图 6–19）。

② 上下摆臂。双臂伸直一上一下，由双手带动同时向后摆动，双臂上下位置交替进行（见图 6–20）。

图 6–18

图 6–19

图 6–20

（7）膝关节动作。

① 屈膝。双腿并拢，双膝弯曲（见图 6–21）。

② 转膝。双腿并拢，双膝弯曲，以膝关节为轴转动（见图 6–22）。

（8）踝关节动作。

① 双踝转动。双腿并拢屈膝，双手扶膝盖，转动膝盖的同时带动双踝转动（见图 6–22）。

② 单踝转动。一只脚全脚掌着地不动，另一只脚半脚掌着地，转动踝关节（见图 6–23）。

图 6-21

图 6-22

图 6-23

2）实操组合训练

（1）准备位。正步位准备，双腿夹紧，身体挺直，收腹、挺胸、抬头，双手叉腰，四指在腰前，拇指在腰后，目视1点（见图 6-24）。

（2）（预备拍）1～8拍，保持预备位姿态。

（3）（1×8拍）1～2拍，低头；3～4拍，还原；5～6拍，仰头；7～8拍，还原。

（4）（2×8拍）1～2拍，左倾头；3～4拍，还原；5～6拍，右倾头；7～8拍，还原。

（5）（3×8拍）1～8拍，逆时针转头。

（6）（4×8拍）1～8拍，顺时针转头。

（7）（5×8拍）1～2拍，双耸肩；3～4拍，还原；5～6拍，双耸肩；7～8拍，还原。

（8）（6×8拍）1～2拍，左肩单耸肩；3～4拍，右肩耸肩；5～6拍，左肩单耸肩；7～8拍，还原。

（9）（7×8拍）1～4拍，向前转肩一周；5～8拍，再次向前转肩一周。

（10）（8×8拍）1～4拍，向后转肩一周；5～8拍，再次向后转肩一周。

（11）（9×8拍）1～2拍，左腿出大八字位，双臂由叉腰位快速向前伸直向后水平打开后摆臂，挺胸（见图 6-25）；3～4拍，双臂从后向前水平摆臂，含胸（见图 6-26）；5～6拍，挺胸，双臂向后摆；7～8拍，含胸，双臂向前摆。

图 6-24

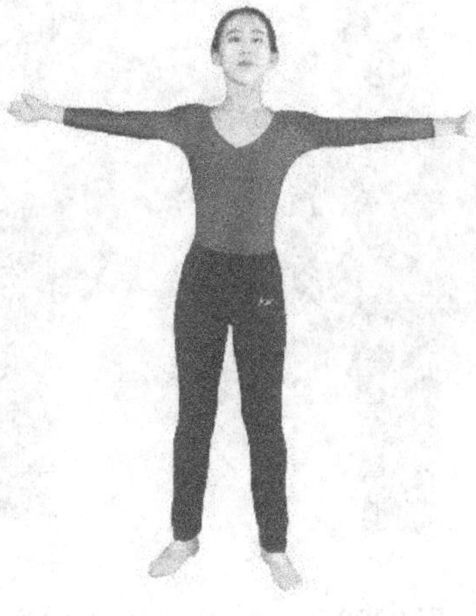
图 6-25

图 6-26

(12)(10×8 拍) 重复（9×8 拍）动作，最后收回双手叉腰位。

(13)(11×8 拍) 1～2 拍，左旁弯腰，左手叉腰，右手伸直向斜上方左摆臂，掌心向内（见图 6–27)；3～4 拍，腰还原；5～6 拍，左旁弯腰，右手斜上方左摆臂；7～8 拍，腰还原，双臂相互转换（见图 6–28)。

(14)(12×8 拍) 1～2 拍，右旁弯腰，右手叉腰，左手伸直斜向上方向右摆臂，掌心向内（见图 6–29)；3～4 拍，腰还原；5～6 拍，右旁弯腰，左手伸直斜上方向左摆臂；7～8 拍，腰还原，双手叉腰。

图 6–27

图 6–28

图 6–29

(15)(13×8 拍) 1～8 拍，逆时针转胯一周。

(16)(14×8 拍) 1～8 拍，顺时针转胯一周，收回左脚，还原正步，双手收回身体两侧。

(17)(15×8 拍) 1～2 拍，双屈膝做蹲动作，双手扶着膝盖位置，视 1 点（见图 6–30)；3～4 拍，还原站姿；5～6 拍，双屈膝；7～8 拍，还原站姿。

(18)(结束拍：16×8 拍) 1～4 拍，逆时针转膝一周（见图 6–31)；5～6 拍，顺时针转膝一周；7～8 拍，还原站姿，结束。

图 6–30

图 6–31

2. 地面素质训练

地面素质训练是指运用坐姿或卧姿进行的动作训练。因为地面动作所采用的身体姿态重心较低，较容易掌握动作要领，更有利于练习者掌握动作技能。通过地面素质训练，可以逐渐增强四肢和躯干的力量，有效培养练习者的柔韧度和力量，提高动作的协调性和表现力，为进一步学习舞姿动作奠定基础。

1）训练指南

（1）地面勾绷脚。

① 勾脚。

• 双勾脚（即通常所指的“勾脚”）。坐在地面上，两腿向前伸直，膝盖并拢，双脚尖贴紧并向上勾起，脚跟用力向前（见图 6–32）。

• 勾开脚。在双勾脚的基础上，两脚尖分别向外打开，脚跟靠拢，小脚趾尽量贴向地面（见图 6–33）。

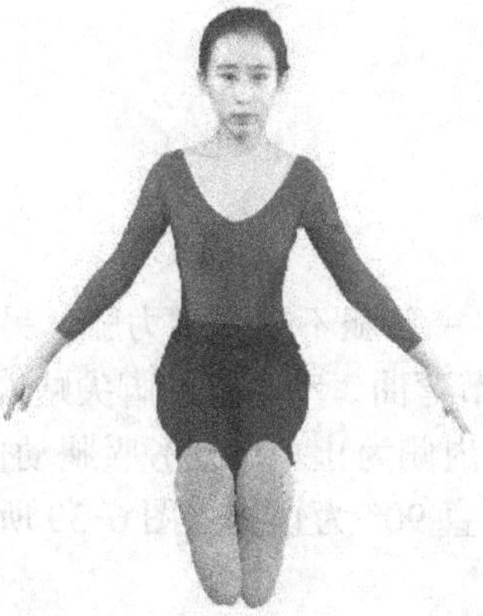

图 6–32

图 6–33

② 绷脚。

· 开绷脚。在勾开脚的基础上，两脚分别下压脚背到脚趾，两脚跟靠拢，两脚掌分开，小脚趾尽量贴向地面（见图 6–34）。

· 绷脚（即通常所指的“绷脚”）。在绷脚的基础上，两脚背向内旋转，两脚夹紧（见图 6–35）。

图 6–34

图 6–35

（2）地面吸腿、直腿和开胯。

① 单腿前吸腿、直腿。两腿直膝夹紧绷脚准备，一条腿不动，另一条腿为动力腿，膝关节弯曲向上抬起，脚掌贴紧地面向上吸，慢慢抬起脚跟，直到脚尖点地为止，单腿前吸腿动作如图 6–36 所示；然后以膝关节为轴脚背带动向上提起，直到动力腿伸直 90° 为止，单腿前吸腿直腿动作如图 6–37 所示，两腿可交替进行。

图 6–36

图 6–37

② 单腿旁吸腿、直腿。两腿直膝夹紧绷脚准备，一条腿不动为主力腿，另一条腿为动力腿，脚背由绷合脚转成开绷脚，动力腿贴地面，膝关节弯曲，动力脚的脚尖贴着主力腿的内侧由下往上吸，直到动力脚的脚尖提至主力腿的膝关节内侧为止。单腿旁吸腿动作如图 6–38 所示；然后以膝关节为轴，脚背带动向上直到动力腿伸直 90° 为止，如图 6–39 所示，两腿可交替进行。

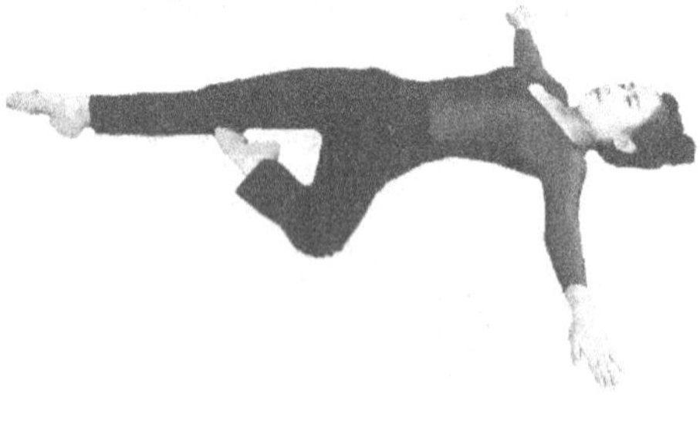

图 6–38

图 6–39

③ 双腿吸腿、直腿、开胯。两腿并拢直膝绷脚准备，膝关节弯曲向上抬起，两脚掌贴紧地面同时向上吸腿擦地，慢慢抬起脚跟，直到两脚尖点地为止，双腿吸腿动作如图 6–40 所示；然后两腿由脚背带动，以膝关节为轴小腿向上抬起，使腿和身体形成 90°，双腿前吸腿直腿动作如图 6–41 所示；在双腿吸腿动作基础上，两腿膝关节带动双腿向身体两侧分开，使两腿尽量分别贴近地面，双腿吸腿开胯动作如图 6–42 所示。

图 6–40

图 6–41

图 6–42

（3）地面压腿。

① 地面压前腿。坐在地面上，两腿直膝并拢绷脚，上身挺拔直立，双手臂在身体斜上方呈椭圆状（见图 6–43），运动时以腰为轴，两手臂带动上身快速下压，使上身贴近两腿来拉长腿部后面韧带（见图 6–44），然后抬起上身还原。

图 6–43

图 6–44

② 地面压旁腿。蹲在地面上，一条腿屈膝全脚掌大八字外开不动为主力腿，另一条腿在体旁伸直绷脚，双手臂分别在主力腿两侧扶住地面，后背尽量挺拔不要驼背，视 1 点，随着节拍有规律地下压上身和髋部来拉长腿部内侧韧带（见图 6–45）。

③ 地面压后腿。蹲在地面上，一条腿屈膝全脚掌大八字外开不动为主力腿，另一条腿在身体后面伸直绷脚外开，双手臂分别在主力腿两侧扶住地面，后背尽量挺拔不要驼背，视 1 点，随着节拍有规律地下压上身和胯部来拉长腿部前面的韧带（见图 6–46）。

图 6–45

图 6–46

（4）地面踢腿。

① 地面踢前腿。仰卧在地面上，一条腿直膝绷脚不动（见图 6–47），另一条腿直膝绷脚，脚背发力快速向上踢起 90° 以上，然后轻轻落下（见图 6–48）。

图 6–47

图 6–48

② 地面踢旁腿。侧卧在地面上，一只手放在胸前扶地，另一只手伸直放在头部下面扶地，双腿直膝绷脚，面向 1 点准备，下面的腿不动，上面的腿绷脚直膝向旁踢起 90° 以上（见图 6–49），再轻轻落下。

③ 地面踢后腿。俯卧在地面上，两腿直膝并拢，两臂弯曲，小臂贴于地面支撑上身，上身尽量挺直，抬头目视 1 点准备。一条腿不动，紧贴地面，另一条腿由脚背发力向后上方踢起到最高点，踢腿时速度要快，踢腿时胯尽量保持不动，不要掀起（见图 6–50），落地要轻。

图 6–49

图 6–50

2）实操组合训练

（1）准备位。坐地准备，双腿直膝夹紧绷脚，身体挺直，收腹、挺胸、抬头，两手臂在身体两侧伸直，手指尖点地，视 1 点（见图 6–51）。

（2）（预备拍）1 ～ 8 拍，保持预备位姿态。

（3）（1×8 拍）1 ～ 2 拍，双勾脚（见图 6–52）；3 ～ 4 拍，勾开脚（见图 6–53）；5 ～ 6 拍，开绷脚（见图 5–54）；7 ～ 8 拍，绷合脚（见图 6–55）。

图 6–51

图 6–52

图 6–53

图 6–54

图 6–55

（4）（2×8 拍）1 ～ 4 拍，上身向后慢慢躺下，双手慢慢打开和身体成十字形（见图 6–56）；5 ～ 8 拍，保持这一姿态不动。

（5）（3×8 拍）1 ～ 4 拍，双腿吸腿（见图 6–57）；5 ～ 8 拍，双腿直腿向上与身体成 90°（见图 6–58）。

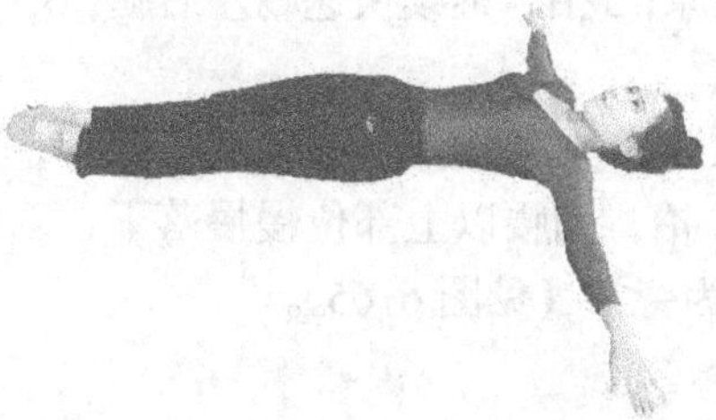
图 6–56

图 6–57

图 6–58

（6）（4×8 拍）1 ～ 4 拍，双腿直腿收回，脚尖点地呈双吸腿状（见图 5–59）；5 ～ 8 拍，双脚尖擦地收回（见图 6–60）。

（7）（5×8 拍）1 ～ 4 拍，双吸腿；5 ～ 8 拍，双吸腿开胯（见图 6–61）。

图 6–59

图 6–60

图 6–61

(8)(6×8 拍) 1～4 拍，开胯收回；5～8 拍，两脚尖擦地还原。

(9)(7×8 拍) 1 拍，左脚脚背带动左腿快速踢前腿，右腿绷脚贴紧地面不动；2～4 拍，左腿慢慢落下还原；5 拍，快速踢左腿；6～8 拍，左腿慢慢落下。

(10)(8×8 拍) 1 拍，踢左前腿；2～4 拍，左腿慢慢收回；5～8 拍，身体由仰卧姿势向右转身变为侧卧姿势，右手臂由旁向上举，左手臂由旁收回至胸前扶地（见图 6–62）。

(11)(9×8 拍) 重复 7×8 拍动作。

(12)(10×8 拍) 重复 8×8 拍动作。

(13)(11×8 拍) 1 拍，踢左旁腿，速度快，注意开度不要扣着胯，左脚背尽量朝向上面，右腿保持直膝绷脚不动；2～4 拍，左腿慢慢落下还原；5 拍，快速踢左旁腿；6～8 拍，左旁腿收回还原。

(14)(12×8 拍) 1 拍，踢左旁腿；2～4 拍，左旁腿慢慢落下还原；5～6 拍，由侧卧向右转身 90°，俯卧；7～8 拍收回大臂，提起胸腰以上部位，抬头看 5 点方向（见图 6–63）。

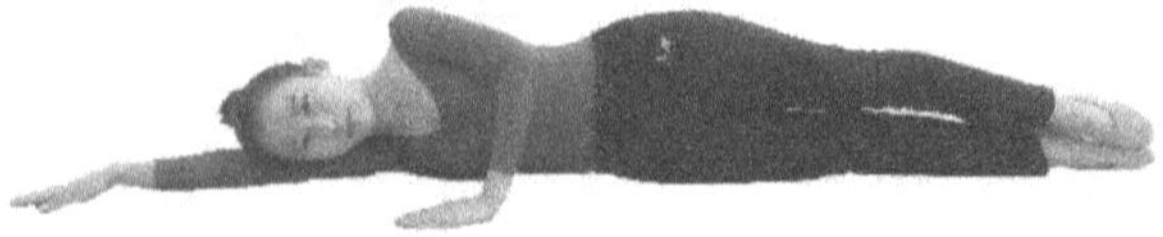

图 6–62

图 6–63

(15)(13×8 拍) 1 拍，踢左后腿，越高越好，不要掀胯，注意绷脚，右脚直膝绷脚，贴紧地面保持不动（见图 6–64）；2～4 拍，左后腿慢慢落下还原；5 拍，继续快速踢左后腿；6～8 拍，左后腿慢慢落下还原。

(16)(14×8 拍) 1 拍，踢左后腿，越高越好，不要掀胯，注意绷脚，右脚直膝绷脚，贴紧地面保持不动；2～4 拍，左后腿慢慢落下还原；5～6 拍，胸腰以上部位慢慢落下，双臂伸直；7～8 拍，身体向右转身 180° 为仰卧，臂由上举变为旁举（见图 6–65）。

图 6–64

图 6–65

(17)(15×8 拍) 1 拍，右脚脚背带动右腿快速踢前腿，左腿绷脚贴紧地面不动；2～4 拍，右腿慢慢落下还原；5 拍，快速踢右前腿；6～8 拍，右腿慢慢落下还原。

(18)(16×8 拍) 1 拍，踢右前腿；2～4 拍，右腿慢慢收回；5～8 拍，身体由仰卧姿势向左转身 90° 为侧卧姿态。

(19)(17×8 拍) 1 拍，踢右旁腿，速度快，注意开度不要扣着胯，右脚背尽量朝向上面，左腿保持直膝绷脚不动；2～4 拍，右旁腿慢慢落下还原；5 拍，快速踢右旁腿；6～8 拍，右旁腿收回还原。

(20)(18×8 拍) 1 拍，踢右旁腿；2～4 拍，右旁腿慢慢落下还原；5～6 拍，由侧卧向左转身 90° 为俯卧；7～8 拍收回大臂，小臂支撑，提起胸腰以上部位，抬头看 5 点方向。

(21)(19×8 拍) 1 拍，踢右后腿，越高越好，不要掀胯，注意绷脚，左脚直膝绷脚，贴紧地面保持不动；2～4 拍，右后腿慢慢落下还原；5 拍，继续快速踢右后腿；6～8 拍，右后腿慢慢落下还原。

(22)(20×8 拍) 1 拍，踢右后腿，越高越好，不要掀胯，注意绷脚，左脚直膝绷脚，贴紧地面保持不动；2～4 拍，右后腿慢慢落下还原；5～6 拍，胸腰以上部位慢慢落下，双臂伸直；7～8 拍，身体向左转身 180° 为仰卧，双臂由上举转为旁举。

(23)(结束拍) 5～6 拍，起上身，两腿直膝、绷脚、夹紧、贴住地面不动，背直，挺胸，微抬头，视 1 点。7～8 拍，保持姿态不动，结束。

小贴士

形体训练中肌肉酸痛的处理

运动过程中立刻能感受到的肌肉酸痛，叫急性肌肉酸痛。这种酸痛是因为化学物质在肌肉中堆积，一般通过按摩、拍打，使肌肉放松就能很快缓解，这种酸痛并不可怕。还有一种酸痛是延迟性酸痛，延迟性酸痛才是真正的痛，可能让你不想动。延迟性酸痛一般出现在运动 8h 之后，常常需要三四天甚至一星期才能完全恢复。

延迟性酸痛是形体训练中的“拦路虎”，会让初级阶段的学生吃尽苦头，甚至不想练习。这种酸痛是因为乳酸堆积，乳酸可以保护肌肉不被拉伤，而且乳酸也可以消耗热量，达到减脂增肌的效果。软开度练习其实就是热身练习的一种，并不剧烈。体能训练中的有氧运动和力量练习才算是高强度的训练。

肌肉出现酸痛的原因有以下几点：① 缺乏运动或局部肌肉群未被激活；② 训练完之后没有放松按摩。应在形体训练后再用 10 min 时间做整理练习。

缓解延迟性酸痛的方法是循序渐进地训练，对于做不到的动作不要急于求成，盲目逞强，要给肌肉足够的时间去适应。初学者害怕这种酸痛，有一定训练基础的学生可能会渴望这种酸痛，因为这种酸痛能让肌肉变得更有力量。

3. 形体协调训练

协调是人体自我调整、准确且有控制地随意运动的一种能力。协调性是正常运动最重要的组成部分，也是体现运动控制能力的有力指标。通过形体协调训练，能够促使身体动作各方面更加协调，增强身体各个关节相互配合的能力，提高练习者的自我表现力、自信心和社会参与能力。

1）训练指南

(1) 身体姿态。

① 站姿。双脚并拢站好，双腿直膝夹紧，收腹，挺胸，双手自然下垂于身体两侧，两肩自然下压，颈部上提，下颌微微抬起，眼睛平视（见图 6–66）。

② 蹲姿。双脚全脚掌着地同时并拢，屈膝，双手指尖扶地，身体重心位于正中，不要后倾，抬头，视 1 点（见图 6–67）。

③ 坐姿。坐在地面上，双腿伸直，绷脚，两手臂在身体两侧伸直，手指尖点地，视 1 点（见图 6–68）。

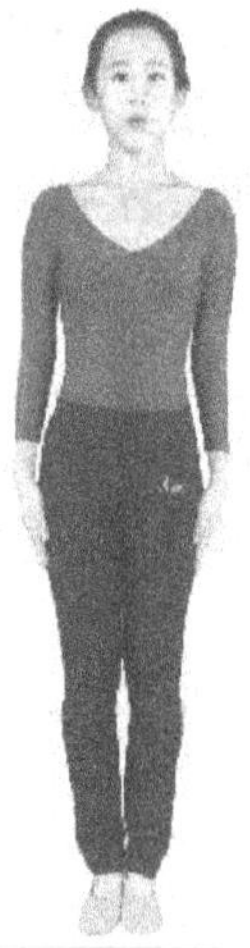

图 6-66

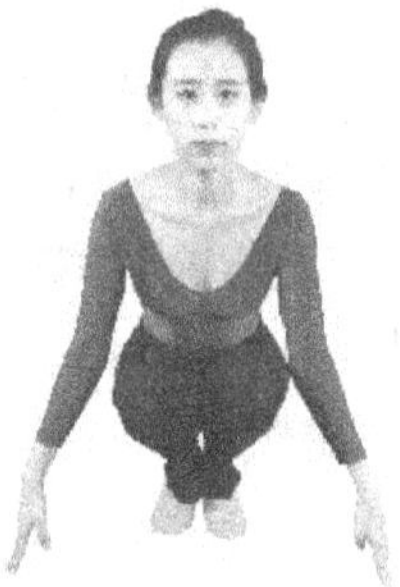

图 6-67

图 6-68

④ 卧姿。

• 仰卧。躺在地面上，面部朝上，双腿伸直夹紧绷脚，两手臂在身体两侧伸直，与身体呈十字形（见图 6-69）。

图 6-69

• 侧卧。侧身躺在地面上，面部朝前或朝后，双腿伸直夹紧绷脚，一只手臂在头的下方伸直，另一只手臂屈臂放在胸前扶地（见图 6-70）。

• 俯卧。面部朝下，平躺在地面上，两手臂向上伸直，双腿伸直夹紧，绷脚（见图 6-71）。

图 6-70

图 6-71

（2）手臂姿势。

① 两臂侧平举。站姿准备，两臂伸直与肩高度成一条直线（见图 6-72）。

② 手臂平举。站姿准备，两手臂在头顶伸直，贴近耳朵，掌心向内（见图 6-73）。

③ 手臂前平举。两腿站姿准备，上身挺直向前屈 90°，两手臂伸直和身体成一条直线，掌心向下，指尖用力向前拉长身体（见图 6-74）。

图 6–72

图 6–73

图 6–74

（3）腰部肌肉的协调性。

① 腹肌训练。

腹肌训练不需要辅助人员。仰卧准备，微屈膝，双手握拳在身体前面呈屈臂状态（见图 6–75），起身时身体与地面的角度约为 45°，不要完全起来（见图 6–76）。

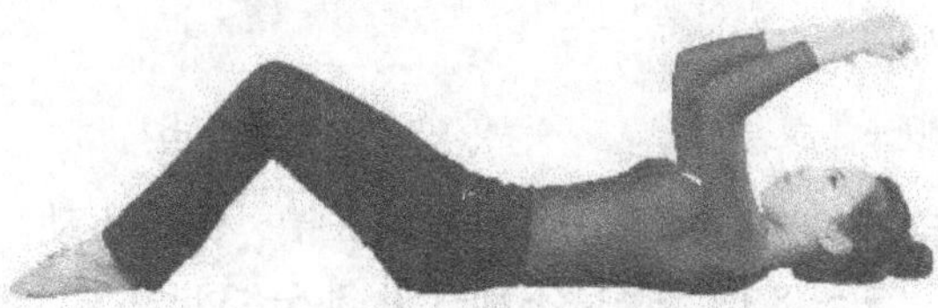

图 6–75

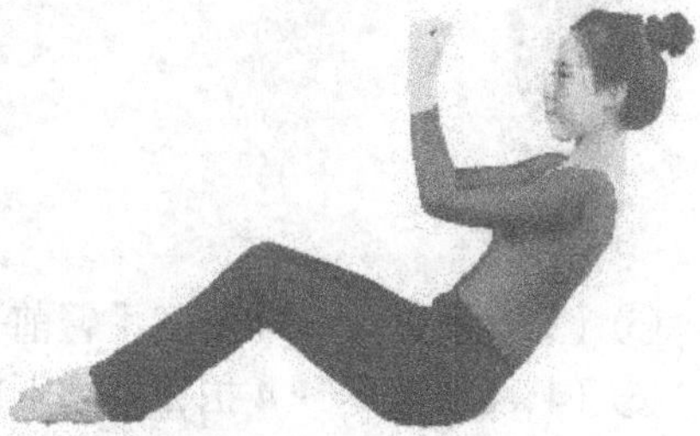

图 6–76

② 侧腹肌训练。侧腹肌训练需要有辅助人员来帮助完成。侧卧准备，微屈膝（辅助人员压在练习者小腿处），双手抱于头后，侧腹肌发力，起身时越高越好（见图 6–77）。

③ 背肌训练。背肌训练需要有辅助人员来帮助完成。俯卧准备，直膝（辅助人员压在练习者小腿处），双手抱于头后，后背肌肉发力，上身向上抬起，越高越好（见图 6–78）。

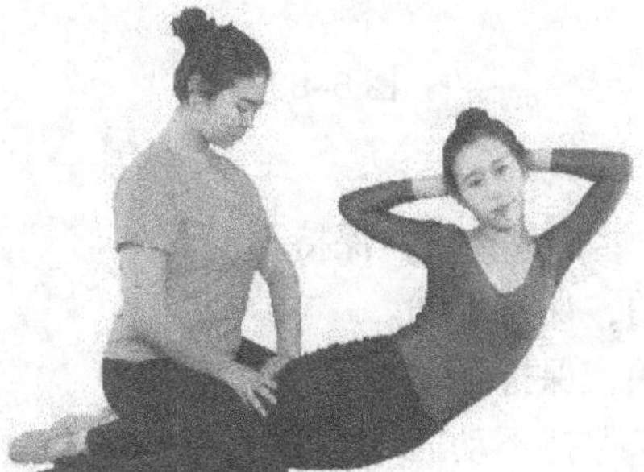

图 6–77

图 6–78

2）实操组合训练

（1）第一组合。

① 准备位。正步位准备，双腿夹紧，身体挺直，收腹、挺胸、微抬头，手的五指收紧，放在裤线两侧，视 1 点（见图 6–79）。

②（预备拍）1 ～ 8 拍，保持预备位姿态。

③（1×8 拍）1 ～ 4 拍，手臂侧平举（见图 6–80）；5 ～ 8 拍，保持不动。

④（2×8 拍）1 ～ 4 拍，手臂上平举（见图 6–81）；5 ～ 8 拍，保持不动。

图 6–79

图 6–80

图 6–81

⑤（3×8 拍）1 ～ 4 拍，手臂前平举，下前腰 90°（见图 6–82）；5 ～ 8 拍，保持不动。

⑥（4×8 拍）1 ～ 4 拍，站立下前腰 180°；5 ～ 8 拍，保持不动（见图 6–83）。

图 6–82

图 6–83

⑦（5×8 拍）上一动作保持不动。

⑧（6×8 拍）1 ～ 4 拍，还原前平举下前腰 90°；5 ～ 8 拍，保持不动。

⑨（7×8 拍）1 ～ 4 拍，还原上平举；5 ～ 8 拍，保持不动。

⑩（8×8 拍）1 ～ 4 拍，还原侧平举；5 ～ 8 拍，保持不动。

⑪（9×8 拍）1 ～ 4 拍，还原站姿；5 ～ 8 拍，保持不动。

（2）第二段组合。

①（1×8 拍）1 ～ 4 拍，蹲姿（见图 6–84）；5 ～ 8 拍，坐姿（见图 6–85）。

图 6-84

图 6-85

②（2×8 拍）保持不动。

③（3×8 拍）1～2 拍，双勾脚（见图 6-86）；3～4 拍，勾开脚（见图 6-87）；5～6 拍，开绷脚（见图 6-88）；7～8 拍，绷合脚（见图 6-89）。

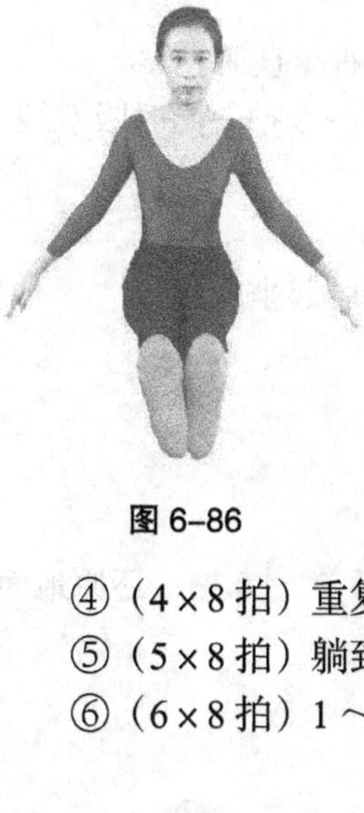

图 6-86

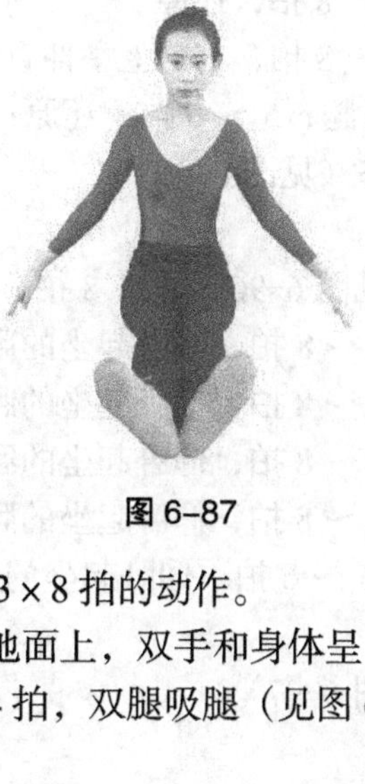

图 6-87

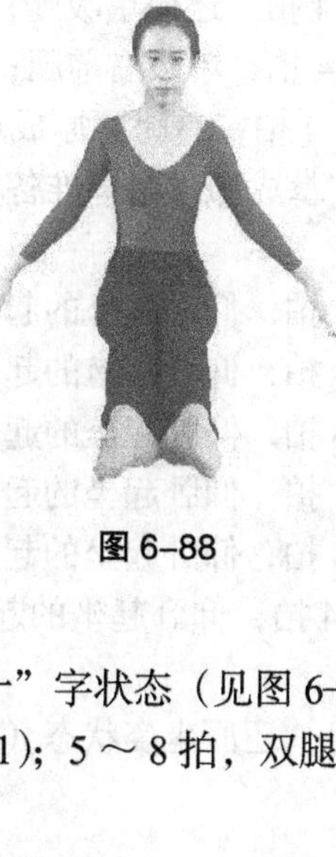

图 6-88

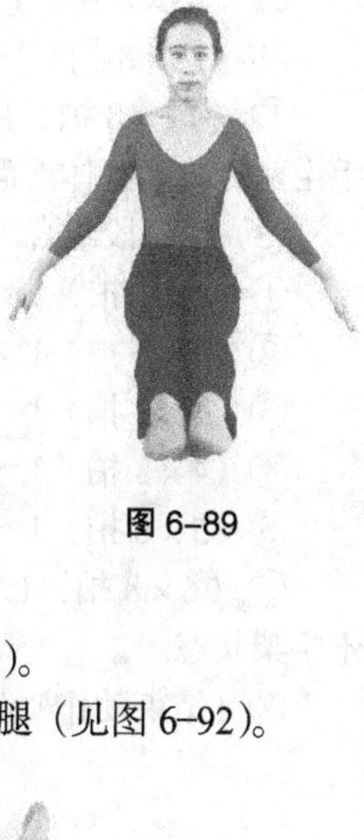

图 6-89

④（4×8 拍）重复 3×8 拍的动作。

⑤（5×8 拍）躺到地面上，双手和身体呈“十”字状态（见图 6-90）。

⑥（6×8 拍）1～4 拍，双腿吸腿（见图 6-91）；5～8 拍，双腿直腿（见图 6-92）。

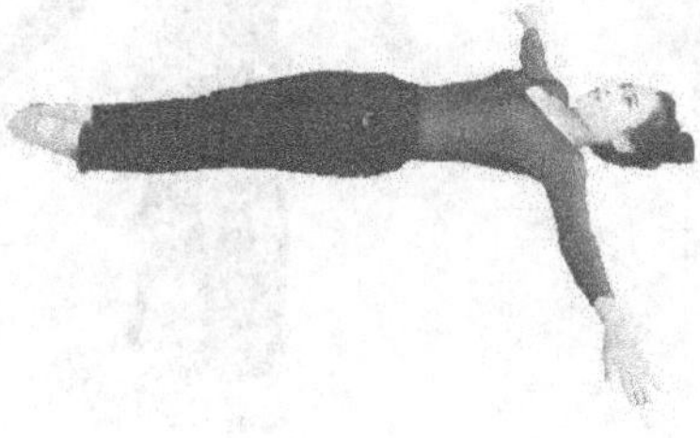

图 6-90

图 6-91

图 6-92

⑦（7×8 拍）保持不动。

⑧（8×8 拍）1～4 拍，还原双吸腿；5～8 拍，伸直双腿还原。

⑨（9×8 拍）1 ~ 4 拍，单膝左前腿（见图 6–93）；5 ~ 8 拍，左腿直腿（见图 6–94）。

图 6–93

图 6–94

⑩（10×8 拍）1 ~ 4 拍，还原单吸腿；5 ~ 8 拍，还原。

⑪（11×8 拍）1 ~ 4 拍，单吸右前腿；5 ~ 8 拍，右腿上举伸直为右腿直腿。

⑫（12×8 拍）1 ~ 4 拍，右腿还原成单吸腿；5 ~ 6 拍，还原；7 ~ 8 拍，同时吸双腿，手由两侧收到身体前面握拳成仰卧起坐准备状态（见图 6–95）。

（3）第三段组合。

①（1×8 拍）1 ~ 4 拍，仰卧起坐的起（见图 6–96）；5 ~ 8 拍，仰卧起坐的卧。

②（2×8 拍）1 ~ 4 拍，仰卧起坐的起；5 ~ 8 拍，仰卧起坐的卧。

③（3×8 拍）1 ~ 4 拍，仰卧起坐的起；5 ~ 8 拍，仰卧起坐的卧。

④（4×8 拍）1 ~ 4 拍，仰卧起坐的起；5 ~ 8 拍，仰卧起坐的卧。

⑤（5×8 拍）1 ~ 4 拍，仰卧起坐的起；5 ~ 8 拍，仰卧起坐的卧。

⑥（6×8 拍）1 ~ 4 拍，仰卧起坐的起；5 ~ 6 拍，仰卧起坐的卧；7 ~ 8 拍，还原地面十字架状态。

⑦（结束动作）起身，还原坐姿状态（见图 6–97）。

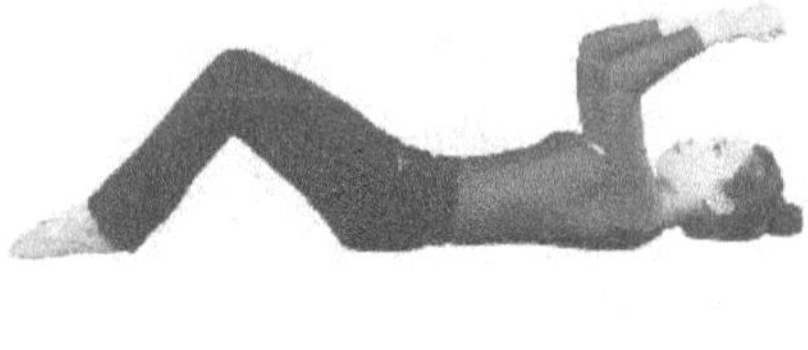

图 6–95

图 6–96

图 6–97

小贴士

训练中身体不协调问题的处理

协调性在形体训练中非常重要，除了手和脚的配合，还有头、躯干和四肢的动作配合。舞蹈练习中，身体不同部位会同时以不同节奏舞动，这对舞者的协调能力来说是一个很大的考验。初学者适宜先把身体不同部位的动作分开练熟，再配合成所需动作。

对于初学者来说，生活中的一些习惯会使身体缺乏舞蹈艺术中所需要的柔韧性与协调性。这种缺乏直接表现为跳舞时的松懈、呆板、僵硬、不协调，而柔韧性与协调性都是学好舞蹈必须具备的素质。因此，系统的舞蹈基础训练是非常必要的。协调性训练法大概有以下 9 种训练手段。

（1）对不习惯的、未熟练掌握的动作要多加练习。

（2）反向完成动作。

（3）改变已习惯的动作的速度与节奏。

（4）以游戏的方式完成复杂动作。

（5）创造性地改变完成动作的方式。

（6）采用不习惯的组合动作，使已掌握的动作更加复杂化并进行练习。

（7）改变动作的空间范围。

（8）利用各种器械或自然环境做各种较复杂的练习。

（9）适时用信号或条件刺激使练习者做改变动作的练习。在准备期间每星期练习的次数以 2 ～ 3 次为佳，每个动作最少练习 3 ～ 5 次。

任务 6.2　芭蕾训练

芭蕾起源于意大利，兴盛于法国和俄罗斯，有着“艺术皇冠上的明珠”之美誉。“芭蕾”一词本是法语“ballet”的音译，意为“跳”或“跳舞”。最初是欧洲的一种群众自娱或广场表演的舞蹈，在发展进程中形成了严格的规范和结构形式。现在芭蕾已经成为一门世界性的艺术，它不仅可以塑造人的外在形象，还可以提升人的内在气质。

芭蕾以其独特的舞蹈形式展示人体优美的线条，动作流畅，舞姿多变，造型丰富。几百年来形成了一套规范、严谨、科学的训练方法。开、绷、直、立是芭蕾的基本元素，始终贯穿于芭蕾训练。芭蕾将身体美学表现得淋漓尽致，以至于这种美的评判标准一直延续至今。现在虽然形体训练时人们已经不再穿足尖鞋、紧身衣，但运用的还是芭蕾的训练体系，并将其融入塑造美的形体训练中。

芭蕾形体训练是一门基本能力训练，是形体训练课程中最重要的部分之一。通过本章的学习，训练学生身体各部位肌肉的能力，增强其直立感、协调性和肢体表现力，使之掌握芭蕾开、绷、直、立的审美特点，提升其原有的自然体态，获得必要的技术、技能和规范的动作，从而提高身体的基本素质。

1. 芭蕾基础训练

芭蕾基础训练内容包括芭蕾的基本手型、手位和脚位等。

世界上各个流派的芭蕾在手位设置上不完全相同，这是因为各流派的表演风格不同。这里介绍俄罗斯学派的 7 个手位，因为俄罗斯学派的手位在延伸舒展性和挺拔感上比较突出，且有助于稳定重心和帮助学习者收紧背部及立腰。在训练过程中利用这 7 个手位主要是为了训练手指末梢神经的感觉，加强动作的美感。

芭蕾的脚位充分展示了芭蕾“开”的特点，是学习芭蕾的基础。芭蕾中脚的 5 个位置是学生最早要学习的动作。不只是因为简单，而且因为芭蕾课堂上大部分动作都是以这 5 个位置之一作为开始或结束姿态。外开并非易事，但也并不可怕，它需要时间和坚持不懈的刻苦锻炼。有些人的自然开度好，以下动作能很轻易地完成。有些人开度较差，但多练习就会逐渐达到要求。

1）训练指南

芭蕾手的位置从一位到七位，两手臂始终要保持椭圆形，注意不要让手腕和肘关节下塌，手的七个位置运动路线要规范。熟练掌握手的七个位置之后，头、手、身体各部位要协调配合，体会手位中的内在力量，尤其是后背肌群在动作中起到稳定的作用，要运用手的表现力来传情达意。

芭蕾脚位的开度要保持大腿根、膝盖、脚腕、脚尖上下一致。如果胯部不开，脚位可以站大八字或小八字，切忌某个局部开，某个局部关，造成上下扭曲而损伤。五位和三位站立时要保持胯部正直，不要因为某只脚在前，而一边的胯歪向前。胯不正的原因是前五位或前三位的脚没有伸直，所以五位和三位站立不但要伸直两膝，而且要夹紧两腿。

2）实操动作训练

（1）手型。手自然放松，中指、无名指和小指并拢，食指外开，拇指自然放松（见图 6–98）。

（2）手位。

① 一位：从肩到手指尖在身体前呈椭圆形，手心朝上，两手相距约一只拳头的距离，小指边离大腿约 2 寸（见图 6–99）。

② 二位：保持一位手状态，两手臂向上抬至手心与胃部平行（见图 6–100）。

③ 三位：保持二位手状态，两手臂向上抬至头顶斜上方（见图 6–101）。

④ 四位：一只手臂保持在三位，另一只手臂从三位回至二位（见图 6–102）。

⑤ 五位：一只手臂仍保持三位，另一只手臂向旁打开（见图 6–103）。

⑥ 六位：打开到旁的手不动，三位手下到二位（见图 6–104）。

⑦ 七位：打开到旁的手不动，二位手打开到旁呈七位（见图 6–105）。

图 6–98

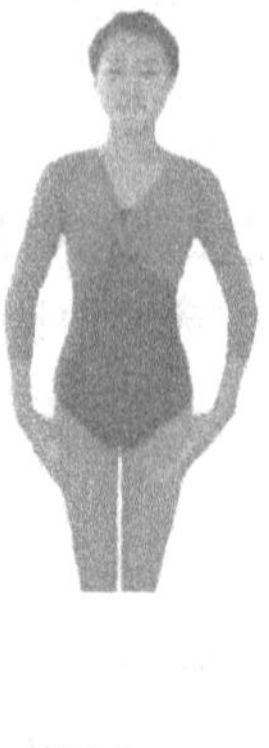

图 6–99

图 6–100

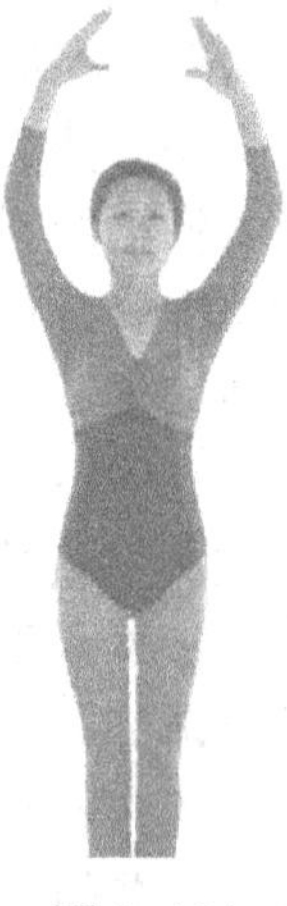

图 6–101

图 6–102

图 6–103

图 6–104

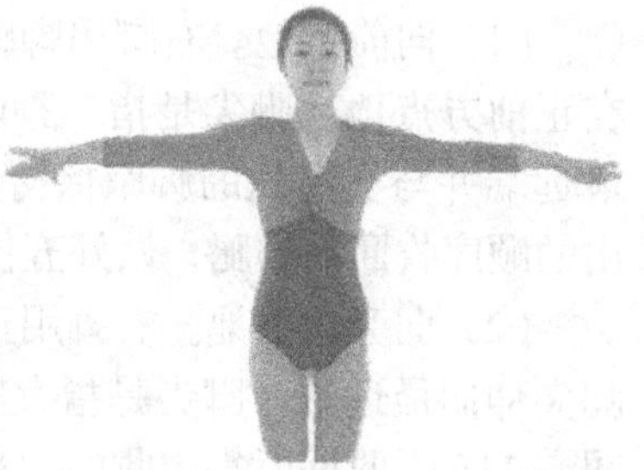
图 6–105

（3）脚位。

① 一位：两脚脚后跟相靠，两脚脚尖向外打开呈一字形（见图 6–106）。

② 二位：在一位的基础上，两脚脚后跟分开，相距约一只脚的距离（见图 6–107）。

③ 三位：保持在二位的基础上，一只脚的脚后跟向另一只脚的脚心靠拢（见图 6–108 和图 6–109）。

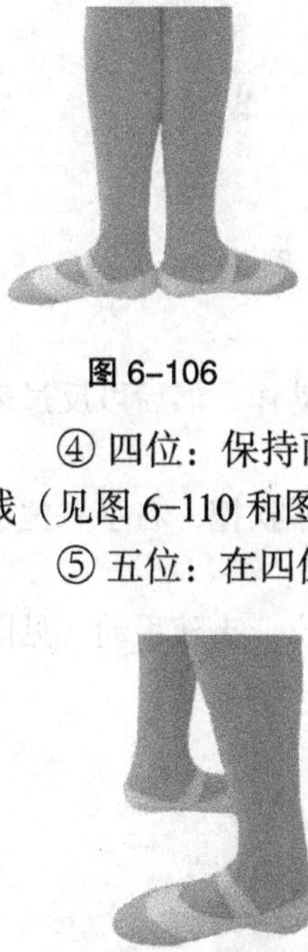
图 6–106

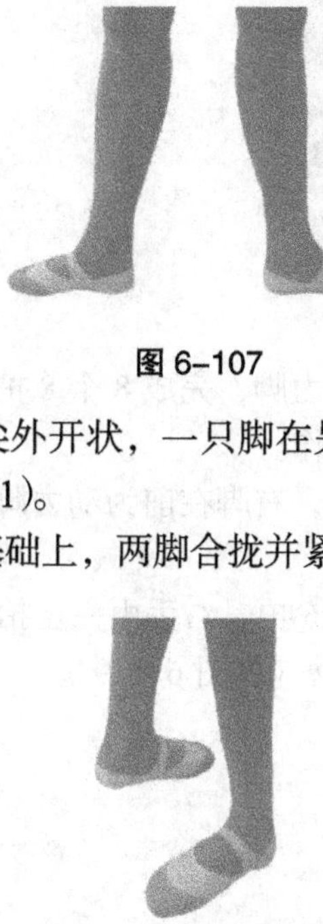
图 6–107

图 6–108

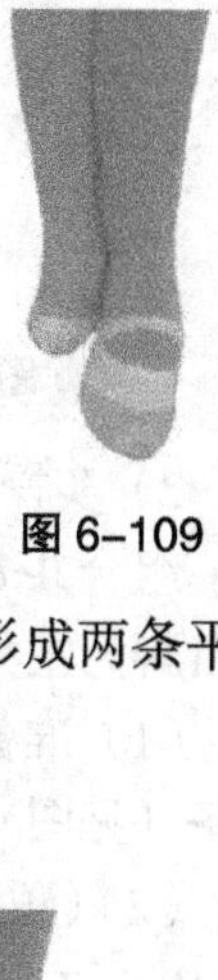
图 6–109

④ 四位：保持两脚尖外开状，一只脚在另一只脚的正前方或正后方，两脚形成两条平行线（见图 6–110 和图 6–111）。

⑤ 五位：在四位的基础上，两脚合拢并紧（见图 6–112 和图 6–113）。

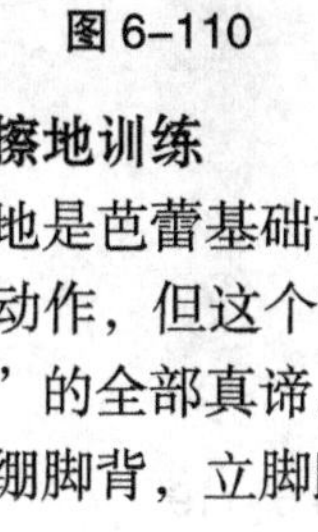
图 6–110

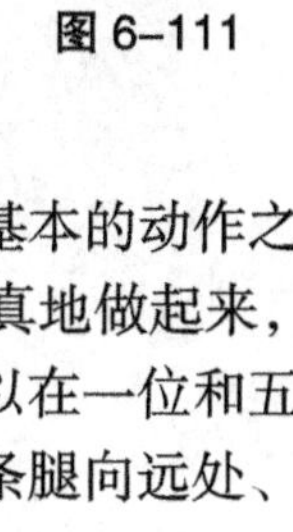
图 6–111

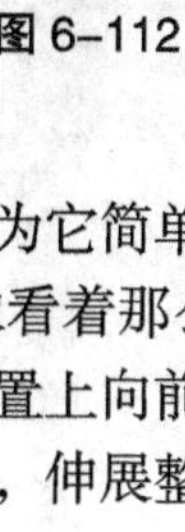
图 6–112

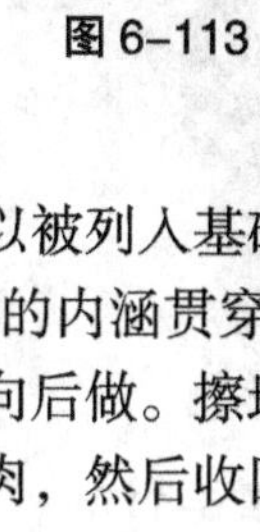
图 6–113

2. **擦地训练**

擦地是芭蕾基础训练中最基本的动作之一。正因为它简单易做，所以被列入基础训练的最初几个动作，但这个动作要认真地做起来，又并非像看着那么容易，它的内涵贯穿“开、绷、直、立”的全部真谛。擦地可以在一位和五位脚的位置上向前、向旁、向后做。擦地主要是通过擦地绷脚背，立脚趾，使整条腿向远处、向下延伸，伸展整条腿的肌肉，然后收回。通过擦出收回的不断运动来锻炼腿部力量，尤其是踝关节和脚趾的力量。

1）训练指南

（1）向前擦地。右脚用脚跟内侧的力量向前蹬出。脚尖擦着地并渐渐把脚背绷直，使脚尖在正前方点地（脚尖是指二脚趾尖外侧着地），在不许出胯的限制下，尽量把擦出的脚尖伸向最远端并与支撑腿的脚跟保持一条直线（见图 6–114）。收回时靠脚尖先收的力量，以倒着擦出的顺序收回动作腿，站好五位或一位。

（2）向旁边擦地。右脚用正脚背的力量向旁推出，脚尖擦着地面，在不出胯的限制下，把脚尖伸向最远端（脚尖是指大脚趾和二脚趾的尖端），与支撑腿的脚尖保持一条水平横线（见图 6–115）。收回时靠内收的力量，以倒着擦出的顺序收回动作腿，站好五位或一位。

（3）向后擦地。右脚用脚尖先向后渐渐绷起脚背，在不出胯、不掀胯的限制下，把脚尖伸向最远端（脚尖是指大脚趾尖的内侧），与支撑腿的脚跟保持一条直线（见图 6–116）。收回时靠脚跟先回的力量，以倒着擦出的顺序收回动作腿，站好五位或一位。

图 6–114

图 6–115

图 6–116

2）实操组合训练

组合共 8 个 8 拍，左脚为主力脚，右脚为动力脚，完成 8 个 8 拍组合动作，然后可反过来以右脚为主力脚，左脚为动力脚重复一次组合动作。

（1）准备位。五位站立，左脚在后为主力脚，右脚在前为动力脚，左手扶把，右手一位手准备（见图 6–117）。

（2）（预备拍）1 ～ 4 拍，准备位不动；5 ～ 6 拍，右手由一位抬至二位，头随手动（见图 6–118）；7 ～ 8 拍，右手从二位至七位，头随手动（见图 6–119）。

图 6–117

图 6–118

图 6–119

(3)(1×8 拍) 1～2 拍，右脚向前擦出（见图 6-120）；3～4 拍，右脚收回，还原（见图 6-121）；5～6 拍，右脚向前擦出；7～8 拍，右脚收回，还原。

图 6-120

图 6-121

(4)(2×8 拍) 重复（1×8 拍）动作。

(5)(3×8 拍) 1～2 拍，右脚向旁擦出，同时头从看旁转回看正前方（见图 6-122）；3～4 拍，右脚收回左脚后面五位（见图 6-123）；5～6 拍，右脚从后五位向旁擦出（见图 6-124）；7～8 拍，右脚收回左脚前面五位（见图 6-125）。

图 6-122

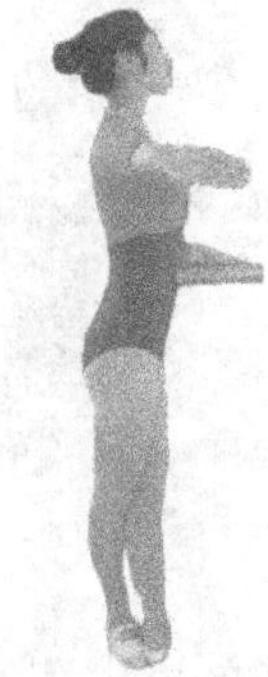

图 6-123

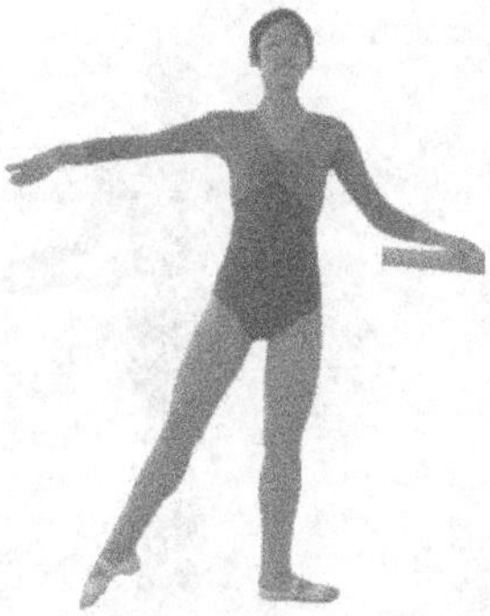

图 6-124

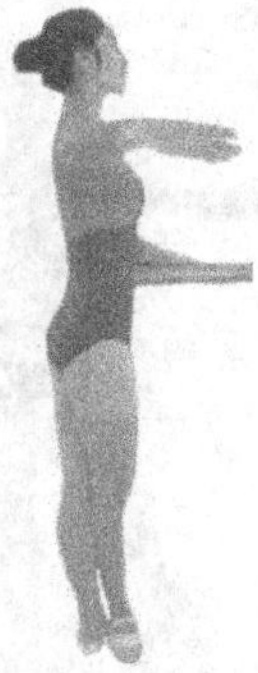

图 6-125

(6)(4×8 拍) 1～2 拍，右脚从前五位向旁擦出（见图 6-126）；3～4 拍，右脚由绷脚尖点地落脚跟为全脚掌着地，注意这时身体重心还是在主力腿上，不要移到两腿之间，更不要压胯（见图 6-127）；5～6 拍，右脚提起脚跟为绷脚点（见图 6-128）；7～8 拍，右脚收回左脚后面的五位，同时头转回正前方（见图 6-129）。

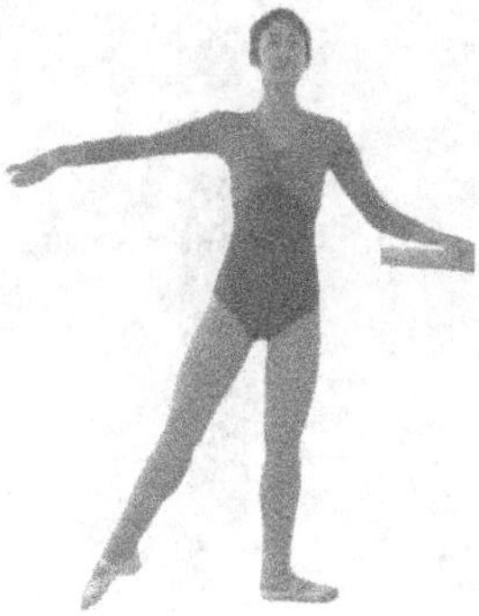

图 6-126

图 6-127

图 6-128

图 6-129

（7）（5×8 拍）1 ～ 2 拍，右脚向后擦出，同时头从正前方转向斜前方，看斜后方（见图 6–130）；3 ～ 4 拍，右脚收回还原五位（见图 6–131）；5 ～ 6 拍，右脚向后擦出（见图 6–132）；7 ～ 8 拍，右脚收回还原五位（见图 6–133）。

图 6–130

图 6–131

图 6–132

图 6–133

（8）（6×8 拍）重复（5×8 拍）动作。

（9）（7×8 拍）1 ～ 2 拍，右脚从后五位向旁擦出，头由倾头还原成正前方（见图 6–134）；3 ～ 4 拍，右脚收回至左脚前面还原五位（见图 6–135）；5 ～ 6 拍，右脚向旁擦出（见图 6–136）；7 ～ 8 拍，右脚收回左脚后面五位（见图 6–137）。

图 6–134

图 6–135

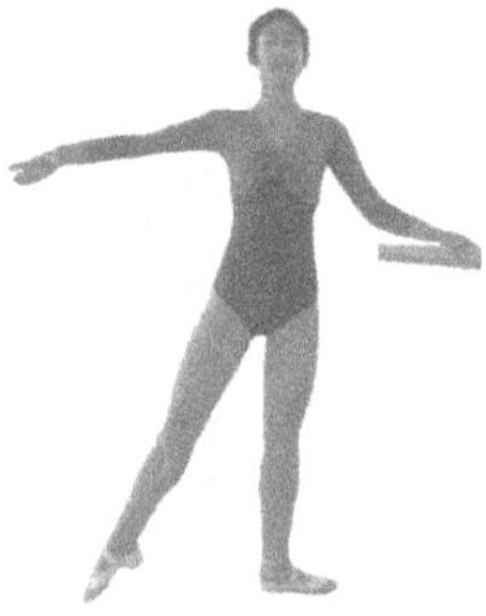

图 6–136

图 6–137

（10）（8×8 拍）1 ～ 2 拍，右脚从后五位向旁擦出（见图 6–138）；3 ～ 4 拍，右脚由绷脚尖点地落脚跟为全脚掌着地，注意这时身体重心还是在主力腿左腿上，不要把身体重心移到两腿之间，更不要压胯（见图 6–139）；5 ～ 6 拍，右脚提起脚跟为绷脚点地状态（见图 6–140）；7 ～ 8 拍，右脚收回左脚前面呈五位（见图 6–141）。

图 6–138

图 6–139

图 6–140

图 6–141

（11）（结束拍）5 ～ 6 拍，右手七位手呼吸提腕（见图 6–142）；7 ～ 8 拍，右手从七位收回一位（见图 6–143），结束。

图 6–142

图 6–143

3. 蹲的训练

蹲分为半蹲和全蹲，可以在脚的五个位置上做。蹲主要是通过膝关节在不同的脚位上做各种不同节奏的快慢半蹲和全蹲。蹲的训练目的是锻炼膝关节的柔韧性和腿部肌肉。蹲是芭蕾形体训练中重要的一部分，蹲的训练能使训练者轻松地腾空而起，轻盈着地，腿部屈伸有力，富有弹性。

1）训练指南

（1）半蹲的姿势。站立，保持人体的基本形态，两膝逐渐下蹲，蹲到脚腕与脚背有挤压感，跟腱略有一点紧张的位置为半蹲。

（2）全蹲的做法。在半蹲的基础上，继续往下蹲，一位脚、三位脚、四位脚和五位脚的脚跟可以略微抬起一点（只有二位脚不允许抬起脚后跟），慢慢蹲到底，臀部不能坐在脚后跟上，保持开度和后背挺直。起来时先落下脚跟，再慢慢站起来。

2）实操组合训练

组合共 8 个 8 拍，左脚为主力脚，右脚为动力脚，完成组合 8 个 8 拍动作，然后可反过来以右脚为主力脚，左脚为动力脚重复一次组合动作。

（1）准备位。一位站立，左手扶把，右手一位手准备（见图 6–144）。

（2）（预备拍）1 ～ 4 拍，准备位不动；5 ～ 6 拍，右手由一位抬至二位，头随着手动（见图 6–145）；7 ～ 8 拍，右手从二位至七位，头随着手动（见图 6–146）。

图 6–144

图 6–145

图 6–146

（3）（1×8拍）1～4拍，一位半蹲，同时右手由七位收回一位（见图6–147）；5～8拍，还原，慢慢由一位半蹲提起，同时右手由一位经二位打开至七位，头随手动看旁（见图6–148）。

（4）（2×8拍）1～4拍，由一位右脚向旁擦出，头不动还是看旁；5～8拍，右脚跟下压为全脚掌着地，身体重心由左脚移到两脚之间成二位脚，头从旁转向前方（见图6–149）。

图6–147

图6–148

图6–149

（5）（3×8拍）1～4拍，二位半蹲，右手由七位收回二位，头随手动（见图6–150）；5～8拍，还原，慢慢由二位半蹲提起，同时右手由二位打开至七位，头随手动向旁。

（6）（4×8拍）1～4拍，身体重心由两脚之间移回左脚上，右脚提起脚跟呈脚尖点地绷脚状态；5～8拍，右脚收回左脚前面的五位脚（见图6–151）。

（7）（5×8拍）1～4拍，五位半蹲，同时右手由七位收回二位，头随手动（见图6–152）；5～8拍，还原，慢慢由五位半蹲提起，同时右手由二位打开至七位，头随手动（见图6–153）。

图6–150

图6–151

图6–152

图6–153

（8）（6×8拍）1～4拍，右脚向前擦地，头不动还是看旁（见图6–154）；5～8拍，右脚落脚跟，身体重心由后移至两脚中间呈四位脚，头由旁转向正前方（见图6–155）。

图 6–154

图 6–155

(9)(7×8 拍) 1 ～ 4 拍，四位半蹲，同时右手由七位收回二位，头随手动（见图 6–156）；5 ～ 8 拍，还原，慢慢由四位半蹲提起，同时右手由二位打开至七位，头随手动看旁（见图 6–157）。

(10)(8×8 拍) 1 ～ 4 拍，移重心回左脚上，右脚脚跟提起，绷脚，脚尖点地，头不动还是看旁（见图 6–158）；5 ～ 8 拍，收回右脚呈五位脚，头由旁转向正前方（见图 6–159）。

图 6–156

图 6–157

图 6–158

图 6–159

(11)(结束拍) 1 ～ 4 拍，右手七位手提手腕，呼吸（见图 6–160）；5 ～ 8 拍，右手从七位手收回一位，结束（见图 6–161）。

图 6–160

图 6–161

4. 小踢腿训练

小踢腿是在擦地基础上向空中有控制地踢起，特点是急速、有爆发力，比擦地动作速度更快，力度更大，可以锻炼腿部肌肉，提高动作的速度和控制力及增强后背力量。

1）训练指南

（1）小踢腿前踢。向前擦地，脚尖点地成 25°（脚掌与地面夹角，以下 25° 同此）停住（见图 6–162），落地经脚尖点地收回，以五位为例。

（2）小踢腿旁踢。向旁擦地，脚尖点地成 25° 停住，经脚尖点地收回，以五位为例（见图 6–163）。

（3）小踢腿后踢。向后擦地，脚尖点地成 25° 停住，落地经脚尖点地收回，以五位为例（见图 6–164）。

图 6–162

图 6–163

图 6–164

2）实操组合训练

组合共 8 个 8 拍，以左脚为主力脚，右脚为动力脚，完成组合 8 个 8 拍动作，然后可反过来以右脚为主力脚，左脚为动力脚重复一次组合动作。

（1）准备位。五位站立，左手扶把，右手一位手准备（见图 6–165）。

（2）（预备拍）1 ～ 4 拍，准备位不动；5 ～ 6 拍，右手由一位抬至二位，头随着手动（见图 6–166）；7 ～ 8 拍，右手从二位至七位，头随着手动（见图 6–167）。

图 6–165

图 6–166

图 6–167

（3）（1×8 拍）1 拍，动力脚右脚向前擦地，绷脚，脚尖点地（见图 6–168），注意外开；2 拍，动力腿右腿快速向上抬起，右脚离地，抬至 25°（见图 6–169）；3 拍，动力腿右腿落下，右脚脚尖点地，然后右腿快速向上抬起，右脚离地，抬至 25°；4 ～ 6 拍，重复第 3 拍动作；7 拍，动力腿右腿落下，右脚脚尖点地；8 拍，动力脚收回前五位，同时头转向前方（见

图 6–170）。

图 6–168

图 6–169

图 6–170

（4）（2×8 拍）1 拍，动力脚右脚向旁擦地，绷脚，脚尖点地（见图 6–171），注意外开；2 拍，动力腿右腿快速向上抬起，右脚离地，抬至 25°（见图 6–172）；3 拍，动力腿右腿落下，右脚脚尖点地，然后右腿快速向上抬起，右脚离地，抬至 25°；4 ～ 6 拍，重复第 3 拍动作；7 拍，动力腿右腿落下，右脚脚尖点地；8 拍，动力脚收回左脚后面成后五位（见图 6–173）。

图 6–171

图 6–172

图 6–173

（5）（3×8 拍）1 拍，动力脚右脚向后擦地，绷脚，脚尖点地，注意外开，头前倾收下颌，看斜后方（见图 6–174）；2 拍，动力腿右腿快速向上抬起，右脚离地，抬至 25°（见图 6–175）；3 拍，动力腿右腿落下，右脚脚尖点地，然后右腿快速向上抬起，右脚离地，抬至 25°；4 ～ 6 拍，重复第 3 拍动作；7 拍，动力腿右腿落下，右脚脚尖点地；8 拍，动力脚收回左脚后面呈后五位（见图 6–176），同时头转向前方。

图 6–174

图 6–175

图 6–176

（6）（4×8 拍）1 拍，动力脚右脚从后五位向旁擦出，绷脚，脚尖点地（见图 6–177），注意外开；2 拍，动力腿右腿快速向上抬起，右脚离地，抬至 25°（见图 6–178）；3 拍，动力腿右腿落下，右脚脚尖点地，然后右腿快速向上抬起，右脚离地，抬至 25°；4 ～ 6 拍，重复第 3 拍动作；7 拍，动力腿右腿落下，右脚脚尖点地；8 拍，动力腿右脚收回至左脚前面成前五位（见图 6–179）。

图 6–177

图 6–178

图 6–179

（7）（5×8 拍）1 ～ 2 拍，动力脚右脚向前小踢腿，右腿快速向上抬起，右脚离地，抬至 25°，快速转头，看向旁边（见图 6–180）；3 拍，动力腿右腿落下，右脚脚尖点地，然后右腿快速向上抬起，右脚离地，抬至25°；4～6拍，重复第3拍动作；7～8拍，动力脚收回前五位，同时头转向前方（见图 6–181）。

图 6–180

图 6–181

（8）（6×8 拍）1 ～ 2 拍，动力腿右腿向旁小踢腿，快速向上抬起，右脚离地，抬至 25°，注意外开，头不动，看正前方（见图 6–182）；3 拍，动力腿右腿落下，右脚脚尖点地，然后右腿快速向上抬起，右脚离地，抬至 25°；4 ～ 6 拍，重复第 3 拍的动作；7 ～ 8 拍，动力脚收回左脚后面成后五位（见图 6–183）。

图 6–182

图 6–183

（9）（7×8 拍）1～2 拍，动力腿右腿向后小踢腿，快速向上抬起，右脚离地，抬至 25°，注意外开，头前倾，收下颌，看斜后方（见图 6–184）；3 拍，动力腿右腿落下，右脚脚尖点地，然后右腿快速向上抬起，右脚离地，抬至 25°；4～6 拍，重复第 3 拍动作；7～8 拍，动力脚收回左脚后面成后五位，同时头转向前方（见图 6–185）。

图 6–184

图 6–185

（10）（8×8 拍）1～2 拍，动力腿右腿由后五位向旁小踢腿，快速向上抬起，右脚离地，抬至 25°，注意外开，头不动，看正前方（见图 6–186）。3 拍，动力腿右腿落下，右脚脚尖点地，然后右腿快速向上抬起，右脚离地，抬至 25°；4～6 拍，重复第 3 拍的动作；7～8 拍，动力脚收回至左脚前面成前五位（见图 6–187）。

图 6–186

图 6–187

（11）（结束拍）1～4拍，右手七位手提手腕，呼吸（见图6–188）；5～8拍，右手由七位手收回一位结束（见图6–189）。

图6–188

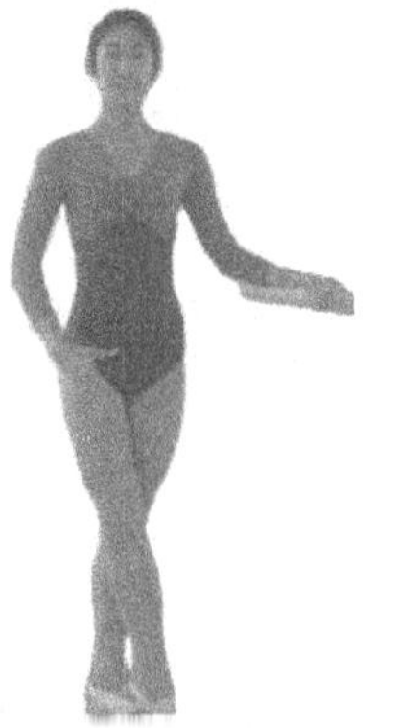

图6–189

小贴士

形体训练中抽筋的处理

抽筋，即肌肉痉挛。腿常抽筋大多是由缺钙、受凉、局部神经血管受压引起的。平时可适量补钙，多晒太阳，注意局部保暖，也要注意体位的变化，如坐姿、睡姿，避免神经血管受压，也可做局部肌肉的热敷、按摩，加强局部肌肉的血液循环。形体训练前应充分热身再开始进行正式训练，否则很容易造成抽筋。一旦出现抽筋的情况，正确的处理步骤是：第一步，按摩抽筋部位；第二步，小心地舒展、拉长抽筋部位的肌肉，使它保持在伸展状态；第三步，如果还未改善，建议在抽筋部位用毛巾热敷。

不同部位抽筋的急救方法。

（1）手指抽筋。可以先握紧拳头，然后用力伸展，迅速重复数次，直至复原。

（2）手掌抽筋。手指交叉握拳，翻转掌心向外，用力伸展并向后弯曲，多次运动后即可复原。

（3）足底抽筋。芭蕾基础训练的脚背练习很容易造成足底抽筋，建议由一名学生辅助，往相反方向压住脚掌。

（4）小腿抽筋。脚尖着地并尽量将脚后跟抬起，持续10 s后放下，然后休息数秒继续做，如此反复进行10～15 min，早晚各一次。再配合踝关节的旋转，效果更佳。常做足尖运动，能刺激足部末梢穴位，促进血液循环，使皮肤温度升高，肌力增强，解除小腿痉挛，而且对下肢肌肉、膝关节都有很好的锻炼作用。

（5）大腿抽筋。弯曲膝盖，将腿置于胸前，双手抱住小腿，用力收缩数次，然后将腿伸直，如此反复多次即可。

任务6.3　古典舞身韵训练

中国古典舞（Chinese classical dance），起源于中国古代，历史悠久，博大精深，它融合了武术、戏曲中的动作和造型，特别注重眼睛在表演中的作用，强调呼吸的配合，富有韵律感和造型感，其独有的东方式的刚柔并济的美感，令人陶醉。中国古典舞主要包括身韵、身法和技巧。身韵是中国古典舞的基本内涵，产生于 20 世纪 80 年代初的身韵训练，经过 40 年的实践，已逐渐为中外舞蹈界和学术界所认识。

所谓“身韵”，“身”即身法，指中国古典舞的外部表现技法；“韵”即韵律，指中国古典舞的内在神韵。身韵训练法是训练身法与陶冶神韵的方法。身韵训练要求表演者的动作必须遵循“三圆”（即平圆、立圆、八字圆）动作轨迹和“动、静”“点、线”互含的审美原则，这一点集中体现了古典舞民族性的“形”“神”统一的艺术特征。在中国古典舞身韵的基本动作要素中，神韵是一个非常重要的概念。神泛指内涵、神采、韵律、气质等。任何艺术若无神韵，就可以说无灵魂。在古典舞中人体的运动方面，神韵是可以认识的，也是可以感觉的，而且正是把握住了“神”“形”才有生命力，才能体味舞蹈所包含的真实意境。

中国古典舞身韵以训练人的气息、韵律和肢体表现力为目的，非常讲究“形神兼备，身心互融，内外统一”的身韵感觉，强调内在气息以及手、眼、身、法、步的配合。通过相关学习，对学生进行身体的基本姿态训练，对培养学生的乐感、舞感和动作表现力，提高身体素质，逐步提高学生动作的节奏感、协调性、灵活性、柔韧性和优美感有积极的促进作用。

1. 元素训练

中国古典舞身韵元素训练讲的是“起于心，发于腰，形于体”，即由心意带动呼吸，由呼吸去支配腰部，通过腰部和中轴运动带动躯干的整体运动，它是贯穿中国古典舞身韵的最基本要求，以腰为轴的动律元素是身韵动作的基本技法。

中国古典舞身韵元素训练部分包括提、沉、冲、靠等基本元素训练，要求的训练姿态为盘坐。盘坐的基本形态为臀部着地，双脚盘于身前，开胯，后背自然直立，肩部和胸部放松，手腕搭在膝盖上，双肘放松，肘尖下垂（见图 6–190）。

1）训练指南

（1）提。在自然盘坐的身体全部放松垂下的基础上深呼吸，感觉气息从尾椎骨沿脊柱到胸椎，再到颈椎一节一节慢慢直立，头、眼也随着气息带动提起，感觉头顶往上延伸，眼神从虚最后到实停止（见图 6–190）。

（2）沉。在坐的姿态上呼气使气息下沉，呼气从腹部开始，经胃、胸、颈、头一节一节弯曲至气息完全吐尽，头逐渐松弛下来，眼睛随之放松（见图 6–191）。

（3）冲。在提的过程中，由腰椎推动肋骨、胸大肌、肩胛骨和腮骨向 2 点或 8 点方向冲出（见图 6–192 和图 6–193）。

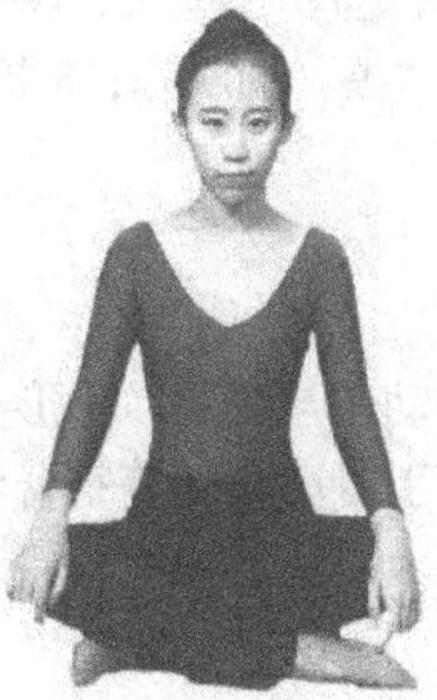

图 6–190

图 6–191

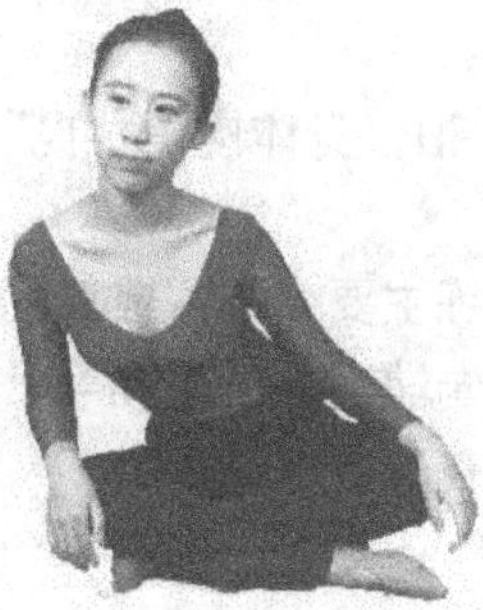

图 6–192

图 6–193

（4）靠。在沉的过程中，用后侧背带动上身向 4 点或 6 点方向靠，后背肌往外侧用力，头、颈部略向下压，眼睛看 2 点或 8 点（见图 6–194 和图 6–195）。

图 6–194

图 6–195

2）实操组合训练

这里提供一组“提、沉、冲、靠”的组合训练，具体如下。

（1）准备姿态：面对 1 点，右脚在上盘坐，双手扶膝，双肩下沉，目视 1 点水平方向。

（2）（预备拍）5 ～ 6 拍，保持准备姿态不动；7 ～ 8 拍，沉。

（3）（1×8 拍）1 ～ 4 拍，“提”；5 ～ 8 拍，“沉”。

（4）（2×8 拍）1 ～ 2 拍，“提”；3 ～ 4 拍，“沉”；5 拍，快“提”；6 ～ 7 拍，保持不动；8 拍，直立状态微微吸气，为下一步的“沉”作准备。

（5）（3×8 拍）1 ～ 4 拍，“沉”；5 ～ 8 拍，“提”。

（6）（4×8 拍）1 ～ 2 拍，“沉”；3 ～ 4 拍，“提”；5 拍，小幅度的“沉，提”；6 拍，保持直立不动；7 ～ 8 拍，“沉”。

（7）（5×8 拍）1 ～ 2 拍，“提”；3 ～ 4 拍，向 2 点方向“冲”（身体前倾，将腮顶向 2 点，目视 2 点，后背挺直）；5 ～ 6 拍，保持“冲”的姿态不动；7 拍，还原为“提”的状态；8 拍，“沉”。

（8）（6×8 拍）1 ～ 2 拍，“提”；3 ～ 4 拍，向 6 点方向“靠”（佝胸，前肋往里收，将腮顶向 6 点，目视 8 点）；5 ～ 6 拍，保持“靠”的姿态不动；7 拍，还原为“提”的状态；8 拍，“沉”。

（9）（7×8 拍）1 ～ 2 拍，“提”；3 ～ 4 拍，向 8 点方向“冲”（身体前倾，将腮顶向 8 点，目视 8 点，后背挺直）；5 ～ 6 拍，保持“冲”的姿态不动；7 拍，还原为“提”的状态；8 拍，“沉”。

（10）（8×8 拍）1 ～ 2 拍，“提”；3 ～ 4 拍，向 4 点方向“靠”（佝胸，前肋往里收，将腮顶向 4 点，目视 2 点）；5 ～ 6 拍，保持“靠”的姿态不动；7 拍，还原为“提”的状态；8 拍，“沉”。

（11）（结束拍）5 ～ 8 拍，身体慢慢“提”，目视 1 点，结束。

2. 中间训练

古典舞身韵的中间训练主要介绍古典舞的手型、手位以及手臂的基本动作与姿态。手形姿态要注意欲摊先按、欲推先端、欲按先提等；指势要注意欲指先活腕、指引身心相随等；臂动要注意晃手身移、欲左先右等。

1）训练指南

（1）手型。

① 掌。

• 兰花掌（女掌）：五指挺直，虎口收紧，拇指向中指靠拢（见图 6–196）。

• 虎口掌（男掌）：五指挺直，虎口张开，拇指根部向掌心用力（见图 6–197）。

图 6–196

图 6–197

② 拳。

• 虚拳（女拳）：五指向掌心弯曲，握成空心拳，拇指内屈相接于食指和中指之间（见图 6–198）。

• 实拳（男拳）：五指向掌心弯曲，握成实心拳，拇指内屈紧贴中指（见图 6–199）。

图 6–198

图 6–199

（2）手位。

① 山膀位。手臂呈最大的弧状，平抬于体侧，与肩膀平行。小臂呈下滑弧线，掌心对外扣腕，手指向前上方，着力点在兰花指中指关节。沉肩，松肘，手臂从肩关节到指尖往远伸（见图 6–200）。

② 按掌位。手臂呈下滑弧状，在胃前部位压腕，兰花指掌心朝外，手与胸保持 25 cm 左右的距离（见图 6–201）。

图 6–200

图 6–201

③ 托掌位。手臂成最大的弧状托于头的斜上方，掌心向上，沉肩，肘尖打开向旁（见图 6–202）。

④ 扬掌位。手臂举至头侧斜上方，手心朝上，整个手臂在斜上方 45°（见图 6–203）。

⑤ 提襟位。手臂成弧形，握拳提于胯旁，虎口对向胯骨，手腕微扣，掌心向下（见图 6–204）。

图 6-202

图 6-203

图 6-204

（3）手臂的基本动作。

① 撩掌。手腕带动手臂，由下向上撩起（见图 6-205）。

② 切掌。掌心向内，手臂由头上方向下方切，手似刀状（见图 6-206）。

③ 推掌。掌心向外，由体前向旁或其他方向推（见图 6-207）。

图 6-205

图 6-206

图 6-207

④ 端掌。掌心向上，手臂由下方端掌至胸前（见图 6-208 左手动作）。

⑤ 双晃手。双臂与肩同宽，以腕为轴，腕主动，向下、向上划弧线，手指向下，掌心向里；向下划弧线，指尖向上，掌心向外（见图 6-209）；路线要圆、连贯。幅度有大小之分。

⑥ 小五花。以右手为例，先双手在胸前手背相对，手腕相靠，以腕为轴，然后右手在上向内环绕，左手在下向外环绕，成掌心相对在胸前，继续转动，至左手在上（见图 6-210）。连续做动作时，要连贯、圆滑、灵巧。

图 6-208

图 6-209

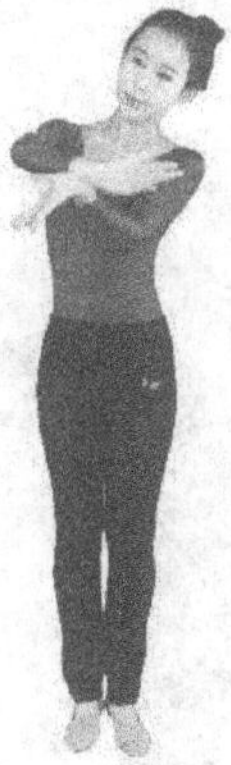

图 6-210

（4）手臂的基本姿势。

① 单山膀。身体对 2 点，左丁字步，双手背手准备。做动作时，右手沿体侧上撩于体侧与肩膀平行，手臂呈长弧状，小臂内旋，掌心向外，手臂到指尖向远延伸；眼平视 1 点（见图 6-211）。

② 双山膀。要求同“单山膀”，双手先后进行（见图 6-212）。

③ 双托掌。身体对着 2 点，左丁字步，双手背手准备。做动作时，双手从体侧上撩，经头上交叉，继续侧上撩至双托位，眼视 1 点（见图 6-213）。

图 6-211

图 6-212

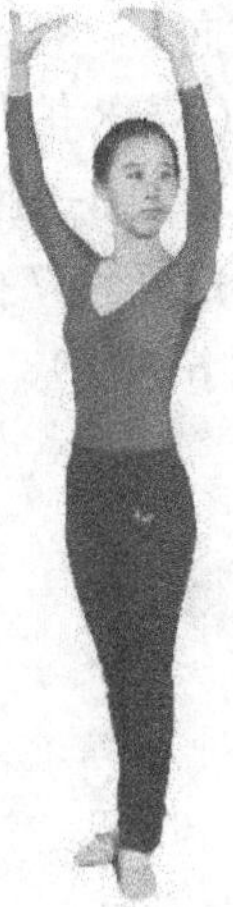

图 6-213

④ 顺风旗。以右手为例，身体对 2 点，左丁字位，双手背手准备。做动作时，双手撩掌至右手托掌位，左手在山膀位，眼视左手方向（见图 6-214）。

⑤ 斜托掌。以右手为例，身体对 8 点，左丁字步，双手背手准备。做动作时，双手经分掌至右手扬掌位，左手山膀位，掌心向上，眼视左手方向（见图 6-215）。

⑥ 山膀按掌。以右手为例，身体对 2 点，左丁字步，双手背手准备。做动作时，右、左手交替由外向里晃手至右山膀左按掌，眼视 1 点（见图 6-216）。

图 6–214

图 6–215

图 6–216

2）实操组合训练

（1）准备姿势：左丁字位 1 点站好，身体对 2 点，头转向 8 点，双手背手准备，目视 8 点方向（见图 6–217）。

（2）（预备拍）5 ～ 7 拍，保持预备姿态不动；8 拍，吐气，头转向 2 点斜下方，眼睛看右手起手方向。

（3）（1×8 拍）1 ～ 4 拍，右手撩掌至斜上方 45°，手心朝下，眼随手动，同时吸气（见图 6–218 和图 6–219）；5 拍，右手手腕翻转方向，弹指亮相，头也从 2 点方向转到 8 点方向（见图 6–220）；6 ～ 7 拍，保持不动；8 拍，呼吸，提腕同时翻转手腕，头从 8 点方向转回 2 点方向（见图 6–221）。

图 6–217

图 6–218

图 6–219

图 6–220

图 6–221

（4）（2×8 拍）1～2 拍，右手掌心朝下顺着体侧压腕至胯旁，眼随手动（见图 6–222）；3～4 拍，右手体前撩掌至胸前按掌位，同时吸气（见图 6–223）；5 拍，右手弹指亮相，弹指瞬间眼睛要从手的位置快速转向 8 点（见图 6–224）；6～7 拍，保持不动；8 拍，吸气提腕，头由 8 点转向 2 点（见图 6–225）。

图 6–222

图 6–223

图 6–224

图 6–225

（5）（3×8 拍）1～4 拍，右手翻掌，由手腕带动手臂撩掌（见图 6–226 和图 6–227），由下向上撩起至托掌位的高度；5 拍，压腕至托掌位亮相（见图 6–228），眼睛看 8 点；6～7 拍，保持不动；8 拍，吸气提腕并翻转手腕至手心朝内侧（为下一拍切掌做准备），头由 8 点转向 2 点（见图 6–229）。

图 6-226

图 6-227

图 6-228

图 6-229

（6）（4×8 拍）1～2 拍，右手掌心向内切掌，由头上切到胸前位置，眼随手动（见图 6-230）；3 拍，翻转手腕至手心朝外推掌至 3 点方向，眼随手动（见图 6-231）；4 拍，右手往前面提腕，吸气（见图 6-232）；5～8 拍，往后压腕亮相至单山膀位，同时头由 3 点慢慢转向 8 点（见图 6-233）。

（7）（5×8 拍）1～2 拍，左手快速由体后经旁撩掌至托掌位的高度（见图 6-234 和图 6-235），这时手心朝外，右手保持单山膀不动；3～4 拍，左手翻转手腕切掌至胸前（见图 6-236），眼随手动；5 拍，左手推掌至 7 点单山膀位，眼随左手动（见图 6-237）；6 拍，双手提腕，头快速转向 2 点方向（见图 6-238）；7～8 拍，双手同时压腕至双山膀位，头由 2 点转向 8 点方向，亮相（见图 6-239）。

图 6-230

图 6-231

图 6-232

图 6-233

图 6-234

图 6-235

图 6-236

图 6-237

图 6-238

图 6-239

（8）（6×8 拍）1～2 拍，左手保持山膀位不动，右手由山膀位提腕撩掌至托掌位的高度，手背朝内，头由 8 点转向 2 点（见图 6-240）；3～4 拍，右手在胸前画立圆再回至托掌位的高度，眼随手动（见图 6-241 和图 6-242）；5 拍，右手压腕，头由 2 点转向 8 点亮相，和左手形成顺风旗位（见图 6-243）；6～8 拍，保持顺风旗位不动。

图 6-240

图 6-241

图 6-242

图 6-243

（9）（7×8 拍）1～2 拍，右手经上弧线到达 3 点山膀位，同时左手走下弧线端掌至胸前，头由 8 点转至 2 点（见图 6–244）；3 ～ 4 拍，右手不动，左手翻转手腕至按掌位，和右手形成山膀按掌位，头由 2 点转向 8 点，向 8 点方向“冲”，身体微微前倾，目视 8 点，后背挺直（见图 6–245）；5 ～ 8 拍，右手在上，左手在下，在胸前完成一个小五花至右手在下，左手在上，身体跟着手微微转动，眼随手动（见图 6–246 和图 6–247）。

图 6–244

图 6–245

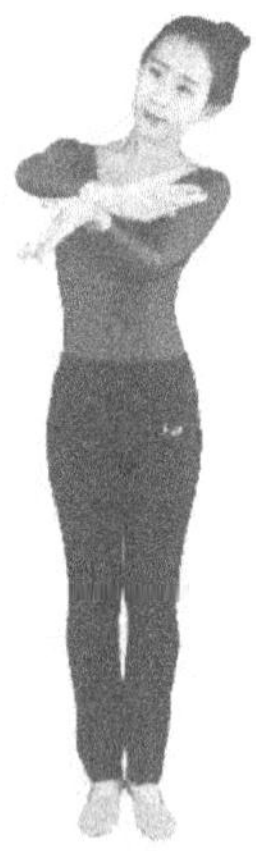
图 6–246

图 6–247

（10）（8×8 拍）1 ～ 2 拍，右手提腕由下往 4 点上撩手至斜托掌高度，左手压腕往 8 点下方推掌（见图 6–248 和图 6–249）；3 ～ 4 拍，身体向 4 点方向靠（这时注意身体挺直），双手腕同时翻腕形成斜托掌位，头由 2 点转向 8 点亮相（见图 6–250）；5 拍，身体由 4 点还原直立，双手同时翻转手腕至托掌位，头由 8 点转向 2 点（见图 6–251）；6 ～ 7 拍，双手在胸前交叉划立圆再回到双托掌位，头由 2 点中的位置到 2 点下再回到 2 点中的位置（见图 6–252、图 6–253、图 6–254）；8 拍，弹指亮相，头由 2 点转向 8 点（见图 6–255）。

图 6–248

图 6–249

图 6–250

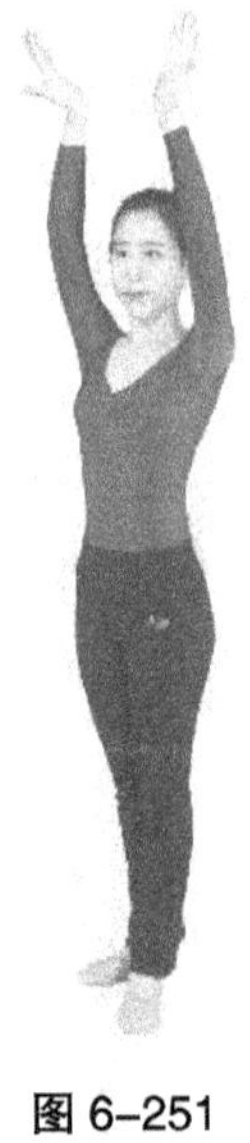
图 6–251

图 6-252

图 6-253

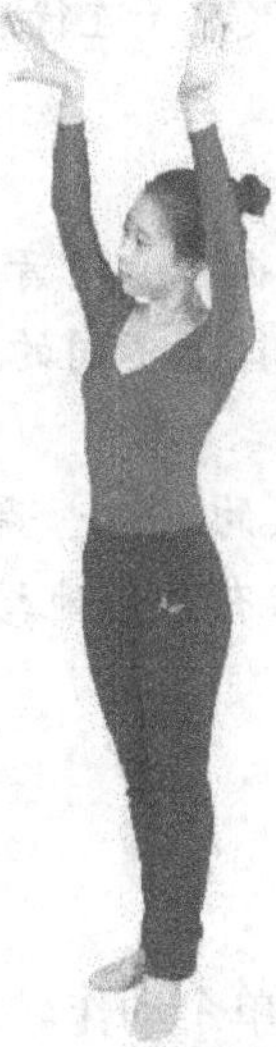
图 6-254

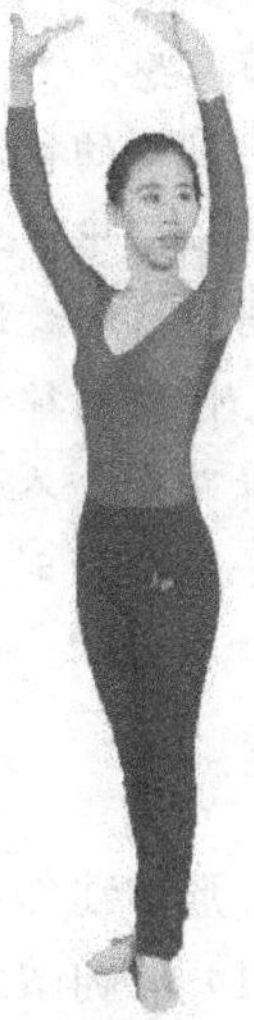
图 6-255

（11）（结束拍）5～6 拍，提气，双手提腕，翻转手腕于胸前交叉画半圆至胯的两旁，头从 8 点转向 2 点，然后低头看 2 点下方（见图 6–256 和图 6–257）；7 拍，提襟位置双手提腕，头由 2 点下方转向 3 点（见图 6–258）；8 拍，双手压腕提襟位亮相，头由 3 点转向 8 点（见图 6–259）。

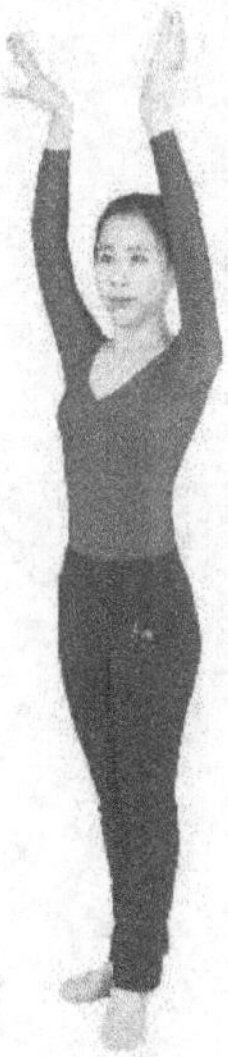
图 6–256

图 6–257

图 6–258

图 6–259

小贴士

形体训练中节奏感较弱问题的处理

为了解决形体训练中节奏感较弱的问题，智慧康养服务人员应从以下几个方面进行练习以增强节奏感。

1. 多听音乐

听音乐非常有利于舞蹈节奏的训练。对于进行形体训练的人来说，可以听各种类型的音乐，如 R&B（节奏蓝调）、POP（流行音乐）、Reggae（雷盖音乐）、House（浩室音乐）等，以提高节奏感。

2. 身体的律动

在训练中，练习者应根据自身对音乐的理解，随着音乐舞动。学习跳舞的人最好学习和接触不同风格的舞蹈。身体在接触不同的舞蹈动作之后，灵活性与柔韧性都会有所提高。

3. 情绪的律动

舞蹈是个人对内心情感的表达。舞蹈中的人总是通过情绪来带动肢体动作。所以，在多听、多跳的同时，舞者还需有意识地培养和控制自己的情绪，这样做也很有利于加强身体的律动。

课后练习

1. 形体动作训练

（1）准确做出各部位的单个动作。

（2）熟练掌握人体各部位的训练组合。

（3）准确完成地面勾绷脚和地面吸腿、直腿的单一动作。

（4）准确掌握地面压腿和踢腿的动作要领。

（5）准确掌握地面素质训练的要领。

（6）完成身体的四种姿态。

（7）准确完成三种手臂姿态。

（8）熟练掌握形体协调训练组合。

2. 芭蕾训练

（1）熟练掌握芭蕾手形的正确做法。

（2）练习芭蕾 7 个手位的正确做法，重点是芭蕾三位手和七位手动作的准确性。

（3）练习芭蕾 5 个脚位的正确做法，重点是芭蕾四位脚动作的准确性。

（4）练习五位脚向前、向旁、向后擦地。

（5）熟练掌握芭蕾擦地组合。

（6）练习芭蕾半蹲的 5 个位置。

（7）练习芭蕾全蹲的 5 个位置。

（8）熟练掌握芭蕾蹲组合。

（9）练习芭蕾向前、向旁、向后三个方向的小踢腿。

（10）熟练掌握芭蕾小踢腿组合。

（11）芭蕾训练对人体形体美的塑造有何作用？

3. 古典舞身韵训练

（1）准确掌握元素训练内容的单一动作“提、沉、冲、靠”。

（2）在舞蹈动作中准确地运用气息。

（3）掌握古典舞身韵元素训练的“提、沉、冲、靠”组合动作。

（4）准确地掌握古典舞的手形与手位。

（5）准确地掌握古典舞手臂的基本动作。

（6）准确地掌握古典舞手臂的基本姿态。

（7）熟练掌握古典舞身韵的手位组合内容。

模块 3

智慧康养服务人员的日常交际礼仪

礼尚往来，往而不来，非礼也；来而不往，亦非礼也。

——礼记·曲礼上

言语之美，穆穆皇皇。穆穆者，敬之和；皇皇者，正而美。

——礼记·少仪

乐至则无怨，礼至则不争。

——礼记·乐记

缘人情而制礼，依人性而作仪。

——史记·礼书

以礼为翼者，所以行于世也。

——庄子·大宗师

项目 7 见面礼仪

学习目标

知识目标

（1）明确称呼的类型和注意事项。

（2）掌握问候的礼仪规范。

（3）掌握自我介绍和介绍他人的礼仪规范。

（4）掌握握手的礼仪规范。

能力目标

（1）在日常交际中能够得体地称呼对方。

（2）在日常交际中能够亲切自然地问候对方。

（3）在日常交际中能够礼貌地进行自我介绍和介绍他人。

（4）在日常交际中能够熟练运用握手、鞠躬等见面礼仪。

素质目标

（1）尊重他人的观点、感受和需求。

（2）规范自身言行，不断提升社交能力，建立和维护良好的人际关系。

（3）提升个人礼仪修养，培养恭敬、谦和的社交态度，塑造礼让、文雅的社交形象。

案例导入

如此会面

小李今年刚大学毕业，在某智慧康养服务中心办公室担任秘书工作。一天，中心王主任派他到机场去接广州某网络科技有限公司销售部经理吴丽晶。小李准时来到机场，在出口处吴经理见到小李手中的字牌，走到小李面前说："你好！你是小李吧，我是吴丽晶！"小李连忙用不太标准的普通话说："是的是的，我是小李，您好！您就是从广州过来的狐狸精（吴丽晶）吧？我是王主任派来接您的。我是李××，大学公共事业管理专业毕业的研究生，现在是王主任的秘书。"小李一边说一边伸手准备与吴经理握手。面对小李这样的称呼、这样的自我介绍、这样的握手方式，吴经理会有怎样的感觉呢？

思考题：

（1）小李在礼仪上存在什么问题？

（2）会面时应注意哪些礼仪？

会面是交往的第一步，尤其是初次会面，给他人留下的第一印象往往最为深刻，而且对以后的人际交往起着指导作用，因此，智慧康养服务人员要特别重视初次会面的礼仪规范。常用的有称呼、问候、介绍、握手等。在不同的场合，面对不同的对象，会面礼节都有相应的规范要求。

任务 7.1　称呼得体恰当

微课

在智慧康养服务工作中以及日常交际中，正确地称呼交际对象是最基本的礼仪，这是与他人进一步交往的“敲门砖”。在人际交往中，双方见面时如何称呼对方，直接反映了双方之间的亲疏、了解程度、尊重与否及个人修养等。一个得体的称呼，会令彼此如沐春风，好感顿生；反之，不恰当或错误的称呼，可能会令对方心里不悦，影响彼此的关系乃至导致交际的失败。选择称呼要合乎常规，要照顾被称呼者的个人习惯，入乡随俗。称呼的基本要求是称谓要准确、妥当，表现尊敬、亲切和文雅，使双方心灵沟通、感情融洽，缩短彼此间的距离。

1. 称呼的类型

称呼语一般分为尊称和泛称两种。尊称是指对交往对象表示尊敬的称呼；泛称是指对交往对象的一般性称呼。

（1）尊称。

①“您”加“老”。如“您老近来身体如何？”

②“姓”加“老”。如“冯老”“李老”。

③“姓”或“姓名”加“职衔”“职称”“职务”“职业”。如李将军、刘厅长、王教授、陈律师、张经理等。采用这种方式尊称对方时要注意，姓“傅”的正职领导不能在职务前冠姓，以免引起他人误解。在非正式场合，还可用“姓”加“职务简称”的方式，如“张工（程师）”“王董（事长）”“陈局（长）”“李处（长）”等。

④ 爷爷、奶奶、叔叔、伯伯、大爷、大娘等，这是我国对年龄较大者的一种尊称，称呼前可加姓氏，亦可不加。

⑤ 阁下，是西方国家对地位较高的官员使用的尊称。如主席、总统、总理、部长、大使等均可尊称为“阁下”，即使是女性也不例外。

⑥ 陛下、殿下，这是西方国家对王室成员及贵族的尊称。国王、王后称陛下；王子、公主、亲王称殿下。

⑦ 在一般的涉外交往中，对男子称先生，对女子称夫人、女士或小姐。已婚女子称夫人，未婚女子称小姐。对婚姻状况不明的女子称“小姐”或“女士”。在西方国家，凡是举行宗教结婚仪式的人，都习惯在无名指上戴一枚戒指，男子戴在左手，女子戴在右手。所以对外宾的称呼可以依此而定。以上是根据性别和婚姻状况来称呼的，使用起来具有普遍性。此称呼现在在我国商务场合也广为使用。

（2）泛称。

① 在正式场合，“先生、太太、小姐、女士”是一种表示尊重但不特别亲密的称呼，称呼前可冠上姓或姓名，但不能单带名不带姓。

② 在我国，正式场合还可称同志，称呼前可冠姓、名或连姓带名一起称呼。

③ 在正式场合，对职位较低、年龄较小者，可直呼其名，或连姓带名，或在姓前加“小”，如“小李”“小陈”等；对年龄较大者，则在姓前加“老”，如“老张”“老黄”，这样的称呼显得亲切。

小幽默

称呼

甲："大伯，我买一袋盐。"

乙："我有那么老吗？"

甲："不好意思，大叔，我买一袋盐。"

乙："我比你大不了几岁。"

甲："大哥，你脸色怎么这么难看？"

乙："我长得那么像男人吗？"

2. 称呼的注意事项

（1）注意称呼的顺序。称呼要遵循先尊后卑、先长后幼、先女后男的顺序。

（2）注意称呼的语境。对有生理缺陷的人，应注意不使用带有刺激性或轻蔑的字眼；当有外宾在场时，注意不在人名前冠"老"，因为西方一些国家忌讳别人说"老"；也不要称异性为"爱人"，因为"爱人"在英语里是"情人"的意思，若使用这个称呼，容易引起误会。对外商不能称呼"同志"。

（3）注意称呼时自己的角色。有时环境不同，自己扮演的角色不同，对某个人的称呼也应有所不同。

（4）注意称呼的语气。在称呼他人时，语气要加重，要认真、缓慢、清晰地说出称呼语，称呼完要停顿片刻，然后再谈你要说的事儿，这样才能取得理想的效果。

（5）注意称呼的准确性。误读或误会都将引起错误的称呼，不仅失礼而且尴尬，因此对拿捏不准的名字、年龄、辈分、婚否以及彼此关系等信息一定要事先了解，虚心请教。比如，不可将未婚女士误称为"夫人"。

（6）注意称呼的恰当性。不通用、不对应、不适宜的简称都是不当的称呼。例如，不可将"范局长"简称为"范局"；山东人喜欢称呼"伙计"，但在南方人听来，"伙计"类似于"打工仔"。

（7）注意称呼的得体。非正式场合的称呼、替代性称呼、绰号等用在职场正式场合中，就是不雅、庸俗、不得体的。例如，"大个儿""哥们儿""老大"等称呼，虽然听起来亲近，但在正式场合就显得俗气。

（8）注意不能使用替代性的称呼。在服务性行业中不能用编号来称呼客人。例如，在智慧康养机构中，不能以老人的床号或房间号来代替老人的姓名。

小贴士

智慧康养服务过程中对老年人的称呼

智慧康养服务沟通是与老年人打交道的过程，在此过程的开始阶段，老年人对他人如何称呼自己比较在意，准确得体的称呼和恰到好处的敬语可以表达对老年人的尊重和友好，不当的称呼和不敬的语言会让老年人感到不快，从而影响服务品质和服务对象的感受。例如，小黄在出差途中与邻座的一位大爷聊天。交谈中他问道："哎，您多大了？"大爷没好气地说："三岁！"小黄听了十分尴尬，双方的交流就此中断。小黄对大爷没有使用称呼，也没有使用敬语，因此引起了大爷的不快，造成双方不欢而散。

在为老年人提供服务的过程中，会有一些习惯上的称呼，尊敬老年人的第一个表现就是对老年人使用尊称。例如“老大爷”“老大妈”“老人家”这样的称呼都表示对老年人的一种尊敬，而如果双方较为熟悉，“大妈”“大叔”“阿姨”“叔叔”等称呼能迅速拉近双方的关系。但是如何称呼和使用敬语还要视老年人的喜好而定，一些老年人在社会上地位较高，说话也很严肃，我们可以使用敬称来表达敬意和尊重。还有的老年人并不喜欢强调自己“老”。例如，志愿者小婷曾陪伴七十多岁的李大爷上街买菜，卖菜的小摊贩主动招呼：“大爷，您需要什么蔬菜？”几个小摊贩接连这么招呼，李大爷都没有多看他们一眼，直接转身离开，这让小婷对李大爷的反应有些不解。就在这时，一个摊主说：“大哥，您要吃些什么菜？”李大爷满脸笑容地走过去，在他那里买齐了蔬菜瓜果。事后李大爷告诉小婷，自己只是不喜欢被人说“老”，“大哥”的称呼听起来很舒坦。从这里可以看出，并不存在一个放之四海而皆准的称呼标准，要根据具体情况灵活运用。

因此，在与老年人沟通的时候，智慧康养服务人员应该在理解和尊重的基础上与对方达成一个双方都认可的称呼和敬语使用方式的共识。或者在初次见面时，征求老年人的意见，以老年人的偏好为依据，确定称呼和敬语，从而建立良好的互动和沟通。

3. 称呼的运用技巧

（1）初次见面时要注意称呼。初次与人见面或谈业务时，要称呼姓＋职务，要字字清楚地说，例如，“王总经理，你说得真对……”如果对方是个副总经理，可删去“副”字；但若对方是总经理，不要为了方便把“总”字去掉，而称他为经理。

（2）称呼对方时不要一带而过。在交谈过程中，称呼对方时，要加重语气，称呼完了停顿一会儿，然后再谈要说的事，这样能引起对方的注意，他会认真地听下去。如果你称呼得很轻又很快，有种一带而过的感觉，对方听着不会太顺耳，有时也听不清楚，就引不起听话者的兴趣。相比之下，如果太不注意对方的姓名，而过分强调要谈的事情，那就会适得其反，对方也不会对你的事情感兴趣。所以一定要很认真、很清楚、很缓慢地把对方的称呼完整地讲出来，以显示对对方的尊重。

（3）关系越熟越要注意称呼。与对方十分熟悉之后，千万不要因此而忽略了对对方的称呼，一定要坚持称呼对方的姓＋职务（职称），尤其是当有其他人在场的情况下。人人都需要被人尊重，越是朋友，越是要彼此尊重，如果熟了就变得随随便便，“老王”“老李”甚至用“哎”“喂”来称呼，那是极不礼貌的，是令对方难以接受的。

小训练

以小组为单位，分角色进行称呼礼仪的模拟训练。

微课

任务 7.2　问候亲切自然

小故事

问候，即与人见面时微笑、点头问好、打招呼或以语言向对方致意。见面问候是一种良好的礼节性习惯，与人见面，一声礼貌而得体的问候，就像“破冰”一样，使相互关系立刻变得融洽，因此智慧康养服务人员要养成见面问候的良好习惯。

问候的礼仪要求注意问候的次序、态度、方式和内容等。

1. 问候的顺序

（1）一个人问候另一个人。讲究“位低者先问候”，即辈分、身份较低者首先向辈分、身份较高者问候。如晚辈先问候长辈，下级先问候上级，主人先问候客人，男士先问候女士。

（2）一个人问候多人。如果同时遇到很多人，可以笼统地加以问候，可以说“大家好”，也可以逐一问候。当逐一问候许多人时，可以按由尊而卑、由长而幼的次序进行，也可以采用由近及远的顺序。

2. 问候的态度

（1）要主动。遇到认识的人要积极主动地问候对方。当他人先问候自己时，要立即热情地予以回应，不能不理不睬，失礼于人。

（2）要热情。问候他人时，通常要表现得热情、友好。面无表情地问候还不如不问候。

（3）要自然。主动、热情地问候他人，更要表现得自然大方。问候时，要面带微笑，注视对方的双眼，并且要专心致志。

（4）要专注。问候的时候，要面含笑意，以双目注视对方的眼睛，以示口到、眼到、意到、专心致志。不要在问候对方的时候，眼睛看向别处，让对方不知所措。

3. 问候的方式

（1）语言问候。熟人相见，使用频率最高的问候语是“你好”或“您好”，另加“好久没见，近来可好（怎么样）？”等。问候语应根据不同场合、不同对象而灵活运用，总的来说，越简单越好。随着社会的发展进步，人们越来越喜欢用“你好”或“您好”来表达见面时的喜悦之情。

（2）动作问候。动作问候有点头、微笑、握手、拥抱、吻礼、鞠躬等。与外国人见面时，视对象、场合的不同所采用的礼节也不同：对日本人等多数东方国家的人来说，鞠躬是最常见的礼节；欧洲人则更喜欢拥抱。

小贴士

路遇的问候

（1）遇到不太熟悉的异性。很多人都有这样的感受，就是在路上遇到不太熟悉的异性会觉得尴尬，不打招呼显得不礼貌，打招呼又不太好意思，或怕对方误会。正确的做法应该是：一位女士偶然在路上遇见不熟悉的男士，应点头招呼，但不要显得太热情，也不要用冷冰冰的面孔来点头；一位男士在路上偶然遇见不太相熟的女士，应首先打招呼，但表情不可过于殷勤。

（2）遇到很久不见的老朋友。遇到很久不见的老朋友时，不要大声惊呼，也不要隔着几条马路或隔着人群就大声呼唤，边喊边穿越马路是非常危险的。在问候之后，如果还想多谈一会儿，应该避开拥挤的行人，找一个相对安全和安静的地方谈，或另约时间、地点继续交谈，不要站在来往的人流中攀谈。

（3）两人以上同行，遇到熟人。两人以上同行遇到熟人时，你应主动介绍一下这些人与你的关系，如“这是我的同事”或“这是我的朋友”，但也没有必要一一介绍；然后应向同伴们介绍一下你的这位熟人，但也只要说一下他（她）与你的关系即可，如“这是我的邻居”，被介绍者应相互微笑，点头致意。

如果是两对夫妇或两对情侣路遇，相互致意的顺序应是：女士们首先互相致意，然后男士们分别向对方的妻子或女友致意，最后才是男士们互相致意。

4. 问候的内容

（1）直接式。直接式问候就是直截了当地以问好作为问候的主要内容。它适用于正式的公务交往，尤其是宾主双方初次相见。

（2）间接式。间接式问候就是以某些约定俗成的问候语，或者在当时条件下可以引起的话题作为问候的内容，主要适用于非正式、熟人之间的交往。比如，“忙什么呢”“您去哪里”等，来替代直接式问候。交谈者可根据不同的场合、环境、对象使用不同的问候语，常见的问候语如下。

① 表示礼貌的问候语。问候语如果用得好，就能密切关系、增进友谊。如“你好！”“早上好！”“节日快乐！”“新年好！”之类的话。根据问候对象不同，问候语大致可分为几类，如从年龄上考虑，对少年儿童要问：“几岁了？”或者问：“上几年级了？”对成年人要问：“工作忙吗？”从职业上考虑，对老师可以问：“今天有课吗？”对作家要问：“又有大作问世了吧？”对朋友、邻居、同事的问候就更为丰富。

② 表达思念之情的问候语。如：“好久不见，你近来怎样？”“多日不见，可把我想坏了！”。

③ 表示对对方的关心的问候语。如：“最近身体还好吗？”“来这里多长时间了？还住得惯吗？”“最近工作进展如何？还顺利吗？”

④ 表示友好态度的问候语。如“生意好吗？”“在忙什么呢？”等。这些貌似提问的话语，并不表明问候者真想知道对方的起居内容，往往只表达说话人的友好态度，听话人则把它当成交谈的起始语予以回答，或把它当作招呼语不必详细作答，这只不过是一种交际的媒介。

小案例

任务 7.3　介绍礼貌与尊重

介绍是人与人相互沟通的出发点，能有效地缩短人与人之间的距离。智慧康养服务人员在工作中如能正确地利用介绍礼仪，不仅可以赢得服务对象的尊重，扩大自己的交际圈，广交朋友，而且有助于进行自我展示、自我宣传，并且可以在人际交往中消除误会，减少麻烦。一般地，介绍分为自我介绍和居间介绍。

1. 自我介绍

自我介绍就是将本人介绍给他人。从某种意义上说，自我介绍是进入社会交往的一把钥匙。在没有介绍人的情况下，自我介绍是非常必要的。运用得好，可为交际活动的顺利进行助一臂之力。

（1）自我介绍的场合。自我介绍一般选择在正式场合，在没有干扰的情况下进行。具体如下。

① 应聘求职、会议场合可以做自我介绍。

② 因为业务关系需要与相关人士接洽时，需要做自我介绍。

③ 当遇到你知晓或久仰的人士，而他不认识你时，你可以做自我介绍。

④ 出差、办事与别人不期而遇时，为了增加了解和信任，可以做自我介绍。

⑤ 初次前往他人居所、办公室拜访时要做自我介绍。

⑥ 参加聚会，主人不可能做细致的介绍，与会者可以与同席或身边的人相互自我介绍。

（2）自我介绍的顺序。自我介绍的顺序要求遵循尊者有优先知情权，位低者先行的原则。

具体如下：① 职位高者与职位低者相识，职位低者应该先做自我介绍；② 男士与女士相识，男士应该先做自我介绍；③ 长辈与晚辈相识，晚辈应该先做自我介绍；④ 资深人士与资历浅者相识，资历浅者应该先做自我介绍；⑤ 已婚者与未婚者相识，未婚者应该先做自我介绍。

（3）自我介绍的方式。根据不同场合、环境的需要，自我介绍的方式有应酬式、公务式、礼仪式、社交式和问答式五种。

自我介绍的方式如表 7–1 所示。

表 7–1　自我介绍的方式

类型	适用场合	使用目的	内容	举例
应酬式	适用于公共场合、一般性的社交场合，如：旅途中、商场里	面对泛泛之交且不想深交的人	只包括本人姓名	“你好，我叫张明。”
公务式	适用于工作场合，如：业务洽谈、工作联络等	与对方建立工作关系	包括本人姓名、单位、部门或从事的具体工作三要素，缺一不可	“你好，我叫张明，是五湖四海医药公司的营销部经理。”
礼仪式	适用于讲座、报告、演说、庆典、仪式等正规场合	向对方表示友好、敬意	包括本人姓名、单位、职务等项内容，还可以适当加一些谦辞、敬语等	“各位来宾，大家好！我叫张明，我是五湖四海贸易公司营销部经理。我代表本公司热烈欢迎大家光临……”
社交式	适用于各类社交活动，如：私人交往、联谊会、网络交流等	使对方认识自己、了解自己，建立进一步交往的平台	包括本人姓名、职业、籍贯、爱好、自己跟交往对象双方所共同认识的人等	“你好，我叫张明，我是 21 级营销班的。李军是我的老乡，我们都是北京人……”
问答式	适用于普遍性的交际应酬场合	应聘求职、应试求学，初次交往等	主要根据提问进行介绍，有问必答	问：“请问您贵姓？” 答：“您好！免贵姓张”

小案例

罗兰的自我介绍

罗兰去参加朋友的生日宴会，在那里她遇上了几个不认识的人。当时朋友正在忙里忙外地招呼客人，所以没有顾得上更多地关照罗兰这个“自己人”。正当性格内向的罗兰胆怯地坐在客厅一角，不知道自己该不该和那些陌生人寒暄几句，更不知该如何启齿时，一位温文尔雅的先生走了过来，主动跟她打招呼：“小姐，您好！我叫邓雨轩，请问您怎么称呼？”缺乏准备的罗兰有点儿慌乱地随口应道：“叫我小罗好了。”

其实，罗兰这时打心眼里感谢这位不熟悉的邓先生过来跟她打招呼，使她不至于“孤立无援”，而且她也真想大大方方地同邓先生聊上几句。然而意想不到的是，罗兰就那么一句“叫我小罗好了”，让邓先生的热情顿减，立马扭头走了回去。

在做自我介绍时须选用恰当的方法，把握好相应的时机和场合，掌握好分寸。本例中属于一般性的社交场合，需介绍自己的姓名，而不应该只介绍自己的姓。

（4）自我介绍时的注意事项。做自我介绍时应注意以下几方面。

① 注意时机。要抓住时机，在适当的场合进行自我介绍。在对方有空闲，而且情绪较好，又有兴趣时自我介绍，就不会打扰对方。

② 注意态度。自我介绍的态度一定要自然、友善、亲切、随和，应镇定自信、落落大方、彬彬有礼，既不能怯场，又不能虚张声势、轻浮夸饰。语气要自然，语速要正常，语音要清晰。自我介绍时如果出现畏怯紧张、结结巴巴、目光不定、面红耳赤等情况，会给人缺少经验、缺乏自信的感觉，容易为他人所轻视。

③ 注意时间。自我介绍要简洁、言简意赅，尽量节省时间，以 0.5 min 为佳，不宜超过 1 min，且越短越好。话说得多了，不仅显得啰嗦，而且交往对象未必记得住，也未必感兴趣。为了节省时间，作自我介绍时，还可利用名片、介绍信作为辅助手段。

④ 注意内容。自我介绍的内容包括三项基本要素：本人的姓名、现供职的单位以及具体部门、担任的职务和所从事的具体工作。这三项要素，在自我介绍时，应一鼓作气连续报出，这样既有助于给人完整的印象，又可以节省时间。要真实诚恳、实事求是，不可自吹自擂、夸大其词。

小贴士

小训练

在向陌生人做自我介绍时，注意在自己的名字上突出亮点，让人容易记住你。

⑤ 注意方法。在自我介绍前，应先向对方点头致意，得到回应后再向对方介绍自己。如果有介绍人在场，自我介绍则被视为不礼貌的行为。应善于用眼神表达自己的友善，表达关心以及沟通的渴望。如果想认识某人，最好预先获得一些有关他的资料或情况，诸如性格、特长及兴趣爱好等，这样在自我介绍后，便很容易融洽交谈。在获得对方的姓名之后，不妨口头加重语气重复一次，因为每个人都乐于听到自己的名字。

在他人进行自我介绍时，我们也要注意以下方面：一是引发对方做自我介绍时应避免直话相问，缺乏礼貌，如“你叫什么名字”，而应该尽量客气一些，用词更敬重些，“请问尊姓大名”。“您贵姓”“不知怎么称呼您”“您是……”等；二是要仔细聆听他人的自我介绍，记住对方的姓名、职业等。如果没有听清楚，不妨在个别问题上仔细问一遍，这比他人作了自我介绍，而你还是不明情况要好；三是等一个人作了自我介绍后，我们也应作相应的回应——向对方做自我介绍，这才是礼貌的。

小案例

小训练

假如你是某智慧康养机构的服务人员，请模拟向新入住机构的老人进行自我介绍。

2. 居间介绍

（1）居间介绍的时机。居间介绍即交际中的第三方为互不相识的双方引荐和介绍。在居间介绍中，介绍人通常由社交活动中的东道主、家庭聚会中的女主人、公务交往中的公关人员（如礼宾人员、文秘人员、接待人员）或德高望重的长者等担任。

居间介绍的时机包括：在家中接待彼此不相识的客人；在办公地点接待彼此不相识的来访者；与家人外出，路遇与家人不认识的同事或朋友；陪同亲友前去拜会不相识的人；陪同上司、老人、来宾时，遇见了其不相识者，而对方又跟他打了招呼；打算推荐某人加入某一交际圈；收到为他人做介绍的邀请。

（2）居间介绍的顺序。为他人做介绍时，要注意顺序。先确定被介绍的双方中哪一方更应该被尊敬，更应该受尊敬的人有优先了解对方信息的权利。在我国古代习惯以职位高低、资历深浅、年龄大小来决定受尊敬的程度。在西方，人们习惯以性别来决定受尊敬的程度，即女士优先。国际上公认的介绍顺序是：① 将男性介绍给女性；② 将年轻人介绍给年长者；③ 将职位低者介绍给职位高者；④ 将未婚女子介绍给已婚女子；⑤ 将迟到者介绍给早到者。

如果被介绍的人同时具备以上两种情况，应该按后一种情况介绍。例如，当一位晚到的女客人遇到一位早到的男客人时，就需要把晚到的女客人介绍给早到的男客人；当一位年轻的女士遇到一位年长的男士时，就需要把女士介绍给男士。

介绍的顺序应该注意场合。如在严肃的工作场合，就要按照职位高低来介绍，把职位低的人介绍给职位高的人。对于公司的客户，就算是公司的总裁，在面对一个普通客户时，也要把总裁介绍给客户，因为客户是上帝。

（3）居间介绍的方式。居间介绍的方式如表7–2所示。

表7–2 居间介绍的方式

类型	适用场合	使用目的	内容	举例
标准式	适用于正式场合，如业务洽谈、宴会	使双方认识，并建立工作关系、交换联系方式	以双方的姓名、单位、职务等为主	“我给两位引见一下，这位是我们公司营销部的李小姐，这位是五湖四海集团公司的总经理张先生。”
礼仪式	适用于正式场合，是一种最为正规的介绍的方式	与标准式略同，只是语气、表达、称呼上都更为礼貌、谦恭	包括双方姓名、单位、职务等项内容，还可以适当加一些谦辞、敬语等	“张先生，您好！请允许我把我们公司的销售部经理李军先生介绍给您。李先生，这位是五湖四海医药公司的总经理张明先生。”
推荐式	适用于比较正规的场合	将被介绍人举荐给另一位被介绍人	通常会对主要被介绍者的优点加以重点介绍	“这位是五湖四海医药公司的张明总经理，这位是我们公司的李军总经理。李总经理是管理方面的专业人士，他还是经济学博士呢。张先生，我想您一定愿意结识他吧。”
强调式	适用于各类社交活动，如私人交往、联谊会等	使双方认识，并引起对其中一位被介绍者的重视	包括双方的姓名，往往还会刻意强调其中一位与介绍者之间的特殊关系	“这位是张教授的学生，这位是李经理，请李经理多多关照。”
引见式	适用于普通的交际应酬场合	将被介绍者双方引到一起即可	不需具体介绍双方，由他们自行了解	“两位认识一下，这位是张经理，请多多关照。”
简介式	适用于一般的社交场合，如聚会、茶话会、舞会	使双方认识	双方姓名一项，甚至只提到双方姓氏为止	“我来介绍一下，这位是小李，这位是小周，你们认识一下吧。”

（4）居间介绍的注意事项。在为他人做介绍时，介绍者对介绍的内容应当字斟句酌，慎之又慎。在为他人做介绍时，由于实际需要不同，所采取的方式也会有所不同。

在正式场合，内容以双方的姓名、单位、职务等为主。在一般的交际场合，其内容往往只有双方姓名一项，甚至可以只提到双方姓氏。接下来，则由被介绍者见机行事。在比较正规的场合，介绍者有备而来，有意将某人举荐给某人，因此在内容方面，通常会对被举荐者的优点着重介绍。

在进行居间介绍时，介绍者与被介绍者都要注意自己的表达、态度与反应。介绍者在为双方做介绍前，不仅要尽量征求双方意见，开始介绍时还应提前打招呼，切勿上去开口就讲而显得突如其来，让被介绍者措手不及。

介绍时要注意实事求是，掌握分寸，不能胡吹乱捧。介绍姓名时，一定要口齿清楚，发音准确，把易混的字音咬准，如“王”和“黄”，“刘”和“牛”等；对同音字、近音字必要时要加以解释，如“邹”和“周”，“张”和“章”，“徐”和“许”等。

居间介绍如图 7-1 所示。

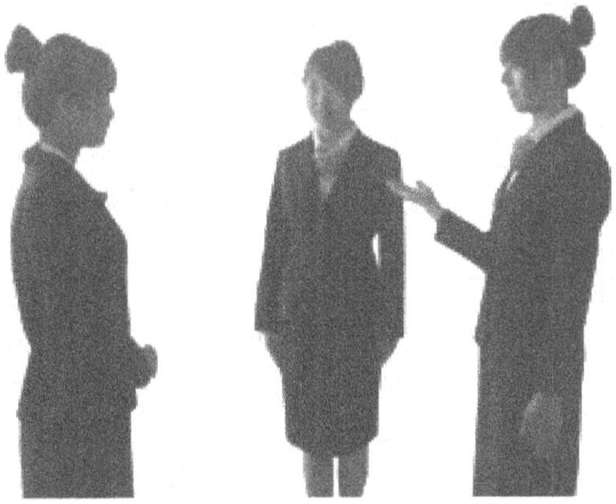

图 7-1

（5）接受介绍时的礼仪。介绍需要讲究必要的礼节，而接受介绍时应采取什么态度和行为来表现自己呢？被介绍者在介绍者询问自己是否有意认识某人时，一般不应拒绝或扭扭捏捏，而应欣然接受。实在不愿意时，则应说明缘由。

当介绍者走上前来，开始为被介绍者进行介绍时，被介绍的双方应起身站立，面带微笑，神态庄重、专注，被介绍人的目光一定要注视着对方的脸部，无论对方是男是女。不要让其他事情分散你的注意力，不要东张西望，以免给对方留下心不在焉、不重视或不欢迎的印象。

当介绍者介绍完毕后，如果双方均为男性，握手通常是必要的，这象征着信任和尊敬。握手时问候对方并复述对方姓名。你可以说“很高兴认识您，李先生”或“您好，张先生”等。此时的常用语还有“久仰大名”“认识您非常荣幸”“幸会，幸会”等。必要时还可作进一步的自我介绍。如果将男性介绍给女性认识，女性觉得有握手的必要，可先伸出手来，以示热情。

交谈后离开时要互相道别，一声“再见”可以给对方留下很好的印象。

在接受介绍时，如果你没有听清对方的名字，可以请对方再说一遍，千万不要觉得不好意思。你可以说：“对不起，我没听清楚你的名字，可否请你再讲一次？”别人不仅不会生气，甚至会觉得很受用，因为这表示你很在乎他的名字。

（6）集体介绍的礼仪。集体介绍，即被介绍方为多人时的社交引见形式。是指介绍者在为他人做介绍时，被介绍者其中一方或者双方不止一人而是多人。集体介绍时，原则上应参照他人被介绍的顺序。在正式或隆重的场合，介绍顺序是个礼节性极强的问题，其要领如下。

① 当被介绍双方地位、身份大致相似时，应是一人礼让多数人、人数少的一方礼让人数多的一方，先介绍一人或人数少的一方，再介绍人数较多的一方或多数人。

② 当被介绍双方的地位、身份存在明显差异，地位、身份明显高者为一个人或人数少的一方时，应先向其介绍人数多的一方，再介绍地位、身份高的一方。

③ 被介绍双方均为多人时，应先介绍位卑的一方，后介绍位尊的一方；先介绍主方，后介绍客方。介绍各方人员时，则应由尊到卑，依次而行。

④ 当被介绍者不止双方而是多方时，应根据合乎礼仪的顺序，确定各方的尊卑，由尊而卑，按顺序介绍各方。如果需要介绍各方成员，也应按由尊到卑的顺序依次介绍。

小贴士

小训练

以小组为单位，分别分角色进行他人介绍礼仪的模拟训练。

任务7.4　握手规范到位

握手是沟通思想、交流感情、增进友谊的重要方式。深情、文雅而得体的握手，往往能传递愉悦、信任与接受的情感。两人见面，若是熟人，无须言语，只要两手一握，情感自然传递；若是生人，握手的一刻，便是从陌生走向熟悉的开始。因此，握手已成为世界上最为普遍的一种见面礼节，其应用的频率远超鞠躬、拥抱、接吻等方式。智慧康养服务人员应着重掌握握手的时机、要求，并明确握手的禁忌。

1. 握手的时机

何时行握手礼，这是一个十分复杂而微妙的问题。它通常取决于交往双方的关系、现场的气氛以及当事人个人的心情等多种因素，所以不能一概而论。不过一个人若是希望在人际交往中显得彬彬有礼，那么就一定要把握好以下几点。

（1）遇到较长时间未曾谋面的熟人，应与其握手，以示为久别重逢而万分欣喜。

（2）在比较正式的场合与相识之人道别，应与之握手，以示惜别之意和对对方的珍重之心。

（3）在家中、办公室里以及其他一切以本人作为东道主的社交场合，迎接或送别来访者之时，应与对方握手，以示欢迎或欢送。

（4）拜访他人之后，在辞行之时，应与对方握手，以示“再会”。

（5）被介绍给不相识者时，应与之握手，以示自己乐于结识对方，并为此深感荣幸。

（6）在社交场合，偶然遇上了同事、同学、朋友、邻居、长辈或上司时，应与之握手，以示问候。

（7）他人给予自己一定的支持、鼓励或帮助时，自己应与之握手，以示衷心的感谢。

（8）向他人表示恭喜、祝贺之时，如祝贺结婚、生子、晋升、升学、乔迁、事业成功或获得荣誉、嘉奖时，应与之握手，以示贺喜之诚意。

（9）他人向自己表示恭喜、祝贺之时，自己应与之握手，以示谢意。

（10）对他人表示理解、支持、肯定时，应与之握手，以示真心实意、全心全意。

（11）应邀参与社交活动，如宴会、舞会等之后，应与主人握手，以示谢意。

（12）在重要的社交活动，如宴会、舞会、沙龙等开始前与结束时，主人应与来宾握手，以示欢迎与道别。

（13）得悉他人患病、失恋、失业、降职、遭受其他挫折或家人过世时，应与之握手，以示慰问。

（14）他人向自己赠送礼品或颁发奖品时，自己应与之握手，以示感谢。

（15）向他人赠送礼品或颁发奖品时，应与之握手，以示郑重。值得注意的是，当对方手部有伤、手里拿着较重的东西、忙着别的事（如打电话、用餐、主持会议、与他人交谈等）、与自己距离较远时不宜握手，否则容易产生负面影响。

小贴士

2. 握手的要求

握手的标准方式是行礼时行至距握手对象约 1 m 处，双腿立正，上身略向前倾，伸出右手，四指并拢，拇指张开与对方相握。握手时应用力适度，上下稍许晃动 3 ～ 4 次，随后松开手，恢复原状。

握手时的手势如图 7–2 所示。两人握手，如图 7–3 所示。

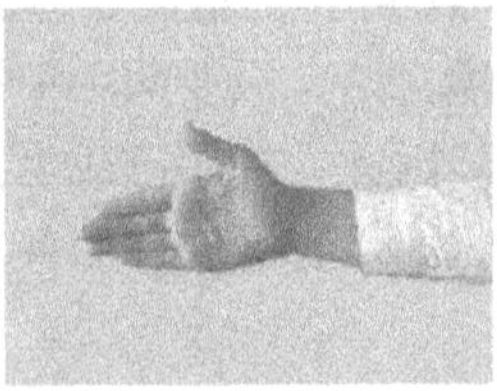

图 7–2

图 7–3

具体来说，握手要符合以下三个要求。

（1）讲究次序。根据礼仪规范，握手时双方伸手的先后次序一般应当遵守“尊者先伸手”的原则，应由尊者先伸出手来，位卑者只能在之后予以响应，而绝不可贸然抢先伸手，不然就是违反礼仪的举动。

握手的基本次序规则如表 7–3 所示。

表 7–3　握手的基本次序规则

男女握手	男女之间握手，男士要等女士先伸出手后才握手。如果女士不伸手或无握手之意，男士应向对方点头致意或微微鞠躬致意。男女初次见面，女方可以不和男士握手，只是点头致意即可
	男女握手时，男士要脱帽和脱右手手套，如果偶遇匆匆忙忙来不及脱，要道歉。女士除非与长辈握手，一般可不必脱手套
主宾握手	主人有先向客人伸出手的义务。在宴会、宾馆或机场接待宾客时，当客人抵达时，不论对方是男士还是女士，女主人都应该主动先伸出手，以示对客人的欢迎
	客人告辞时，则应由客人首先伸出手来与主人相握，在此表示的是“再见”之意

续表

长幼握手	长幼之间握手，年幼者一般要等年长者先伸手。和长辈及年长的人握手，不论男女，都要起立趋前握手，并要脱下手套，以示尊敬
上下级握手	下级要等上级先伸出手。但涉及主宾关系时，可不考虑上下级关系，做主人的应先伸手
一个人与多人握手	应讲究先后次序，由尊而卑，即先年长者后年幼者，先长辈后晚辈，先老师后学生，先女士后男士，先已婚者后未婚者，先上级后下级，先职位、身份高者后职位、身份低者

值得注意的是，在公务场合，握手时伸手的先后次序主要取决于职位、身份；而在社交、休闲场合，则主要取决于年龄、性别、婚姻。

小案例

不懂握手规矩的小李

小李大学毕业后被某智慧康养机构录用，并被安排在办公室工作。一次，单位接到通知，说外地某智慧康养服务考察团要来访，领导非常重视，让办公室负责接待工作。办公室主任把这次接待任务交给了小李，特意叮嘱他不能出现任何差错。经过多方请教和努力，小李很快拟定了一个极其详尽而且合理的接待方案，递交上去后，这个方案得到了办公室主任的认可和赞赏。

巧合的是，小李与这次来访的考察团团长熟识，故被列为主要迎宾人员，并陪同有关部门领导前往机场迎接贵宾。当考察团团长率领其他工作人员到达后，小李面带微笑，热情地走上前去，先与部门领导握手致意，然后转身向自己的领导介绍这位考察团团长，接着又热情地向考察团团长介绍了部门领导。小李自以为此次接待相当顺利，但他的某些举动却令其领导十分不满。

思考题：

小李的举动为什么会令其领导不满？小李的问题何在？

（2）神态专注。与人握手时神态应专注、热情、友好、自然。在通常情况下，与人握手时，应面带微笑，目视对方，并且口头问候。在握手时切勿让对方觉得自己三心二意、敷衍了事、漫不经心、傲慢冷淡。如果此时迟迟不握他人早已伸出的手，或一边握手一边东张西望、目中无人，甚至忙于跟其他人打招呼，都是极不礼貌的行为。

（3）注意力度与时间。握手时应适度用力，不轻不重、恰到好处。如果手指轻轻一碰，在刚触及时就离开，或是懒懒地、慢慢地相握，缺少应有的力度，会给人勉强应付、不得已而为之的感受。一般来说，握手较紧是在表示热情，男人之间可以握得较紧，甚至另一只手也加上，握手时手可以大幅度上下摆动，或者在两手相握时，左手又握住对方胳膊肘、小臂甚至肩膀来表示热烈的感情。但是应注意用力适度，不能握得太使劲，使人感到疼痛；也不能显得过于柔弱，不像个男子汉。对女性或陌生人，轻握是很不礼貌的行为，尤其是男性与女性握手时应热情、大方、用力适度，通常是握紧后打完招呼再松开。但在与亲密朋友意外相遇、与敬慕已久的人初次见面、与至爱亲朋依依惜别、衷心感谢难以表达等场合，握手时间可稍长，甚至可以紧握不放，话语不休。在公共场合，如列队迎接外宾时，握手的时间一般较短。握手的时间应根据与对方的亲密程度而定。

小贴士

3. 握手的禁忌

在人际交往中，握手虽然司空见惯，看似寻常，但是由于它可以传递多种信息，因此，在行握手礼时应努力做到合乎规范，注意以下禁忌。

（1）不要用左手与他人握手，尤其是在与阿拉伯人、印度人打交道时要牢记这一点，因为他们认为左手不洁。

（2）不要在握手时争先恐后，而应当遵守秩序，依次而行。

（3）特别要记住，与基督教信徒交往时，要避免两人握手时相握的手形成交叉状。

（4）不要戴着手套握手。社交场合，女士的晚礼服手套除外。

（5）不要在握手时戴着墨镜，只有患有眼疾或眼部有缺陷者才例外。

（6）不要在握手时将另一只手插在衣袋里。

（7）不要在握手时另一只手依旧拿着香烟、报刊、公文包、行李等东西而不肯放下。

（8）不要在握手时面无表情，不置一词，好似根本无视对方的存在，而纯粹是为了应付。

（9）不要在握手时侃侃而谈、点头哈腰、滥用热情，显得过分客套，让对方不自在、不舒服。

（10）不要在握手时把对方的手拉过来、推过去，或者上下左右地抖个不停。

（11）不要在与人握手之后，立即擦拭自己的手掌，好像与对方握一下手就会使自己受到感染。

4. 握手的技巧

（1）主动与每个人握手。在公务场合，如谈判开始之前，双方都要做自我介绍。这时候，你最好表现得积极一些、主动一些，表示出很高兴与对方认识。为了表示你的诚意，你可以主动与每个人握手。因为主动就说明你对对方的尊重，只有当你尊重别人时，才会得到别人的尊重。

（2）有话想让对方出来讲，握手时不要松开。有时你想找对方谈一些事，不巧的是房间里还有其他人在，你想与对方单独谈，耐心等了很久以后仍没有机会，那你只好想办法让对方出来说。但你又不能明白地告诉对方“我有点儿事，咱们到外边说”，因为这样是不礼貌的。你得想办法让对方起身相送。在你起身告辞时，对方站起来，你就边与对方交谈边向外走。如果对方无意起身，你就走近他，很礼貌地与他握手，出于礼貌对方会站起身走出自己的座位，然后你边说边往外走，千万不能断了话。因为当你还有话要说时，对方不好意思不送你。说话时，眼睛也要看着对方，不要只顾着走。走到门口对方要与你告辞，你主动伸手与他握手，握手之后不要马上松开，要多握一会儿，并告诉对方：“你看我还有件事……”你说得缓慢些，对方也就意识到了，他就主动走出来了。

（3）握手时赞扬对方。握手时的寒暄非常重要。在与对方握手时，可以对对方表示一下关心和问候，或赞扬对方两句。握手时双方的距离很近，对方的衣着服饰可以尽收眼底，如果你用心观察，肯定会有某方面值得你赞扬。每个人又都有自己特别注重修饰的地方：有人特别爱惜自己的发型，每天打理头发，让自己神采奕奕；有人特别注意领带，不惜高价买一条，或用一枚精致的领带夹点缀一下，使自己容光焕发；有人穿一件新西装，质地优良、做工考究；有人穿一件色彩和谐明快的衬衣，使人显得年轻漂亮。见面握手时不能对这些熟视无睹，要加以赞美。对方会因此而觉得亲近，你则显得格外大方、热情、细心，从而给人留下好印象。

小训练

两人一组，训练标准的握手姿势，并说出握手的禁忌。

5. 常见的见面礼节

在国内外交往中，除握手外，以下见面礼也颇为常见。

（1）点头礼。在公共场合与相识者相距较远时、在一个场合多次见面时或与不太熟悉的人见面时，均可微笑点头向对方致意，以示问候。在服务场合，智慧康养服务人员对他人视而不见、不理不睬是极不礼貌的。点头礼的具体做法是：抬头挺胸，背部挺直，目视对方，头部向下轻轻一点，同时面带笑容。注意不要反复点头不止，点头的幅度也不宜过大。点头礼适用的范围主要有以下几个方面。

① 路遇熟人或与熟人、朋友在会场、剧院等不宜交谈之处见面，以及遇上多人而又无法一一问候时，可以点头致意。

② 在一些公共场合遇到领导、长辈，一般不宜主动伸手去握手。合适的做法是点头致意，这样既不失礼，又可以避免尴尬。

③ 和交往不深的熟人见面或者遇到陌生人又不想主动接触时，通过点头致意，表示友好和礼貌，同时可以避免一些不必要的交往和纠缠。

④ 在一些不宜握手的场合，寒暄时就应该点头致意。如会议迟到者，就不适宜与其他与会人员握手、打招呼。与较远的熟人无法握手致意时，只能采用点头致意的方式。

⑤ 一些非正式的场合，如会前会间的休息室、上下班的班车上、办公室的走廊上，是不必握手致意甚至鞠躬的，只需轻轻点头即可。

（2）行举手礼。行举手礼的场合与行点头礼的场合大致相似，它最适合向距离较远的熟人打招呼。其做法是：右臂向前方伸直，右手掌心向着对方，其余四指并拢，拇指分开，轻轻向左右各摆动一两下。不要将手上下摆动，也不要在摆动时手背朝向对方。

小贴士

举手礼的由来

中世纪，由于骑士们经常在公主和贵妇们面前比武，而且在经过公主的座席时，骑士们要吟唱一首赞美的情诗，在诗里把公主比作光芒四射的太阳，骑士们把手举起来做遮蔽阳光的姿势，借此一睹芳容，同时也表示尊敬之意。后来，这种动作便演变成举手礼。

（3）脱帽礼。戴着帽子的人，在进入他人居所、路遇熟人、与人交谈并握手或行其他见面礼、进入娱乐场所、升挂国旗、演奏国歌等情况下，应自觉主动地摘下自己的帽子，并置于适当之处，这就是所谓的脱帽礼。女士在社交场合可以不脱帽。

（4）注目礼。注目礼的具体做法是：起身立正，抬头挺胸，双手自然下垂或贴放于身体两侧，表情庄重严肃，双目正视被行礼对象，或随之缓缓移动。一般在升国旗、游行检阅、剪彩揭幕、开业挂牌等情况下行注目礼。

（5）拱手礼。拱手致意在我国是一种传统的见面礼，是人们表示祝贺、祝愿、祝福的一种施礼方式。

① 拱手礼的姿势。拱手礼自古男女有别。其姿势是起身站立，上身挺直，两臂前伸，双手在胸前相抱。男子姿势为右手呈空拳状，左手包住右手，因为右手是攻击手，所以用左手包住以示善意。女子则相反，不抱拳，而是右手压在左手上。拱手的位置要齐眉，上下略摆动几下。

② 拱手礼的使用场合。拱手礼主要在以下场合使用：一是凡遇重大节日，如春节等，亲

朋好友、街坊邻居、同事之间见面时，人们常常喜欢以拱手为礼，以表祝愿；为欢庆节日而举行召开的团拜会上，大家欢聚一堂，互相祝愿，也常用拱手礼以表敬意。二是凡遇婚礼、生日、庆功等喜庆场合，来宾也可以向新郎、新娘及其父母，或向寿星和当事人等行拱手礼，表示祝贺。三是当双方告别、互道珍重，或向对方表示歉意等时，也可行拱手礼。拱手致意时，往往与寒暄语同时进行，如可以说："久仰，久仰！""请多多关照""后会有期"等。

③ 拱手礼的优越性。拱手礼的优越性表现在三个方面。一是干净卫生。因为人的手每天都要接触各种各样的东西，无法时时保持手部干净卫生，一旦遇到有传染病的熟人，当对方热情地伸出手时，你虽然心里恐惧，但碍于情面可能也不得不"舍命陪君子"。如果双方行拱手礼，就不至于遇到这样的尴尬了。二是方便。当多位客人同时到访时，主人用拱手礼表示欢迎，可以避免一时应接不暇或者出现厚此薄彼的场面。三是灵活机动。拱手礼不受行礼距离的约束，在较远处或较大范围内都能起到施礼的效果。

（6）鞠躬礼。鞠躬即弯腰行礼，主要起"弯身行礼，以示恭敬"的作用，是表示对他人敬重的一种郑重的礼节。鞠躬不仅是我国的传统礼仪之一，也是很多国家常用的礼仪，尤其在中国、日本、韩国等东亚国家，人们经常行鞠躬礼。鞠躬一般是下级对上级或同级之间、学生向老师、晚辈向长辈、服务人员向宾客表达由衷敬意的一种礼节。行鞠躬礼时，应采取立正姿势，脱帽，双目注视受礼者，面带微笑，以腰部为轴，整个肩部向前倾 15° 以上（具体视行礼者对受礼者的尊敬程度及行礼情境而定，下弯的幅度越大，所表示的敬重程度就越大），目光也随之自然下垂，表现出一种谦恭的态度。行礼时，可以同时问候："您好！""早上好！""欢迎光临！"等。鞠躬礼毕，直起身时，双目还应有礼貌地注视对方，使人感到鞠躬动作的诚心诚意。鞠躬时，脖子不可伸得太长，不可挺出下颌；下身保持正确的站立姿势，两腿并拢；双目注视对方的胸部，视线随着身体向下。切不可撇开两腿，随便弯一下腰或只往前探一下脑袋当作行礼，这是对受礼者的不尊重。生活中应该避免一面鞠躬一面抬眼看对方。

男性在鞠躬时，双手自然下垂，贴放于身体两侧裤线处；女性则将双手轻搭在腹前。长辈、上级、老师、宾客等受礼者可不鞠躬还礼，而用欠身、点头、微笑致意以示还礼，其他人应以鞠躬礼相还礼。不同的鞠躬角度表达不同的意思。15° 鞠躬礼，在对交际对象进行礼貌性问候及打招呼时使用，如图 7-4 所示。向交际对象表示感谢时，可行 30° 鞠躬礼，如图 7-5 所示。此外，当向交际对象表达歉意时，可行 45° 鞠躬礼。

图 7-4

图 7-5

（7）合十礼。在东南亚、南亚信奉佛教的地区以及我国傣族聚居区，合十礼最为普遍。行合十礼时双手十指在胸前相对合，五指并拢向上，指尖和鼻尖基本持平，手掌向外侧倾斜，双腿立直，上身向前微倾低头，可以口诵祝词或问候对方，亦可面带微笑，但不准手舞足蹈，反复点头。一般而言，行此礼时，合十的双手举得越高，越体现出对对方的尊重，但原则上不可高于额头。

（8）拥抱礼。在西方，特别是在欧美国家，拥抱礼是十分常见的见面礼，人们不但在道别时采用，而且在表示慰问、祝贺、欣喜时也十分常用。正规的拥抱礼，讲究两人正面相对站立，各自举起右臂，将右手搭在对方左肩后面；左臂下垂，左手扶住对方腰的右后侧。首先各向对方左侧拥抱，其次各向对方右侧拥抱，最后再一次各向对方左侧拥抱，双方可以视对方感受决定是否在拥抱的同时贴面。其实在中国比较流行的是拥抱，即两人相对站立，伸开双手，将右臂举起扶着搭在对方左后肩上，然后用左手从对方右肋环抱至背后，两人头部及上身同时向左相互拥抱，用手轻轻拍对方背部几下，以表示问候之情，拍背 3 ～ 5 下后分开。

（9）亲吻礼。亲吻礼也是西方国家常用的见面礼，有时它会与拥抱礼同时使用，一般用于长辈与晚辈之间。施礼时，长辈亲吻晚辈的脸的一侧或两侧；晚辈可用双手搂抱长辈的颈部，或双手下垂亲吻长辈的脸颊。关系亲近的女性之间也可采用亲吻面颊的礼节，两人同时亲吻对方的面颊右侧、左侧，或只亲吻一侧。长辈对晚辈也可亲吻额头，亲额头的中间部位。异性、同性之间，也可采用贴面颊的礼节。施礼时，两人的面颊相贴，顺序是先右后左。

接吻，即吻嘴唇，仅限于夫妻与恋人之间，不宜滥用，不宜当众进行。此礼节在法国、意大利等国家颇为流行。我方人员与外国朋友见面时，一般不施吻礼。如对方执意亲吻，且无恶意，可贴一下对方的面颊。

小贴士

亲吻礼的由来

据说，古罗马严禁妇女饮酒。丈夫外出（多是作战）归来，会先凑到妻子嘴边闻一闻，检查一下妻子是否饮酒。后来这种习惯沿袭下来，就成为夫妻见面的第一道礼。久而久之，亲吻礼逐渐演变成夫妻见面时表示亲昵、爱抚的一种礼节。

（10）吻手礼。吻手礼由维京人（生活在 8—10 世纪）发明，维京人有一种风俗，就是向他们的日耳曼君主“手递礼物”，“吻手礼”也就随之出现。当今吻手礼主要流行于欧美国家。它的做法是：男士行至已婚妇女面前，首先垂手立正致意，然后以右手或双手捧起女士的右手，俯首以自己微闭的嘴唇，去象征性地轻吻一下其手背或手指。行吻手礼的地点以在室内为佳。吻手礼的受礼者，只能是妇女，而且应该是已婚妇女。

小贴士

飞吻礼

飞吻是对源于欧洲的贴面礼节的成功演绎。这种吻看起来有些表演性，在咖啡厅、画廊、机场、饭店、办公室、小商店、电影院、人行道——凡是人们进行交往和会面的地方，都很容易见到他们的飞吻。进行交际性飞吻时，你根本不用让嘴唇去碰对方的面颊，脸贴脸就更不必了。只需吻自己的手，再做抛掷给对方状，以示情爱（或欢迎、喜悦）就可以了。

小训练

两人一组，训练标准的握手姿势，并说出握手的禁忌。

课后练习

1. 称呼有哪些类型？
2. 应如何对他人进行问候？
3. 怎样进行自我介绍？
4. 怎样进行居间介绍？
5. 接受介绍时应注意哪些礼仪？
6. 集体介绍应注意哪些礼仪？
7. 设想几种不同的社交场景，如何根据交往对象的不同进行称呼？
8. 分组练习向老年服务对象做自我介绍和为老年服务对象做介绍，交换角色并重复练习。
9. 针对以下情景回答问题。

情境：牛爷爷，81岁，居住在北京某小区。思维清晰，身体欠佳，需专人护理。小区对门搬进一户人家，主人张爷爷和牛爷爷年龄相仿。专门护理牛爷爷的小王陪牛爷爷下楼时，在电梯口遇到张爷爷。在这种情形下，小王理所当然地为两位老人做起了介绍。

问题：小王该如何为牛爷爷和张爷爷进行介绍？在为两位老人介绍时，尤其应注意哪些问题？

10. 针对以下情境回答问题。

情境：刘爷爷，75岁，设计院退休工程师，退休前主要研究机械制造。小张，设计院在职职工，与刘爷爷熟识。小张的好友小王要随他去刘爷爷家，请教专业方面的问题。

请问：作为引见者，小张应如何给刘爷爷和小王双方进行介绍？在具体介绍的过程中，应注意哪些细节？

11. 案例分析

“刘工”

刘爷爷，82岁，退休工程师。有轻度老年认知障碍，能认识家人，对外人辨识度较低，能与人进行基本交流。家人照护困难，现已入住某智慧康养机构。小张作为机构的工作人员，负责照顾刘爷爷。第一次见面，为了展示对刘爷爷的尊重，增进亲切感，小张大声对刘爷爷说：“刘工，您好！”可刘爷爷听到了，几乎没什么反应。为此，小张有些失落。

思考题：

（1）刘爷爷为什么对“刘工”的称呼没有明显反应？

（2）在与刘爷爷沟通时，小张应如何恰当使用称呼？

打招呼

今年，某知名高校医学院毕业生小马回到家乡的医院，成为该医院老干部门诊的一名医生。小马性格外向开朗，每次问诊时，除了一般性的工作语言之外，还愿意主动与老人们聊天。某天，某位退休老干部过来就诊，小马看见老人过来，面带微笑大声招呼：“哎，来啦，这边请。”

思考题：

（1）案例中的小马有什么不当之处？请指出。

（2）怎样与老年人打招呼？

服务中心的门卫

某智慧康养服务中心护理部主任王女士性格比较随和，与服务中心门卫相处得较好，平时进出服务中心大门时，门卫都以“王姐”称呼王女士，王女士对此感觉比较亲切。某日，门卫看见王女士一行人，又热情地打招呼：“王姐好！几位大姐、大哥好！”随行的香港客人诧异地看了看王女士和门卫后尴尬地点头回应，其中一位客人皱起了眉头。

思考题：

（1）为什么门卫平时亲切的称呼，在这时却让几位中国香港客人感到诧异甚至不悦？

（2）门卫的称呼有何不妥？门卫应该如何称呼王女士？

握　手

在一家大型智慧康养机构的会议室里，一场智慧康养服务人员的招聘会马上就要召开了。有十位应聘者坐在会议桌的一侧，等待公司招聘考官的到来。在这十位应聘者中，除小李来自国内某知名大学外，其他人都是普通大学或职业技术学院的毕业生。这时，公司人力资源部总监大步来到会议室，径直走向应聘者的座位。他先同求职者进行目光接触，然后微笑，同时伸出右手与应聘者握手。当该总监走到小李面前时，小李坐在椅子上也微笑着伸出手来致意。第一次面试后，有 50% 的人落选了，小李也在其中。小李有些想不通，他凭学校的品牌和现场沟通能力，自我感觉不错，为什么会落选呢？

思考题：

（1）小李为什么会落选？你能帮他找找原因吗？

（2）智慧康养服务人员在握手时应注意哪些事项？

12. 实训项目

见面场景模拟训练

实训目标：熟练、规范地运用见面的各种礼节进行交际。

实训学时：1 学时。

实训地点：实训室。

实训方法：3 ～ 5 人为一个小组，每组设计一个见面场景，将称呼、问候、介绍、握手等见面礼仪连贯地演示下来，学生对各组的表演进行评价，最后教师总结。

表演之前，每组应就设计的场景和成员的角色进行说明。

项目8　通联礼仪

学习目标

知识目标

（1）明确与老年人交谈的特点。

（2）明确接打电话的语言要求，掌握接打电话的礼仪规范。

（3）掌握微信的礼仪规范。

能力目标

（1）能够与交际对象得体的交谈。

（2）礼貌地使用电话（手机）与交际对象进行沟通。

（3）能够与老年人规范地进行电话交流。

（4）熟练使用微信、电子邮件等网络沟通工具。

素质目标

（1）规范自身言行，提升表达能力与人际沟通能力。

（2）尊重他人的观点、感受和需求。

（3）提升个人礼仪修养，培养恭敬、谦和的社交态度，塑造礼让、文雅的社交形象。

案例导入

善于与老人交谈的小王

小王在A养老机构工作已3年，深受老年人的喜爱。小王在平时工作中，每次见到老年人都热情地与他们打招呼，亲切地和他们交谈，有时遇到侃侃而谈的老年人，小王就是耐心的倾听者；有时遇到老年人不出声，小王也能知道老年人的心理状态，找到话题和他们聊天；有时老年人情绪波动激烈，小王便一言不发，通过抚摸、拥抱来安慰老年人。小王在做经验分享时说："与老年人相处，要用心观察他们，掌握老人的特点，在此基础上正确地与之沟通，才能赢得老人的心。"

思考题：

（1）你赞同小王的"经验分享"吗？为什么？

（2）在智慧康养服务中应怎样与老人交流？

任务8.1　交谈礼貌文明

交谈是人们之间交流思想和表达感情最直接、最快捷的途径。在人际交往中，因为不注意交谈的礼仪规范，或用错了一个词，或多说了一句话，或不注意词语的色彩，或选错话题，导致交往失败或影响人际关系的事时有发生。因此，智慧康养服务人员在工作中必须遵循一定的交谈礼仪规范，才能达到与服务对象、交际对象交流信息、沟通思想、增进友情的目的。

1. 老年人交谈的特点

老年人是特殊群体，其说话方式具有一定的特点。智慧康养服务人员必须对此有清楚的了解和准确的把握，才能有的放矢，提高与老年人交谈的效果，提高智慧康养服务质量。

微课

（1）老年人发声的特点。通常人们发出的声音需要经过肺部、支气管，再引起喉头的振动，最后由鼻腔或口腔控制发声位置。而语言还需受到大脑语言中枢的控制，通过后天习得而熟练掌握。老年人随着年龄增大，发声器官也随之发生退行性变化。如老年人肺泡壁会越来越薄，肺部组织的弹性逐渐下降，肺活量也因此减少，老年人表达时很容易通过提高呼吸频率来增大肺活量，就会显得气喘吁吁，同时气流通过肺部的量不足，喉头颤动不足，老年人的吐字发声也越来越模糊。再有老年人的发声器官组织结构也在改变，声带黏膜上皮层变薄、中层弹力下降、深层胶原纤维数量增加等，导致老年男性音调上升、老年女性音调下降，音域变窄，音量减弱，声音颤动，不易控制等。

（2）老年人的听力特点。通常，声音要经过外耳道引起 3 块听小骨的机械振动，最后声音通过中耳的蜗窗，进而被人们感知。老年人的耳蜗基底膜会不断增厚、变硬，即便耳蜗毛及神经没有损伤，老年人的内耳毛也会随着年龄增大而死亡，因此老年人的听力会逐渐下降，出现耳背的情况。还有一些老年人因为患有糖尿病、高血脂等慢性疾病，而引发双侧对称性神经性耳聋。因此，在沟通中，老年人接收的信息有限，很可能是因为他们根本无法听到信息。

小贴士

（3）老年人的表达特点。老年人的表达特点主要体现在以下几个方面。

① 吐字不清。老年人由于反应速度和发声组织的退化，在表达自己意愿时常会吐字缓慢或含糊不清。有一部分的语言中枢神经由于老化或因疾病堵塞、受损，甚至会出现一些语言障碍。

小案例

张爷爷有语言障碍

张爷爷，65 岁，最近两天说话开始说不清楚，心里都明白，但就是表达不出来。家属带张爷爷去医院做了 CT，发现张爷爷由于脑梗死导致语言中枢受损。家属和张爷爷都很着急，张爷爷一遍遍咿咿呀呀地表达，家属却一个字也不能理解，一次次追问，最后气得张爷爷把拐杖扔了出去。

对于吐字缓慢、含糊不清的老年人，沟通者要给予足够的耐心，不要焦躁追问，而是尝试用一些替代性物品，如纸、笔等，来探索老年人要表达的含义，或表述："张爷爷，您是说您需要这个水杯喝水，对吗？"然后观察老年人的肢体动作。

② 词不达意。因为老年人的反应速度和表达速度出现间断，有时表达出来的词和真实想表达的意思南辕北辙。如"小张啊，把我的遥控器给我"，可老年人却伸手指向自己的杯子。这时，沟通者要和老年人确认一次是否想要杯子。

③ 随机听取。首先让我们来看下面的"小案例"，体会老年人随机听取的表达特点。

小案例

王奶奶选择内容听

王奶奶，70岁，身体健康，时常在小区里遛弯。这天，社区工作者小王看见了王奶奶，便走上前去说：“王奶奶，您又在遛弯呢！这几天社区要进行人口普查了，到时候我们会上门拜访您！”

王奶奶看着小王，把脸转向一侧说：“你说啥？”

小王小声自言自语：“这老奶奶，耳朵真背。”

“你耳朵才背呐！”王奶奶不高兴地说道。

上面案例中的情况时有发生，一些老年人被认为具有选择性听取内容的特点，说自己不好的事一听一个准，说其他的事却表现得时而听到，时而听不到。其实这是对老年人的误解。因为老年人的听力下降，原因很多，而单纯地放大音量并不能百分之百被老年人接收，这是因为声音的基频也很重要。比如一些老年人由于疾病的因素，中、高频区听力受损。其生物机理主要是靠近耳蜗基底膜的对高频刺激高敏感性的毛细胞受损，从而使神经冲动在听觉通路的传导受阻，一般人说话时基频范围为100～300 Hz，男声较低，女声和童声较高，这就可能导致老年人听不到一些高频的声音。

④ 回想困难。回想困难与老年人记忆能力退化有关。一般地，老年人的记忆能力退化分为两种情形：一种是随着年龄增长的生理性健忘，会出现忘却承诺而失约的现象。另一种是病理性健忘。前者是老年人脑功能衰退的表现，是老人的常态表现。这样的老人虽然记忆力下降，但是对时间、地点、人物关系和周围环境等的认知能力丝毫未减。他们不仅能料理自己的生活，有时还能照顾家人。后者是病理性的脑器质性智能衰退，这样的遗忘是完全恶性的，对事情会回想困难，显得木然，随着病情加重，他们会逐渐丧失生活自理能力。

对于这样的老年人，智慧康养服务人员在与之沟通后，要再次和老年人确认，或者当事情出现时，可以通过回访帮助老年人兑现之前的承诺。

小案例

健忘的张爷爷

张爷爷，70岁，入驻智慧康养机构3年，是机构的文艺骨干。近日，机构里准备举办元旦晚会，便由沟通者小崔告知张爷爷今天下午排练的时间和地点。到了约定时间，张爷爷并没有如约而至。小崔找到张爷爷，张爷爷才想起有这么回事，中午孙子来看望他，一高兴就把这事儿给忘了。

对于张爷爷这类老年人，智慧康养服务人员在与其沟通时要注意用联想的方法帮助老年人记忆，可以多次提醒和确认。

小案例

帮助李奶奶回忆

李奶奶在患阿尔茨海默病初期，经常忘记事情，社会工作者带领李奶奶在记忆力训练室训练，指着墙上的日历问道："李奶奶，您看今天是星期几？"

李奶奶想了很久也未答出，社会工作者又提示道："李奶奶，每个星期几您大孙子来看您？"

"星期六啊，明天就来喽！"

"哦，那李奶奶今天是……"

"星期五。"

"对啦，你真棒！"

2. 智慧康养服务人员与老人说话交流的技巧

（1）态度尊重、宽容。智慧康养服务人员在态度上要体现对老人的尊重和宽容，这是与老人交谈的前提。

① 尊重。被尊重是老年人最基本的心理诉求。经历了人生的风风雨雨，老年人有自己的处世哲学，也希望自己能够受到尊重。尊重是老年服务沟通双方达成良好互动关系的基础。

首先，智慧康养服务人员在与老年人沟通时要尊重老年人的生活习惯。如某智慧康养机构里住着一对老年夫妇，他们一生生活穷苦，已经习惯勤俭节省，生活艰苦朴素，花钱精打细算，他们的儿子经商有方，家庭富裕起来，消费观念也变得非常超前，周末接老人出去吃饭，吃剩下的饭菜也不让老人打包，认为这样丢人。儿子跟智慧康养机构的工作人员说，为了老人的居住环境整洁和卫生，要求将老人屋里一些破旧的东西都丢掉，也反对老人吃隔夜剩菜，到智慧康养机构看望老人时，常常指责老人的一些生活习惯，时间长了老人非常不满，跟儿子的关系变得很紧张。智慧康养机构的工作人员并没有按照老人儿子的要求去干涉两位老人的生活习惯，而是对老人的儿子进行劝说。

其次，智慧康养服务人员更应尊重老年人的情感需求，这是进行语言沟通的最终目的，除了信息的交流，还应该达成情感的交流，在生活照护和护理服务过程中给予老年人悉心照顾的同时，还要照顾到他们的情感需求，让他们感觉被尊重和珍视。

最后，要在养老服务沟通过程中善用尊称和敬语。养老服务沟通是与老年人打交道的过程，在这个过程的初始，老年人对别人怎么称呼自己是比较在意的，准确的称呼和恰到好处的敬语表达集中体现了对老年人的尊重和友好，不恰当的称呼和不尊敬的语言会让老年人感觉不快，影响服务的品质和服务对象的感受。小黄在出差途中，与邻座的一位老大爷聊天。言谈中他问道："哎，你多大了？"老人听了没好气地说："三岁！"小黄听了十分尴尬，双方的交流也由此中断。小黄对老大爷没有恰当称谓，也未使用敬语，本该问："您老人家高寿？"却用了不恰当的问法，从而引起老大爷的不快，造成沟通的中断。可见，尊老敬老首先就体现在如何称呼老年人上，比如"老爷爷""老奶奶""老大爷""老大妈""老人家"等以"老"字开头的称谓是一种尊称，而如果双方较为熟悉，"大妈""大叔""阿姨""叔叔"等称谓，能迅速拉近双方关系。但是如何称呼和使用敬语还要视老年人的喜好而定，有些老年人有一定的社会地位又比较认真，那么应该使用敬称，体现敬意和尊重，而有的老年人并不喜欢别人强调自己的"老"。志愿者小婷曾经陪伴 70 岁的服务对象李大爷上街买菜，卖菜的小摊贩主动招揽生意："大爷，您需要买什么蔬菜吗？"一连几个小摊贩都这么招呼，李大爷连看都不看，扭头就走了。小婷对李大爷的反应有些不解。这时候，有个摊主这么问："大哥，您买些什么当晚饭呀？"李大爷满脸笑容地走过去，在他那里买齐了蔬菜瓜果。后来李大爷告诉小婷，他就是不喜欢别人说他"老"，叫"大哥"的话听起来舒坦。由此可见，并不存在一个放之四海而皆准的称呼标准。因此智慧康养服务人员在与老年人沟通时，应该在理解和尊重的基础上约定一个双方都认可的称谓和敬语使用方式，或者在初次见面时，可以征求老年人的意见，以他们的偏好为主，确定称谓和口头敬语，以促成良好互动和沟通关系的建立。

② 宽容。老年服务工作者会面对各种性格的老年人，有一位护理人员因为受不了老年人的百般挑剔，与老年人争吵起来，当被问到原因时，他的回答是因为两人的观念不同。如果这位护理人员能以宽容的态度去与那位老年人交流，也许双方不会发生争吵。对于老年人的不同意见，在口头上予以宽容，明确提出问题来，双方开诚布公地展开分析和讨论。如果老人说出了他认为护理人员做得不对的地方，那么护理人员应以宽容的态度感谢老人的提醒，这会让老人觉得自己被重视和尊重。如果老人的指责并不合理，那么可以提醒他这个指责并不公平，同时心平气和地进行解释，澄清相互之间的真实想法，消除误解。

在语言沟通中，不论是以口头还是书面的形式，服务人员的宽容态度都应体现在用语中，服务人员应承认老年人不同的看法，不忙于加以否定。宽容老年人在沟通中带有不良情绪，以真诚的态度化解老年人的不良情绪，赢得老年人的理解。

小案例

善于与老年人交谈的护理员

在某智慧康养机构中，养老院护理员小周在花园里遇见了78岁的王奶奶，王奶奶正眯着眼睛坐在椅子上晒太阳。她热情地上前打招呼："王奶奶好！您在晒太阳呢？"王奶奶笑呵呵地说："是啊，人老了容易缺钙，要多晒太阳。"小周又问道："最近吃饭怎么样？"王奶奶说："蛮好的！""最近食堂的伙食不错。"小周接着问道："您最近按医生的话吃药了吗？"王奶奶回答说："太麻烦了！每天要吃一把药，吃得我都想吐。再说，我这点病不算什么！没事的。"小周紧张了："奶奶！这些药都是医生根据您的情况开的，要按时吃药，特别是高血压药，不然很危险！"王奶奶说："没那么严重！我这病已经十几年了，我知道自己的情况，你看，我这不是好好的吗？"小周蹲下来，摸着王奶奶的手，端详了一下王奶奶后说道："奶奶！您这几天睡得好了吗？""不太好！感觉睡得不踏实。""我看您眼睛有点红。这样吧，我给您量一下血压，好吗？"两个人一起到医务室量血压。"奶奶！您的血压又高了，难怪您没睡好。为了您的身体，我们一起去找谢医生看看，好吗？"王奶奶面带愧意地点点头……

可见，在日常生活中，所谓与老人说话交谈就是运用口头语言同老人聊天。这种聊天，是围绕老人的生活与健康，围绕着老人的特点来进行的。案例中的小周在与王奶奶交流中，表现出来的交谈态度、责任心、观察力与沟通能力值得我们学习与借鉴。

（2）讲究语言技巧。语言作为人类的主要交际工具，是沟通不同个体心理的桥梁。交谈的语言技巧包括以下几个方面。

① 准确流畅。智慧康养服务人员在与服务对象交谈时，如果词不达意、前言不搭后语，很容易被老人误解，达不到交际的理想效果。因此在表达思想感情时，应做到口音标准、吐字清晰，说出的语句应符合规范，避免使用似是而非的语言。应去掉过多的口头语，以免使语句不连贯；语句停顿要准确，思路要清晰，谈话要缓急有度，从而使交流活动畅通无阻。

语言准确流畅还表现在容易让老人理解，因此，智慧康养服务人员在与老人进行交流的过程中，要有意识地避免使用可能会产生误会和交流障碍的流行语和网络语言，以及让老人听起来会因为一知半解而感到恐慌的专业医学术语，尽量使用生活化的语言、没有歧义的口头语言和老年人听得懂的语言。

小案例

“醉了”

在某社区，一位独居老人给孙子打电话，孙子正驾着车在回家的路上，他问孙子是否快到家了，孙子说还没有，同时说了一句“这个路段塞车塞成这样我也是醉了”，然后就急匆匆地挂了电话。老人家听孙子这么一说，着急得不得了，找到社区服务中心的工作人员，询问能否带他去找孙子，因为他以为孙子喝醉了酒还在开车。社区服务中心的工作人员安慰他别着急，问他刚才孙子是怎么说的。当老人家把孙子的话复述给社区工作人员的时候，大伙儿笑了，跟老人家说：“别担心，这是年轻人的语言，意思是说塞车塞得很无奈。”老人家还是将信将疑，等到再次拨通孙子的电话确认“醉了”的意思后，他才放心。

② 词汇丰富。智慧康养服务人员要想把话说好、说贴切，充分发挥口头语言的达意功能，还要有丰富的词汇储备，只有在这个基础上才能精心选择最确切、最恰当的词汇，正确地反映客观事物，真切地表达自己的思想感情。为此，智慧康养服务人员就要努力学习词汇，掌握丰富的词汇以及成语、格言、歇后语、惯用语、谚语等，并以它们为原料，根据不同场合的需要，精心加以选用，增强说话的艺术效果。试想一说起话来就没词，颠来倒去就是那几句话，没有一点生动活泼的语言，难免让人觉得枯燥无味、味同嚼蜡。

③ 清亮圆润。智慧康养服务人员在说话交谈时要做到发音发声音色优美，如黄莺般清凉、朝露般晶莹圆润，善于变化，富有磁性，富有艺术魅力，令人心情舒畅。这是针对说话交谈提出的进一步要求，是使日常用语艺术化，从而达到最佳的表达效果。为此首先要注意声音的情感变化，说话内容庄重，就应该用严肃的声音；内容平和，就应该用舒缓的声音；情感悲切，就应该用沉郁的声音；情感亢奋，就应该用高亢的声音；情感急骤，就应该用短音；情感惬意，就应该用长音。其次要自觉克服大喊大叫、漏气、带有喉音、鼻音太重和发音抖动等毛病，正确使用呼吸器官和共鸣腔，加强对声音的控制能力，使呼吸、声带闭合与咬字协调起来，从而达到声音和谐、适度、清亮、圆润的目的。

④ 热情自然。热情是对表达内容的兴奋之情或激情，使声音听起来富有表现力。表现力是热情的最大的信号，通过改变音高、音量、语速等使声音与语言内容、思想情感相吻合，使听众更容易理解，能让听众清晰感知表达者语义上的细微差别。反之，完全缺乏热情，便会造成声音单调，这会使交流的气氛沉闷压抑，使听众昏昏欲睡。热情的声音就好像是一盆火，听众即使是一块冰也会被烤化。自然意味着当我们在讲话时对语言的内容和意图要有回应，使语言富有活力、真实。智慧康养服务人员要想做到声音自然，熟悉语言内容至关重要，且不能死记硬背语言内容，学会自然地表述语言内容，使它听起来好像讲话者在用心考虑语言内容和他的听众。“宁要自然的雅拙，也不要做作的乖巧。”卡耐基认为，声音自然，才能把意念表达得更为清楚、更为生动；否则，难以引起对方的共鸣。

小案例

⑤ 委婉表达。交谈是一种复杂的心理交往过程，人的微妙心理、自尊心往往在其中发挥着重要的支配作用。因此，智慧康养服务人员在说话交谈中，对一些只可意会不可言传的事情、老年人回避忌讳的事情、可能引起老人不愉快的事情，不能直接陈述，只能用委婉、含蓄、动听的话去说。常见的委婉说话方式有：避免使用主观武断的词语，如“只有”“一定”“唯一”“就要”等不带余地的词语，要尽量采用与人商量的口气；先肯定后否定，学会使用“是的……但是……”这个句式，把批评的话语放在表扬之后，就显得委婉一些；间接地提醒他人或拒绝他人。

小案例

卖便壶

相传，有父子俩冬天在镇上卖便壶（俗称“夜壶”，旧时男人夜间或病中卧床小便的用具）。父亲在南街卖，儿子在北街卖。

不一会儿，儿子的地摊前有了看货的人，其中一个看了一会儿，说道：“这便壶大了些。”儿子马上接过话说：“大了好哇！装得多。”那人听了，觉得很不顺耳，便扭头离去。

在南街的父亲，当听到一个老人自言自语地说“这便壶大了些”后，马上笑着轻声接了一句：“大是大了些，可您想想，冬天夜长啊！”顾客听罢，会意地点了点头，买走了便壶。

可见，儿子一句话搞砸了生意，父亲一句话却赢得了生意。这也揭示了交谈中委婉含蓄的表达的重要性。

⑥ 掌握分寸。智慧康养服务人员与人谈话，要做到收放自如、张弛有度，不嘲弄，把握“度”；谈话时不要唱“独角戏”，夸夸其谈，忘乎所以，不让别人有说话的机会；说话要察言观色，注意对方情绪，对方不爱听的话少讲，一时接受不了的话不急于讲。开玩笑要看对象、性格、心情、场合，一般不随便与女性、长辈、领导开玩笑，不与性格内向、多疑、敏感的人开玩笑；当对方情绪低落、心情不好时不开玩笑；在严肃的场合、用餐时不开玩笑。

⑦ 幽默风趣。交谈本身就是一个寻求一致的过程，在这个过程中常常会出现不和谐的地方，从而产生争论或分歧。这就需要智慧康养服务人员幽默风趣地随机应变，凭借机智消除障碍，化解尴尬局面，增强语言的感染力。幽默风趣是建立在说话者高尚的情趣、较深的涵养、丰富的想象、乐观的心境、对自我智慧和能力充满自信的基础上，它不是耍小聪明或“卖嘴皮子”，它应使语言表达既诙谐，又入情入理，应体现一定的修养和素质。

小故事

“还没插秧呢！”

有一次，梁实秋的幼女文蔷自美返台探望父亲，他们便邀请了几位亲友，又到“鱼家庄”饭店聚餐。酒菜齐全，唯独白米饭久等不来。经一催再催之后，仍不见白米饭的踪影。梁实秋无奈，待服务小姐入室上菜之际，戏问曰：“怎么饭还不来，是不是稻子还没收割？”服务小姐眼都没眨一下，答道：“还没插秧呢！”本是一个不愉快的场面，经服务小姐这一妙答，举座大乐。

（3）使用礼貌用语。《福布斯》杂志曾经刊登过一段话：语言中最重要的五个字是“我以您为荣”，最重要的四个字是“您怎么看”。最重要的三个字是“麻烦您”，最重要的两个字是“谢谢”；最重要的一个字是“您”。那么，语言中最次要的一个字是什么呢？是“我”。因为把别人放在心上，才是最重要的。用语礼貌，是把别人放在心上；用语礼貌，是人类文明的标志；用语礼貌，是全世界共同的心声。用语礼貌不仅会得到人们的尊重，提高自身的信誉和形象，而且对自己的事业也会起到良好的促进作用。

在我国，政府有关部门向市民普及文明礼貌用语，基本内容为十个字：“请”“谢谢”“你好”“对不起”“再见”。在广泛的社会交往中，日常礼貌用语远不止这十个字，归结起来，主要可划分为如表 8-1 所示的几个大类。对这些礼貌用语，智

小贴士

慧康养服务人员在工作中要常用不懈，甚至说要挂在嘴边，因为这不但体现对老人等交际对象的尊重，还展现了智慧康养服务人员良好的个人修养。

礼貌用语一览表见表 8-1。

表 8-1 礼貌用语一览表

序号	礼貌用语类型	举例
1	问候用语	您好！各位好！女士好！ ××先生好！ ××主任好！早上好！中午好！下午好！晚安！各位下午好！ ××经理早上好
2	欢迎用语	欢迎！欢迎光临！见到您很高兴！恭候光临！ ××先生，欢迎光临！欢迎再次光临！欢迎您又一次光临本店
3	送别用语	再见！回头见！慢走！走好！欢迎再来！保重！一路平安！旅途顺利
4	请托用语	请稍候！请让一下！劳驾！拜托！打扰！请关照！请您帮我一个忙！劳驾您替我看一下这件东西！拜托您为这位女士让一个座位
5	致谢用语	谢谢！ ××先生，谢谢！谢谢，××小姐！谢谢您！十分感谢！万分感谢！多谢！有劳您了！让您替我们费心了！上次给您添了不少麻烦
6	征询用语	您需要帮助吗？我能为您做点什么？您需要点什么？您需要哪一种？您觉得这件工艺品怎么样？您不来一杯咖啡吗？您是不是很喜欢这种方式啊？你是不是先来试一试？您不介意帮助您吧？您打算预订雅座，还是散座
7	应答用语	是的。好。很高兴能为你服务。好的，我明白您的意思。请不必客气。这是我们应该做的。请多多指教。过奖了。不要紧。没关系。不必，不必。我不会介意
8	赞赏用语	太好了！真不错！对极了！相当棒！非常出色！您真有眼光！还是您懂行！您的观点非常正确，看来您一定是一位内行。哪里，哪里，我做得还很不够。承蒙夸奖，真是不敢当。得到您的肯定，的确让我们很开心
9	祝贺用语	祝您成功！一帆风顺！心想事成！身体健康！生意兴隆！全家平安！节日快乐！活动顺利！新年好！春节快乐！生日快乐！旗开得胜，马到成功
10	推脱用语	您可以到对面的商场去看一看。我可以为您向其他专卖店询问一下。下班后我们酒店还有其他安排，很抱歉不能接受您的邀请
11	道歉用语	抱歉。对不起。请原谅。失礼了。失言了。失陪了。失敬了。失迎了。不好意思，多多包涵。很惭愧。真的过意不去

小贴士

禁止不文明语言

与人交谈，使用礼貌语言的同时，还要拒绝不文明的语言。不文明语言示例详见表 8-2，这些语言都不宜采用。

表 8–2　不文明语言示例

粗话	为了显示自己为人粗犷，出言必粗，把爹妈叫“老头儿”“老太太”，称年轻女士为“小妞”，把吃饭叫“撮一顿”，实际上社交中使用这种粗话是很失身份的
脏话	讲脏话，即口带脏字，讲起话来骂骂咧咧，出口成“脏”；讲脏话的人，非但不文明，而且自我贬低，低级无聊
黑话	黑话，即流行于黑社会的行话，讲黑话会令人反感厌恶，难以与他人进行真正的沟通和交流
荤话	荤话，即说话者把艳事、绯闻、男女关系之事挂在口头，说话“带色”“贩黄”，不仅表明说话者品位不高，而且对交谈对象也不够尊重
怪话	有些人说话或怪里怪气，或讥讽嘲弄，或怨天尤人，或黑白颠倒，或耸人听闻，专要以自己的谈吐之“怪”而令人刮目相看；爱讲怪话的人，难以令人对其产生好感
气话	气话，即说话时闹脾气、泄私愤、图报复，大发牢骚，指桑骂槐；在交谈中说气话，不仅无助于沟通，而且还容易伤害人、得罪人
土话	交往对象若非家人、亲属，最好不用对方听不懂的方言、土语；方言、土语对不懂的人来说是对对方的不尊重

（4）选择恰当的话题。所谓话题，是指人们在交谈中所涉及的题目范围和谈资内容。换言之，话题是一些由相对集中的同类知识、信息构成的谈话资料以及与其相应的语体方式、表述语汇和语气风格的总和。在与老人的交流中，智慧康养服务人员学会选择话题，就能使谈话有个良好的开端。

人进入老年后，由于生理、心理的退行性变化以及退休后角色地位、社会交往等方面的改变，比较容易产生忧郁、孤独和自卑等消极情绪。所以在和老年人沟通的过程中，提前了解老年人的人生经历，如老年人的籍贯、曾经从事的工作、家庭关系、兴趣爱好、人生观和社会观等，才能加深对老年人的了解，扩大话题范围。

与老年人沟通时，选择话题要注意以下几点。

① 多聊聊他们年轻的时候。老年人通常爱聊自己的过去，忆苦思甜是老年人最爱做的事情。如果老年人重复过去的事情，倾听者也不要感到无聊，其实认真倾听，也许会发现很多有趣的事情或让自己感动的事情。此外，如果老年人总是重复一个话题，说明那个事情对他个人来说非常重要，这时候智慧康养服务人员可以主动询问老年人当年的情况，老年人一定会非常热情地回应。

② 灵活运用家乡的话题。如果可以灵活运用老年人家乡的话题（如老年人家乡的旅游景点、名胜古迹、特产、风土人情等），那么对这位老年人来讲，就容易引出更有亲近感的话题或回忆往事的话题，为进一步加深沟通提供更广泛的话题。

③ 避免可能有风险的话题。对老年人不愿意触及的话题（如家庭不和、伤心的经历等），一定要根据谈话的时机和情境避开。如：“你有多少个子女？他们对你好不好？”“平时会不会有很多人来探望你？”“有没有回家过节？”等话题，需要根据一些日常线索提前对谈话者的情况进行初步预估，然后慎重选择，以免勾起悲伤的记忆，让他们陷入忧郁、孤独之中。老人如果主动与智慧康养服务人员谈论家庭里的琐事甚至是矛盾，智慧康养服务人员在不了解情况的时候妄下定论，对老年人的家务事进行评价，老年人会产生反感和抵触的情绪。

④ 避开老年人忌讳的话题。

小案例

神经科

在某医科大学附属医院神经科，一位新入院的老人问护士：“护士，神经科治的都是些什么病？”护士随口答道：“多了，都是些难治的病。”病人又问：“像我这样的病多久能治好？”护士不耐烦了，回答道：“你只管好好养病，问这么多干啥？没听说吗？神经科、神经科，活得少死得多，剩下一个傻呵呵。”这几句话对这位老年人来说无疑是晴天霹雳，使他感到求生无望，当晚就跳楼自杀了。

老年人的生活节奏和生活重心与年轻时已经不同，在心理上开始产生失落感和孤独感，也变得敏感，失去自信心，有时会觉得老了不中用了。加之身体机能的日益退化以及疾病的困扰，他们开始变得焦虑并缺乏安全感。因此，老年人会有更多的交谈禁忌，在一些话题上会表现得尤为敏感。作为智慧康养服务人员，在日常生活中与老年人的沟通是相当频繁的，语言沟通中的话题选择应尤为谨慎，比如否定老年人的能力，老年人忌讳被人当作没用的人，不想让人觉得自己老了就不中用了，老年人还是希望自己的阅历和见识能为年轻人提供参考和帮助，认为对自己能力的否定是一种无礼；比如谈论死亡，老年人对死亡有天然的恐惧，这是一种负能量，很多老年人得知自己患病后会以消沉的态度来逃避，因而老年服务工作者要传递信心和希望，除非情况特殊，否则尽量避免提及死亡话题。

（5）掌握倾听的艺术。在与老年人沟通中，很多智慧康养服务人员知道倾听的重要性，但却不知该如何倾听，如何在与老年人沟通中提取尽可能多的信息，分析老年人的真实需要。实际上，在与老年人的沟通过程中，听老年人及其亲属、朋友、邻居所说，是了解老年人的最基本的方法。但在倾听的过程中，会有来自环境、信息发送者和接收者等主观和客观的障碍会影响倾听效果，进而影响智慧康养服务工作的开展。所以，在与老年人进行交流的过程中，需要学习倾听的技巧，克服倾听的障碍，做到倾听“耳到、眼到、脑到、心到”。

倾听本身是尊重他人的表现，真正的倾听有助于智慧康养服务人员与老年人建立良好的关系，获得老年人的信任，满足老年人倾诉的愿望。但倾听要比简单地听要求更高，步骤更繁杂，需要理论的支撑和实践的积累。

① 要耐心。在对方阐述自己的观点时，应该认真地听完，并真正领会其意图。许多人在听的过程中，一听到与自己意见不一致的观点或自己不感兴趣的话题，就产生了强烈的抵触情绪。共鸣就禁不住打断对方或做出其他举动，致使他人思路中断、意犹未尽，这是不礼貌的表现。当别人正讲在兴头上时，不宜插话。如必须打断，应先示意并致歉后再插话；插话结束时，要立即告诉对方“请您继续讲下去”。聆听中还应注意自己的仪态，不应该流露出不耐烦、疲劳或心不在焉的情绪，因为这样会伤害对方的自尊心。

小案例

② 要专心。在听对方说话时，应该目视对方，以示专心。要真正了解对方，语言只传达了部分信息，所以还应注意说话者的神态、表情、姿势以及声调、语气等非语言符号的变化传递的信息，以便全面、准确地了解对方的思想感情。同时，以专注的目光表示认真聆听，对说话者来说也是一种尊重和鼓励，可以使其感到自己谈话的重要性和必要性。

③ 要热心。在交谈中，强调在对方谈话时目视对方，认真专心地去听，并不是说聆听者完全被动地、默默地听。经验告诉人们，在谈话时，如果对方面无表情、目不转睛地盯着自己，谈话者便会怀疑自己的仪表或讲话有什么不妥之处而深感不安。因此，聆听者在听取信息

后，为使对方感到你的确在听而非发呆，可以根据情景，或微笑，或点头，或发出“哦”“嗯”的应答声，甚至可以适时插入一两句提问，例如，“哦，原来这样，那后来呢？”“真的吗？”等。这样就能够实现谈话者与聆听者不断地交流，形成心理上的某种默契，使谈话更为投机。

小贴士

小训练

“首先是听，其次是倾听，最后才是讲话。”请说出你对这句话的理解。

任务 8.2　电话沟通礼貌高效

世界已经进入信息时代，人们之间的联系由于有了先进的通信工具而变得更加方便、准确和及时。过去人们通信主要是写信、拍发电报，现在不仅固定电话普及，而且手机、电子邮件、微信、微博等也都成为人际沟通的重要工具。当今，电话仍然是人们开展社交活动不可或缺的通信工具之一，智慧康养服务人员应掌握使用电话的礼节与技巧，主要包括以下几个方面。

1. 电话语言要求

目前大部分电话能传输的信号是声音，而这一信号却包含着许多信息。说话人想做什么、要做什么，是高兴还是悲伤，以及对另一方的信任感、尊重感，彼此都可以清晰地得知。这些都取决于电话的语言与声调。因此，电话语言要求礼貌、简洁和明了，以便准确地传递信息。

（1）态度礼貌友善。使用电话交谈时，不能简单地将对方视作一个“声音”，而应看作是面对一个正在交谈的人。尤其是对办公人员、服务人员来说，其面对的是组织的一名公众，如果双方是初次交往，那么，这样一次电话接触便是你给公众的第一次“亮相”，应十分慎重。因此，在使用电话时，多用肯定语，少用否定语，酌情使用模糊语；多用些致歉语和请托语，少用些傲慢语、生硬语。礼貌的语言、柔和的声音，往往会给对方留下亲切之感。正如日本一位研究传播的权威人士所说：“不管是在公司还是在家庭里，凭这个人在电话里的讲话方式，就可以基本判断出其‘教养’的水准。”

（2）传递信息要简洁。电话用语要言简意赅，将自己所要讲的事用最简洁、明了的语言表达出来。因为通话的一方尽管有诸如紧张、失望而表情异常的体态语言，但通话的另一方不知道，他所能得到的判断只能来自他听到的声音。在通话时最忌讳发话人吞吞吐吐、含糊不清、东拉西扯。正确的做法是，问候对方完毕，即开宗明义，直言主题，少讲空话，不说废话。

（3）控制语速和语调。通话时语气温和，语调、语速适中，这种有魅力的声音容易使对方产生愉悦感。如果通话过程中语速太快，对方会听不清楚，显得应付了事；太慢，则对方会不耐烦，显得懒散拖沓；语调太高，对方听得刺耳，感到刚而不柔；太低，对方会听不清楚，感到有气无力。一般说话的语速、语调和平常一样就行了。另外，通电话时，若周围有噪声，会使对方觉得自己未受尊重而变得恼怒，这时应向对方解释，以保证双方心情舒畅地传递信息。

（4）使用礼貌用语。在电话交际中应使用礼貌用语，尤其是“你好”“请”“谢谢”“对不起”“再见”等礼貌用语应该常使用。

2. 接电话的礼仪

（1）迅速接听。接电话的速度首先要快，力争在铃响三次之前就拿起话筒，这是避免让打电话的人产生不良印象的一种礼貌行为。电话铃响过三遍后才作出反应，会使对方焦急不安或不愉快。正如日本著名社会心理学家铃木健二所说："打电话本身就是一种业务。这种业务的最大特点是无时无刻不在体现每个人的特性。""在现代化大生产的公司里，智慧康养服务人员的使命之一，是一听到电话铃声就立即去接。"接电话时，应首先自报单位、姓名，然后确认对方，如"您好！这是 ×× 养老院。"如果对方没有马上进入正题，可以主动询问："请问您找哪位？"

（2）积极的反馈。作为受话人，在通话过程中，要仔细聆听对方的讲话，并及时作答，给对方积极的反馈。通话中听不清楚或不明白时，要马上告诉对方。在电话中接到对方邀请或会议通知时，应向对方致谢。

（3）热情代转电话。在接座机电话时，如果对方请你代转电话，应先弄明白对方是谁、要找什么人，以便与接电话的人联系。此时，请告知对方"请稍等片刻"，并迅速找人。如果不放下话筒喊距离较远的人，应该用手轻捂住话筒或按保留按钮，然后再呼喊接话人。如果你因为某些原因决定将电话转到其他部门，应该客气地告知对方，你将电话转到处理此事的部门或合适的智慧康养服务人员那里。如："真对不起，这件事是由财务部处理的，如果您愿意，我帮您转过去好吗？"如果要接电话的人不在，应为其做好电话记录，记录完毕后，最好向对方复述一遍，以免遗漏或记错。可利用电话记录卡片做好电话记录。

小贴士

如何接待老人家属打来的咨询电话

如果老人家属打来电话咨询，智慧康养服务人员除了遵循接电话的一般礼仪，还应注意以下接电话的礼仪和技巧。

（1）电话铃响，拿起电话机首先自报家门，然后，再询问对方来电的意图等。

（2）电话交流过程中，首先要了解咨询者身份（老人本人、老人家属，或代他人咨询者）及老人的基本信息（年龄、性别、有无行动能力、行动能力如何、意识状况如何、有无疾病、有何疾病、有无医保、联系电话、子女状况、退休金多少等），根据咨询者所提供的基本信息，向其说明老人可能所需的护理级别（自理、介护、介助或康复）、所享受的服务内容及承担的大概费用。若符合入院标准，接电话人员可进一步邀请咨询者参观老年公寓，进行实地考察，并介绍院内规模、养老服务产品及设施设备；若有入住意向的，接电话人员可填写养老机构"入住咨询登记表"，详细记录有关信息，告知咨询者前台上班时间并欢迎实地参观。

（3）应备有电话记录本，重要的电话应作记录。

（4）电话讲完，应该等对方先结束谈话后再以"再见"为结束语。对方放下话筒之后，自己再轻轻放下，以示对对方的尊重。

（5）通话过程中始终注意使用礼貌用语。接听电话的礼貌用语见表 8–3。

表 8–3 接听电话的礼貌用语比较

不礼貌用语	礼貌用语
喂喂	您好，这里是 ×× 养老院
你找谁？	请问您找哪位？
有什么事？	请问您有什么事？
你是谁？	请问您贵姓？

续表

不礼貌用语	礼貌用语
不知道！	抱歉，这事我不太了解
你等着，我看看	您稍等，我帮您查下
把你们家老人的信息告诉我	请您介绍老人的基本情况
你等一下，我接个别的电话	抱歉，请稍等
就这样吧	再见，欢迎您和老人一起来看看

3. 打电话的礼仪

（1）时间适宜。打电话的时间应尽量避开上午 7 时前、晚上 10 时后，还应避开晚饭时间。有午休习惯的人，也请不要用电话打扰他。电话交谈所持续的时间也不宜过长，事情说清楚就可以了，一般以 3 ～ 5 min 为宜。因为在办公室打电话，要照顾到其他电话的进出，不可过久占线，更不可将办公室的电话或公用电话作为聊天的工具，这是惹人讨厌的行为。著名相声表演艺术家马季曾说过一段相声，名叫《打电话》，讽刺了这种人。

（2）要有所准备。通话之前应该核对对方公司或单位的电话号码、公司或单位的名称及通话人的姓名。写出通话要点及询问要点，准备好应答中使用的纸和笔，以及必要的资料和文件。估计一下对方的情况，确定通话时间。

（3）注意礼貌用语。接通电话后，应主动友好地自报家门并核实对方身份。应该先表明自己的身份，除非通话的对方与你很熟悉，否则就应该同时报出你的公司及部门名称，然后再提一下对方的名称。打电话要坚持用“您好”开头、“请”字在中间、“谢谢”收尾，态度温文尔雅。若你要找的人不在，可以请接电话的人转告，如“对不起，麻烦您转告 ××× ……”，然后将你所要转告的事情告诉对方。最后别忘了向对方道一声谢，并且问清对方的姓名，切不可“咔嚓”一声就把电话挂了，这样做是不礼貌的。即使你不要求对方转告，你也应该说一声：“谢谢，打扰了。”结束通话时，要道谢和说声“再见”，这是通话结束的信号，也是对对方的尊重。注意声音要愉快，听筒要轻放。一般来说，通常是打电话的人先放下电话，接电话的人再放下电话。但是，假如是与上级、长辈、客户等通话，无论你是接话人还是发话人，都最好让对方先挂断。

小贴士

小贴士

小案例

电话中的“女高音”

向阳智慧康养集团公司下属的居家养老分公司经理刘明向集团公司请示工作，拨通了集团公司办公室的电话。

可是电话响了足足有半分多钟，不见有人接听。刘明正在纳闷儿，突然电话那端传来一个不耐烦的女高音：“什么事啊？”刘明一愣，以为自己拨错了电话：“请问是集团公司吗？”“废话，你不知道自己在给谁打电话吗？”“哦，您好，我是居家养老分公司的，请问王总经理在吗？”“你是谁啊？”对方没好气地问。刘明心里直犯嘀咕：“我叫刘明，是居家养老分公司的经理。”

“刘明？你跟我们王总经理是什么关系？”

“什么关系？”刘明更是丈二和尚摸不着头脑。

"我和王总经理没有私人关系，只想就我们这里的工作向王总经理请示一下。"

"请示工作？王总不在，你改天再打电话吧。"没等刘明再说什么，对方就"啪"的一声挂断了电话。

刘明感觉像是被人戏弄了一番，拿着电话半天没回过神来。

可见，你给别人的第一印象，往往在你们见面之前就已经形成了。出于礼貌，人们在见面之前经常会通过电话约定见面的时间、地点等细节，所以你的第一印象已经通过你的声音传给对方了，可以说你的电话形象是你给对方的第一张"名片"。电话中的这位"女高音"显然不明此理，其接电话时的拙劣表现大大损害了其个人形象和集团公司的组织形象。

小训练

以小组为单位，设计交往情景，模拟练习接打电话（手机），注意礼仪要求。

4. 与老年人电话交谈的注意事项

微课

老吾老以及人之老，幼吾幼以及人之幼。尊老爱幼是我们中华民族千百年来的传统美德，与老年人电话交谈时，智慧康养服务人员面对的最大挑战就是尽快融入老人的世界，营造一种和谐、愉快的谈话氛围，这就需要智慧康养服务人员在交谈中注意礼貌语的应用，以便更容易地走进老人的内心世界。这里参考刘文清、潘美意主编的《老年服务沟通技巧》（机械工业出版社，2019）梳理出与老年人电话交谈的注意事项如下。

（1）接起电话，礼貌地问候对方。一般而言，在与老年人交谈中，智慧康养服务人员刚接听老年人电话，首先要注意礼貌问候。问候语要求尽量简洁，但要表达出足够的礼貌和亲切感。接听时，如果仅仅说"您好！"或"早上好 / 下午好 / 晚上好"，这会让老年人感觉很职业化，同机器发出的声音没有什么区别。某大型智慧康养机构的问候语："上午好 / 中午好 / 晚上好，请问有什么可以帮您的吗？"或"您好，请问有什么可以帮您？"以及"您好，×× 智慧康养机构，请问有什么事情我们可以帮您的吗？"这样的问候语让老年人感觉既亲切又简洁。但是，某智慧康养机构的问候语仅是"您好，×× 智慧康养机构。"可以看出这样的问候语给老年人的感觉仅仅是"我要找 ×× 智慧康养机构，号码正确，没打错地方"，但没有给对方亲切的感觉。虽然机构的工作人员会在下面的交谈中问候，但是使用既简洁又让老年人感觉亲切的问候语不是更好吗？

（2）愉快的声音，较慢的语速。智慧康养服务人员与老年人电话交流时，说话应保持愉快的语气并且语速要慢。不要在背景嘈杂的环境中与老年人交谈，说话的声音要适当，不要太大或太小。对不同的老年人来电，交谈过程中应该用不同的语速来匹配老年人的语速。如年纪大的老年人来电时，智慧康养服务人员应该放慢语速与其沟通。如果老年人在街上或在户外打电话，那么相对而言会有一些嘈杂的声音夹杂其中，此时智慧康养服务人员应稍微提高音量，保证对方能够听见，但要控制好音调，一定不要太高，太高的音量可能会引起对方的误会。切忌当对方生气发脾气时（高音量），你也发脾气（高音量），这样会给整个交谈带来障碍。

（3）耐心倾听，礼貌回应。智慧康养服务人员在与老年人电话交流的过程中要做到耐心倾听、礼貌回应。具体要注意以下四个方面。

① 在老年人说话时要时不时给予回应以示礼貌。不要很长时间没有回应，这样会让老年人以为电话出了问题或已经挂断了。

② 在倾听老年人说话时要体现出礼貌。倾听老年人说话时要注意以下几点：认真倾听，

不要假装听，非必要时千万不要打断对方。智慧康养服务人员不要带着偏见听老年人说话，在老年人没有说完或表达模糊时，不要匆忙下结论，一定不要让自己陷入与老年人的争论中，对老年人已经说过的信息不要重复提问。不可能所有来电的老年人都有好心情，对带有情绪的话不要过分敏感，不要用沉默回应。在老年人说话时，智慧康养服务人员需要时不时地回应老年人，让老年人知道自己在认真倾听。

③ 请求老年人重复时一定要使用礼貌用语。谈话过程中要保持冷静，遇到没有听清楚或老年人没有表达明白的地方，忌说："啊！什么？""你说什么？"而应该使用礼貌用语，"请您再说一遍，好吗？""对不起！麻烦您再说一遍！"要时刻牢记，在接听中，我们代表的是部门以及机构的整体形象，而不只是个人的形象，你说的每句话都代表部门以及机构对老年人的服务态度。

④ 让老年人等待时和再次回来服务时一定要使用礼貌用语并向其说明原因。首先，告诉对方"为什么要等待"；其次要使用"询问"语句征得对方的同意；最后，要给对方一个等待时限。例如："××爷爷或奶奶，就您所提的这个问题我要查询相关具体资料，请您稍等 1 min，好吗？"在老年人等待的过程中，我们可以放一些轻音乐，但我们一定要谨记对方在听、对方在等待。智慧康养服务人员需要暂时离开座位处理老年人的问题时，一定要告知老年人自己正在帮助他处理问题。再次回来给老年人服务时，一定要使用礼貌用语："对不起！让您久等了……""感谢您的耐心等待……"

（4）询问需求，礼貌告别。电话交流即将结束时，智慧康养服务人员在向老年人告别之前要再次向其询问需求并表示感谢。在询问老年人还有没有其他需求时，一定要发自内心，站在愿意帮助对方的角度。此时一定要把握好语气，有一些智慧康养服务人员的语气会给老年人的感觉是不耐烦或急着结束交谈，这种情况一定要避免。虽然在结束交谈前询问了老年人的其他需求，但是给老年人留下了非常不好的印象。例如：

智慧康养服务人员："××爷爷或奶奶，请问您还需要帮助吗？"（语气非常重要）

老年人："没有了。"

智慧康养服务人员："祝您愉快！再见！"

这里建议采用更热情、亲切的结束语："祝您心情愉快！谢谢来电，再见！""祝您有好心情！谢谢来电，再见！"在结束投诉交谈时，智慧康养服务人员应这样向老年人告别："那就不打扰您了，祝您心情愉快，再见！"等等，比直接说"再见"的效果要好得多。

当一次无法解决老年人问题而需要再次跟踪联系给予答复时，要向他们表示歉意，并告知对方回复时间："××爷爷/奶奶，不好意思，麻烦您耐心等待一下，×个工作日后，我们会主动给您答复的……"

礼貌用语的使用，决定着老年人对机构服务的评价，而能否让服务对象感觉愉快，决定着机构是否有前进的能力和价值。因此智慧康养服务人员必须时刻牢记要以礼待客，用礼貌的语言来传情达意。几十年岁月的痕迹深深地烙印在老年人心里，过往的苦难与欢乐，让他们沉浸在遥远的回忆中，这是他们生活的一个很重要的精神支柱，而眼前的人和事，他们往往记不住多少。所以，我们要懂得走进老年人的心。①

① 刘文清，潘美意．老年服务沟通技巧 [M]. 北京：机械工业出版社，2019：142-144.

任务8.3　微信使用礼貌守规

微信，是一款提供即时通信服务的免费应用程序。微信以其信息发布便捷、传播速度快、影响面广、互动性强等特点，在短短几年时间里迅速发展成为目前国内用户最多的社交软件。人们在享受微信通信的便捷与快乐时，更应遵守相关礼仪规范，正确使用微信，这样才能提高沟通效果，树立良好形象。

1. 微信头像

在网络时代，微信不仅是和他人联络感情、获取消息的窗口，也是很多商务人士与同事、领导和客户沟通的桥梁。微信头像是一个人工作、生活、性格、心态、审美和爱好的缩影。因此，选择一个得体、适合自己的微信头像至关重要。如果想要向别人展示比较职业化的形象，选择的头像应该专业化，一方面展现自己的职业特点，另一方面向别人传达自己的专业性和可信性。微信头像的色彩不宜繁杂，图片的背景最好为纯色，以便突出重点。在选择了专业化的头像以后，不可频繁更换头像，以免给客户留下不严谨、情绪变化无常的印象。

2. 微信命名

微信命名要注意四点：一是不得包含违法信息，不能出现违反国家法律规定的内容，如宣扬恐怖主义、毒品交易、色情低俗等。例如，不能使用包含毒品名称或色情暗示的词汇作为昵称。二是要尊重知识产权，避免使用未经授权的商标、版权作品等作为名称。比如，不能随意盗用知名品牌的名称或标志作为自己的微信昵称。三是保持积极向上的形象。使用积极、健康、阳光的词汇作为微信名，有助于给他人留下良好的第一印象，更容易获得他人的关注和好感。比如“阳光小达人”“快乐分享家”这类昵称。四是避免歧义误解，应确保微信名不会产生让人误解的含义，以免在社交互动中造成的麻烦。例如，由多音字组成的且容易引发歧义的词语，最好斟酌后再使用。

3. 微信签名

微信使用者想告诉对方的有关信息可以在微信签名里体现，也可以备注一些有价值的信息。

4. 发微信礼仪

（1）注意发送时间。发消息时要注意：非工作时间不要发，休息时间不要发（提示消息会打扰别人休息），如果对方在国外还要注意时差问题。

（2）直接说事，不用问“在吗”。如果要问“在吗”，说完“在吗”之后，要把事情顺便说出来，这样可以让对方决定是否回应。

小贴士

（3）慎打语音或视频电话。对不熟悉的人，不要打语音电话或视频电话。如果确实有必要打，打之前要先问问对方是不是方便。

（4）慎用截图。如果是发送需要编辑的文件信息给别人，最好以文字的方式发给对方，不要发截图或语音。

（5）不要不作说明。直接转发帖子给别人或转到微信群里，需要说明一下转发的目的。如果要发文件给对方，先问一下对方是想通过微信还是电子邮件接收。因为文件有可能占用对方的手机内存，对方之后再把文件从手机转存到电脑，会增添麻烦。

（6）优先选择文字，慎发语音。无论是给领导、下属，还是给同事发微信，都优先选择文字，因为在职场活动中，很多场合都不适合发出声音，如开会时，大家都将手机调成振动或静音模式，发语音就非常不合时宜，有时甚至会因为发音不标准或不清晰而产生歧义或误解。因此原则上不发语音，特别是工作微信和 60 s 长的语音。

（7）注意对等沟通。当对方以文字形式发来微信时，我们应同样以文字形式回复，尽量不要为图省事而进行语音回复，因为这样做在沟通形式上不对等，会使人感觉缺乏修养。

（8）学会使用表情符号。表情符号作为一种“非语言表达方式”，在一定情境下比文字更简练、更形象、更传神、更富有表达力，但因为表情符号并未设定明确含义，每个人的用法都可能不同，在不同情境下含义也可能不同，由于文化环境的差异，对同一个表情符号会有不同的理解，所以作为下级，在回复上级微信信息时仅仅使用表情符号是不妥的。

（9）未及时回复微信信息，要表示歉意。微信和短信在沟通方面有所不同。短信只要对方手机开机就能正常收到信息，微信则需要在手机上网的前提下才能正常发挥作用，所以要事先检查微信是否正常运行，以确保及时回复他人信息，因故未及时回复的要向对方表示歉意。

（10）工作微信要注意排版和说明意图。工作微信内容要有条理，有思路，要编辑好，字数较多时，需要分段并加上标点符号。通常一条信息表达一件事情，多件事情就发多条信息。工作微信还要注意说明意图。如果发通知，可以加上“收到请回复”；如果是向领导请示工作，最后可以说“请领导指示”；如果发的只是一个提醒，可以告诉对方“FYI”（即 for your information 的首字母缩写，意思是让他了解一下，不需要回复）。

5. 收发微信礼仪

（1）要及时回复。如果在收到对方微信后不能马上给出答案，可以告诉别人：“我要再想想”或者“有时间再看”。

（2）把重要的人物置顶。通过置顶可以把最重要的群和人永远放在最上面，这样就不容易遗漏重要信息。

（3）语音类微信的处理。如果接收到语音类的工作微信，即使你不方便接听，也可以回复：“现在不方便接听语音，如有急事，可以发送文字。”或者选用微信的“语音转文字”功能，先大体了解信息内容。

（4）工作信息及时回应。如果收到工作信息，但暂时没有时间处理的话，建议先回复：“已收到，现在手头有其他工作，稍后处理。”或“在外出或开会中，晚点回复你”。让对方知道你已经收到信息，不用一直焦急地等待。

（5）“提醒”功能的使用。在工作时收到消息，不想立刻处理，又怕以后忘了，或者收到文件只保存却忘了看，都可以用“提醒”功能来解决。

小案例

小娜与刘爷爷的微信对话

某养老机构工作人员小娜，负责照顾刘爷爷。有一天，小娜轮休外出当志愿者。当她在为另一位居家老人喂饭时，突然接到刘爷爷的微信：“小娜，我有事找你。能到我房间来一下吗？”因没有太多时间询问刘爷爷有何事，加上饭很快就喂完了，小娜只好使用回复快捷键回复了微信：“爷爷！对不起！我现在在忙，忙完后立即回复您，么么哒！”在安顿好老人后，小娜给刘爷爷发微信：“爷爷（笑脸表情）请您老指示！”（刘爷爷平时喜欢这样发微信）（及时回复，采取爷爷喜欢的个性化风格）刘爷爷发回三个“哭脸”表情，小娜急了，微信：“爷爷！怎么了？请告诉我，我来帮您！”爷爷微信问：“你现在能过来吗？”小娜发来微信：“伟大的爷爷！我在外面呢，能告诉我发生了什么事吗？”爷爷微信：“（哭脸）我的钱包不见了！”小娜立刻回复："爷爷，别着急，您的记性一直是最好的！我虽然还不能回去，但我们可以一起来回忆一下，也许能帮您找回钱包。"（赞美老人，让老人冷静）继续发微信："您今天有外出吗？""没有。""昨天您看到过钱包吗？""没有。"……一直沉浸在回忆中。突然，小娜发来微信："爷爷！您有没有到藏宝洞里找过？""藏宝洞？"（老人忘记了。）"就是您上次提的那个伟大的建议——只有我俩知道的那个藏宝的地方啊。"老人说："哦！对了，但我忘记它在哪儿了。"小娜微信："您这么好的记性怎么会忘？是考我的吧？就在您左边床头柜最底层的最里面，对吗？"（没有戳穿老人，还赞美了老人）过了一会儿，老人发微信："（三个笑脸表情）找到了！谢谢你，小娜。"小娜发微信："（调皮表情）爷爷真伟大！您对我的表现满意吗？"（赞美并引开老人尴尬的话题）……接着，小娜将钱包藏放地点的微信内容删除（保护老人隐私）。

思考题：

怎样才能更好地与老年人进行微信交流？

6. 微信群礼仪

（1）"拉人进群"的礼仪。"拉群"之前一定要征求被拉对象的意见。同时，如果想邀请某人进群，应事先征得对方同意。群主应向群成员介绍群功能，如果是人数不多的工作群，最好先介绍一下群成员。介绍的顺序是将晚辈介绍给长辈，将下级介绍给上级，将男士介绍给女士。

（2）微信群昵称和微信群名称的命名。针对群的主题修改自己的群昵称。命名一个清晰明了的群名称，以此明确建群目的及沟通内容。

小贴士

微信群"七不发"

1. 个人生活琐碎和烦恼的事不要发。
2. 带有明显激进政治色彩的内容和图片。
3. 不可强迫别人转发你的作品。
4 他人隐私不要发。
5. 未经他人同意，带有个人隐私性质的内容和图片不能随意发布。
6. 对于不确定的新闻，不要随意转发。
7. 太过直白的广告不要发。

（3）微信群常用礼仪。

① 群里不要只抢不发，也不要强行要求别人发红包。

② 不是所有群的红包都可以抢，抢之前先看清楚是不是群发红包。

小贴士

③ 能私聊的就不群聊。群交流如果是两个人对话较多，不要在群里持续交流，可以加好友私聊，避免打扰大家。

④ 不要乱发表情包。群聊切忌连续发送不雅表情包，注意微信群是交流信息的地方，不是个人情绪的发泄地。

小贴士

⑤ 公司项目群最好一个群一个主题，讨论结束后下载文件、备份聊天记录后便可解散。

需要说明的是，使用QQ的礼节与使用微信的礼节差不多，只是越来越多的人更愿意使用微信沟通。

小贴士

小贴士

智慧康养机构微信礼仪提要

1. 添加别人微信时你应这样备注：“×× 主任，您好，我是某某部门的 ××。”

2. 添加微信成功后你应这样打招呼：“×× 主任，您好！我是某某部门的 ××，手机：××，座机：××，还请您多多指教！”

3. 领导在群里发通知布置任务，发学习材料要求我们学习。你的回答应是：“收到，立刻贯彻落实 / 组织研学。”

4. 如果有急事，你需要在“非工作时间”打扰别人，这时你应这样说：“×× 主任您好，实在抱歉在这个时间打扰您，我有个比较紧急的工作问题，需要向您请教一下，十分感谢，盼复。”

5. 需要建工作群时，你可以这样说：“×× 主任您好，我是 ××，根据工作安排，将于近期召开 ×× 会议，我们将会建一个工作群，稍后会在群里发一些通知要求和注意事项，您看方便的话我拉您入群吗？”

6. 退群时，你应这样说：“各位领导、同事大家好！因为岗位变动，目前我已经调整到 ×× 处（部）工作，感谢大家一直以来对我的关心和帮助，祝各位领导同事工作顺利、家庭和睦，欢迎今后来考察指导工作！”

7. 领导布置的材料写好了，发给他审阅 / 批复时，你应这样说：“×× 主任，您好！ ×× 材料已拟好，请您审阅。”

8. 跨部门找同事咨询事情时，你应该这样说：“×× 主任 / 哥 / 姐你好，有个事情想请教您一下 +（具体咨询事项）。”注意，不要发“在吗”，要开门见山直接说事。

9. 不要发语音。不要发语音，尽量发文字，如果有急事可以打电话，不要打视频电话。

10. 推送名片的礼仪。推送名片时要先征询对方意见。

11. 修改在工作群里的昵称。进群后请主动改昵称（姓名 + 单位 / 部门）。其他群成员的信息要注意保密，包括群内的沟通信息。

12. 敏感信息尽量通过口头、电话沟通。敏感的信息尽量通过口头、电话沟通。如果是文字发送，要多留几个心眼防止被截图。涉及资金、数据、个人信息、身份证号码等尽量保密。

课后练习

1. 交谈的基本礼仪有哪些？
2. 日常礼貌用语有哪些？
3. 如何才能做一个好的倾听者？
4. 与老年人交谈时应选择哪些话题？应避免哪些话题？
5. 电话用语的语言要求是什么？
6. 接电话时应注意哪些礼仪？
7. 打电话时应注意哪些礼仪？
8. 与老年人电话交谈时有哪些礼仪规范？
9. 使用微信应注意哪些礼仪？
10. 请根据交谈礼仪的要求与同学进行一次交谈。
11. 讨论在交谈中遇到以下三种情况该如何处理。

（1）对方不知不觉将话题扯远了。

（2）对方心血来潮，忽然想到了他得意的事。

（3）对方故意转移话题，不愿意再谈原来的事。

12. 有些话，意思差不多，表达稍有不同，给人的感觉却大不一样。如说：“谁？”不如说：“哪一位？”因为前者太直白，而后者更委婉、动听。请指出以下话语如何运用更委婉、动听的表达方式来表达。

（1）“不来”。

（2）“不能干”。

（3）“什么事？”

（4）“如果不行就算了。”

13. 试比较一下交际场景中A、B哪种说法好，为什么？

（1）新上任的领导对你说：“加个微信。”

A：“我扫您！”

B：“太好了，能和您保持联系是我的荣幸！”

（2）领导对你说：“辛苦了！”

A：“不辛苦！”

B：“谢谢领导关心，我从中学到了很多东西，如果做得不好，请您多多指教！”

（3）领导对你说：“有个工作需要你来做！”

A：“最近太忙了，忙不过来！”

B：“领导，最近手上有几个比较要紧的工作，别的同事着急等结果，您这个什么时候要呢？”

14. 交谈语言技巧自我测试。请回答以下问题，以确定你在与他人交流中的优缺点。1= 从不这样，2= 很少这样，3= 有时这样，4= 经常这样，5= 每次都这样。选择符合的选项即得相应的分数。

1）与人交谈时，我发言时间少于一半。

2）交谈一开始我就能看出对方是轻松还是紧张。

3）与人交谈时，我想办法让对方放松下来。

4）我有意识地提些简单问题，使对方明白我正在听，我对他的话题感兴趣。

5）与人交谈时，我留意消除引起对方注意力分散的因素。

6）我有耐心，对方发言时不打断人家。

7）我的观点与对方不一样时，我会努力理解他的观点。

8）我不挑起争论，也不卷入争论。

9）即使我要纠正对方，我也不会批评他。

10）对方发问时，我简要回答，不过多地解释。

11）我不会突然提出令对方难以回答的问题。

12）与人交谈时，头30 s我就把我的用意说清楚。

13）对方不明白时，我会重复我的意思或用另一种方式表达一次，或者总结一下。

14）我每隔一段时间问问对方有何反应，以确保他听懂我的意思。

15）我发现对方不同意我的观点时，就停下来，问清楚他的观点。等他说完后，我才就他的反对意见发表我的看法。

交谈语言技巧自我测试结果分析及建议

15. 电话交谈礼仪测试

（1）你平时对打电话的人是什么态度？

A. 热情友好　　B. 没有注意过　　C. 经常不耐烦

（2）你是否愿意告诉别人自己对工作的感觉？

A. 经常　　B. 从不表露　　C. 不经常

（3）你的个人问题会影响你对工作的态度吗？

A. 经常　　B. 偶尔　　C. 从不

（4）如果有人批评你的单位或公司的话，你通常会有什么反应？

A. 表示赞成　　B. 持反对意见　　C. 虚心聆听

（5）你的电话留言是否没有传达给合适的人？

A. 经常　　B. 有时　　C. 很少

（6）给你打电话的人觉得你的耐心怎样？

A. 很有耐心　　B. 不错，但应该再好一些　　C. 一点耐心都没有

（7）当你被人打扰时会有什么反应？

A. 你感到很恼火，但仍会尽量去帮助他们

B. 你很乐意为他们效劳

C. 你告诉他们你很忙，建议他们去找别人帮忙

（8）你的熟人认为你接听电话怎么样？

A. 很好　　B. 有时还行　　C. 很糟

（9）在电话中交谈时，你经常面带笑容吗？

A. 经常　　B. 有时　　C. 为什么要微笑？反正他们看不到

（10）你接电话时说的第一句话是什么？

A. 喂　　B. 你的单位名称　　C. 您好、早上好、下午好

（11）电话结束时你会向对方道谢吗？

A. 总是这样的　　B. 有时会　　C. 只有当对方态度好的时候

（12）你觉得该怎样形容你自己的语调？

A. 平平淡淡　　B. 和气友善　　C. 清晰明了

（13）在铃声响过多少次之后你会接电话？

A.2～3 次　　B.4～5 次　　C. 超过 5 次

（14）打电话时，如果对方的回答达到了你打电话的目的，你会为此而感谢对方吗？

A. 经常　　B. 有时　　C. 极少

（15）如果有人打电话询问一些事情，而你不太确定答案时，你会怎么做？

A. 告诉他们你认为正确的答案

B. 告诉他们你不知道，请他们等一会儿，你去问一下

C. 告诉他们你不知道，表示歉意，并把问题的细节写下来，设法找到准确的答案，然后安排时间让他再打电话来（或者你打电话给对方）

电话交谈礼仪测试评分标准与得分解析

16. 请指出以下接电话过程中错误的礼仪行为。

电话铃声，响了五六声。

女：喂！五湖四海公司，您找哪位？

客：我的手机好像出了问题，请问要找谁处理呢？

女：你等一下。

转接声音很久……

男：喂！找谁？

客：我的手机出问题了，有一位小姐帮我转到这里的。

男：我们这是业务部，不管手机修理的问题。（不耐烦）

客：我应该找谁呢？可以帮我转一下吗？

男：好啦！你等一下。

转接声又响了好久。

女：喂！

客：我的手机出了问题，请问如何……（被打断）

女：电话转错了吧？

客：那我该怎么办？

女：我再帮你转转看。

电话响了很久……没人接听

客：怎么搞的（骂声）！

"咔！"客户把电话挂了。

17. 为什么说"从电话礼仪就可以基本看出对方的教养如何"？

18. 如果你工作时接到老家打来的电话，而你工作非常忙，这时要如何处理？

19. 结合自身实际，谈谈使用微信与人沟通时应注意哪些礼仪。

20. 在使用微信、微信群沟通的过程中，你遇到过哪些不符合礼仪的种种表现？请指出，并谈谈正确的做法应该是什么。

21. 如何在网络交际中保护好自己的安全和隐私？

22. 案例分析。

新来的助理

赵小姐是一家智慧康养服务企业的人事部经理。一天，赵小姐去找公关部的张经理办事，刚走进公关部办公室就听见电话响个不停。电话大约响了五六声之后，一个新来的助理才放下咖啡杯，慌忙抓起电话："喂，您找谁？""哦，张经理不在，您等会儿再打！"此时，赵小姐皱着眉头，找了个角落悄悄地坐了下来。

过了几分钟，电话又响了，这次助理拿起电话："喂，又是你啊！我不是告诉你张经理不在吗，叫你过会儿再打！""行吧！行吧！我给你张经理的手机号码，你自己打吧，但你别乱打啊，张经理很忙的！"助理飞快地念完电话号码，然后就直接挂了电话。大概过了两三分钟，电话又响了，助理拿起电话："喂，怎么又是你，电话打不通？你是不是记性不好啊？我不是刚告诉过你了吗？""这样吧，你别再打了，我给张经理留言吧。你姓啥？有啥事儿？"紧接着电话还没挂断，助理就开始抱怨："这一大早，电话跟催命鬼似的，搞得我咖啡都没喝好。"

面对这位新来的助理这般电话"操作"，赵小姐觉得自己要和他谈谈了。

思考题：

（1）公关部的这位助理存在什么礼仪问题？

（2）本案例对你有何启示？

电话应答

一家房地产公司要出售一部分中高档楼房现房，他们在地方报刊上登了一则较为简洁的广告，主要介绍房子的所在位置，以及房子附近的学校、市场、医院等设施，并可立即办理入住手续。过了不久，这家房地产公司很快就接到了不少咨询电话，其中一次电话交谈是这样的。

张小姐："您好，这里是 ×× 房地产公司，请问我能为您做些什么吗？"

顾客：我们家对你们介绍的那种三室一厅的住房很感兴趣，它是不是很贵？

张小姐：可以讲价，也可以分期付款。我建议您先看一下现房。我们可以确定一下见面时间吗？

顾客：哦，我丈夫太忙了，我们可不愿意浪费时间去看买不起的房子。

张小姐：我很理解，不过，您会满意这种房子的，如果真的不如意，我也可以向您介绍别的房子。顺便问一下，您家有几口人？

顾客：我家四口人，一男一女双胞胎，都快 14 岁了。三室一厅住起来方便些，而且我家现在住的地方离学校太远。

张小姐：有两个孩子多幸福啊！他们会喜欢那几个大卧室的，而且我们房子的厨卫设施也很好。明天是星期六，我带你们去看房，您有时间吗？

顾客：我丈夫单位不休星期六，孩子们也上课，星期天吧！

张小姐：那好，星期天上午还是下午？好，上午，那我 9:30 准时找您。

思考题：

张小姐在电话应答顾客咨询中有哪些值得我们学习和借鉴的经验？

课堂上手机的使用礼仪

上课前，其他同学都在自习，静静地等待老师的到来，而张峰却用手机大声地播放音乐，全班同学都向他投去好奇的目光，但他自己却没有发现，还沉浸在音乐的世界中，直到坐在附近的同学提醒他，他才关掉外放，插上耳机继续听。

等到上课时间到了，张峰还没有开始好好听课，仍在继续听音乐，这时候老师发现了，来到他身前制止了他，张峰才很不情愿地收起了手机，开始好好听课。

课程进行到一半，老师的手机响了，而且没有调到振动或者静音状态。他并没有挂掉手机或者先离开教室再接来电，而是直接在讲台上接起了电话，虽然他的声音很小，并告诉对方自己在上课，但很快挂掉了电话，跟大家道歉后，继续上课。

思考题：

（1）这个案例中出现了哪些不文明使用手机的行为？

（2）在日常生活中，使用手机应注意哪些礼仪？

23. 实训项目。

交谈实训

实训目的：通过本训练，一是让学生运用所学的日常沟通方法和技巧，与他人沟通交流，提高口头表达能力；二是让学生掌握发表个人见解的方法和策略，在公众场合具备敢于说话的勇气和胆量。

实训方法：本实训的基本组织思路是模仿电视中的说话类节目，如央视财经频道《对话》节目的形式，组织学生进行主题谈话训练。可从以下几方面着手。

（1）将学生 10 ～ 15 人划分为一组，每组选出 3 名选手作为嘉宾参加交谈训练，其他同学作为听众，可以以提问等方式与嘉宾进行交谈、互动。

（2）谈话过程中，主持人和选手也可以和听众进行互动活动，方法和规则可视现场情况作出规定，目的是调动全体学生的参与意识，保持场面的活跃气氛。

（3）教师和同学先确定交谈的话题，可以采用教师出题或学生出题等多种方式，然后从中选择。话题的选择应与学生的学习、生活、兴趣爱好联系紧密，学生有话可说，不会造成冷场；

话题应包含较丰富的信息和多维的价值取向，有利于发挥学生的个人体验和独立思考的作用。

（4）教师或学生担任沟通活动的主持人，通过提问、询问、转问、串接、引申、转换话题等多种方式，引导和调动场上、场下的交谈气氛，掌握和控制活动的节奏和进展。

（5）每位同学在交谈时，都要注意充分体现交谈的语言风格，注意使用礼貌用语以及保持正确的身体姿态和表情。

实训要求：全程录像，大屏幕回放，学生自我评价、小组评价，教师点评总结。评选出“最佳表现小组”若干个和“最佳表现个人”若干名。

电话礼仪模拟训练

实训目标：掌握电话基本礼仪规范。

实训学时：1学时。

实训地点：实训室。

实训方法：设定养老服务工作中拨打电话、接听电话、转接电话、电话留言等场景，两人一组，进行角色模拟，完成下列任务。

（1）模拟接听老人子女的来电。

（2）模拟接听老人来电。

（3）模拟拨打电话到养老服务对象家里做电话随访。

（4）模拟拨打电话到老年人家里进行“老人入住养老院意愿电话调查”。

项目9　行政礼仪

学习目标

知识目标

（1）掌握办公室的各项礼仪规范。

（2）掌握组织各类会议的礼仪规范。

（3）明确职场中友好交往的重要性。

（4）掌握与同事相处的礼仪、与上下级交往的礼仪。

能力目标

（1）能够营造良好的办公环境。

（2）能够与同事、上级、下级建立友好关系。

（3）能够组织各类会议，并在会议中遵守礼仪规范。

素质目标

（1）尊重他人的观点、感受和需求。

（2）具有团队意识和协作精神。

（3）培养守礼、用礼的良好习惯和乐观向上的社交心态。

案例导入

同事交往

阿艳是一位职业院校毕业生，她新应聘到某智慧康养中心，工作勤奋认真，为人非常热情，但是同事们都不喜欢她。

某天的中午休息时间，阿艳看到同事张姐正在整理自己的照片，马上凑过来抢过鼠标，一边看一边说："哎呀，张姐你太不上相了，这么胖，你老公也这么……"

某天的工作时间，阿艳看到同事小孙从主任办公室走出来，她跑上去搭话："什么事？是不是上次的合同搞砸了，老板骂了？"小孙面露不悦，快速地离开了。

阿艳又跑到同事小董那里去八卦："小孙被老板骂了，肯定是因为上次的合同的事……"

思考题：

（1）同事之间应如何相处？

（2）本案例对你有何启发？

任务9.1　办公室环境优雅

办公室既是工作的地方，也是社交的场所。随着办公硬件水平的逐渐提高，办公室环境对工作效率的影响也越来越大，因此，人们对办公室环境的要求也越来越高。办公室环境的好坏不仅体现出环境为员工服务、以人为本的现代精神，也反映出活动在这个环境中的员工的精神面貌、审美情趣、工作作风等素养。办公室良好的环境布置和工作秩序也是智慧康养机构企业文化的一种体现。净化、卫生、整齐有序的工作环境能使智慧康养机构的员工产生积极的情绪，充满活力，从而提高工作效率。维护办公室环境需要注意以下几方面。

1. 办公室自然环境的要求

（1）保持光线明亮。充足的光线是办公室环境良好的重要因素。办公室光线充足，有助于员工减轻疲劳，保持充沛的精力，更好地工作。办公室要合理采光，无论是自然采光还是人工采光，都应做到光源充足、光线柔和、光色和谐。如果光线不足，可用人工采光来调节，所选择的灯具造型及光色要与办公室环境相协调。保持光线充足还要做到窗明几净。门窗玻璃应该经常擦洗。办公时间避免拉上窗帘，以免挡住光线。

（2）办公室内的颜色要协调。颜色会影响人的情绪，办公室地板的颜色宜比墙壁的颜色深，而墙壁的颜色则应比天花板深。一般来说，普通办公室的天花板宜用白色，面向智慧康养服务人员的墙壁宜用冷色，其他墙壁颜色宜用暖色，并且所有颜色之间宜协调。会议室以淡色和中性颜色为最佳，会客室以欢快、中性颜色为最佳。

（3）保持空气清新。办公室的空气应自然流通，保持一定的温度和湿度。如果温度太高，员工容易出现不适或头晕的情况。空气过于潮湿，会引起呼吸器官的不适并引发员工沉闷、疲倦的感觉，过于干燥的空气则经常引起焦虑和情绪急躁。办公室理想的相对湿度是40% ～ 60%。窗户要经常打开换气。门窗不常开的话，会造成室内空气浑浊，影响办公人员的工作效率和身体健康。

（4）环境安静。好的办公室应能给员工提供安静的办公环境，嘈杂的办公室会令人不愉快，分散注意力，容易造成工作上的失误，要尽量减少或消除声音的来源，如在桌椅和一些设备底下放置橡皮垫等。员工在办公室应注意声音的调节，不要大声喧哗，防止发出噪声，应保持安静。接电话时声音要适中，不能高声喊叫，以免影响他人，不要播放嘈杂的音乐。出入要轻手轻脚，开关门力度要适中，不应摔门或用力开门，尽量不产生干扰他人工作的噪声。

2. 办公室环境的布置

办公室应有鲜明的标志，应在对外的房门上或门旁挂上一个醒目、美观的牌子。办公桌应放在房间内采光条件较好、正对门口的地方，与窗户保持 1.5 ～ 2 m 的距离，如果是多人的办公室，可采用不同规格的隔板，把各个工作人员的办公区域隔开来，以保持各自工作区域的独立，保证彼此的办公不受影响，提高工作效率。

（1）装饰宁静。办公室的布置应给人以高雅、宁静的感觉。办公室不应一味追求豪华，而应注意符合自然环境的要求。根据工作性质和整个企业的经营宗旨以及企业形象和办公室的空间大小，可选择一些风景画、盆景、有特殊意义的照片、名人字画、企业的徽标等作为办公室的装饰，以营造浓厚的企业文化气息和使主客愉快地交流信息和情感的环境。需要注意的是，不管多么好的装饰品，它所占的位置绝不能影响工作人员的工作。同时，办公室的装饰品应符合办公室的审美原则，以优雅、和谐、轻松、宁静的情调为主，不宜摆设充满战争、恐惧、紧张、死亡等题材的装饰品。所有这些装饰品都应注意定期清扫和更换。

宽敞的办公室可以放置盆花（鲜花），但盆花要经过认真选择，一般不用盛开的鲜花装点办公室，过于鲜艳的色彩会分散员工的注意力，使员工的精力发生偏移。可以选择以绿色为主的植物，绿色植物是装点办公室的主要材料，绿色可以给人舒适的感觉，可以调节人的情绪。对盆花要经常浇灌和修剪，不能让其出现黄叶。可以在绿叶上喷水，使其保持葱绿之色。花盆泥土不能有异味，肥料要精心挑选，不能选用有异味的肥料，否则会引来苍蝇或滋生寄生虫，给办公室环境带来污染。

（2）整洁有序。办公室应保持整洁。地板、天花板、走道要定期打扫，玻璃、门窗、办公桌要擦洗得干净明亮。办公场所最先需要整理的应该是办公桌。办公桌是办公的集中点，是进入办公室办理公务的人员注意力最集中的地方。办公桌整理好了，办公环境就改善了一半。办公桌要向阳摆放，让光线从左方射入，以符合用眼卫生要求。桌面上只放必要的办公用品，且摆放整齐。办公室内桌椅、电话机、茶具、文件柜等物品的摆放应以方便、高效、安全为原则。

书柜和文件柜应靠墙摆放，这样既安全又美观。要经常擦拭书柜和文件柜，使其保持整洁。如果有带玻璃门的书柜和文件柜，那么柜子上的玻璃门也要保持洁净、透明。尽量选用高度一致的柜子。如果办公室里有沙发，最好远离办公桌，以免谈话时干扰别人办公。沙发上不要随便摆放报纸、纸张和文件等物品，茶几上可以适当摆放装饰物，如盆花。

小贴士

复印机的使用礼仪

复印机是公司使用效率较高的公共设备，同事间容易在使用时间上发生冲突。一般来说，应遵循先来后到的原则，但是如果后来的人印的数量较少，也可让其先印；如果先来的人已经花费了较多时间做准备工作，那么后来者就应等一会儿再开始。

当碰到需要更换碳粉或处理卡纸等问题时，如果自己不能处理，就请别人来帮忙，不要一走了之，把出了问题的设备弃之不管，给他人带来麻烦。

使用完毕后，不要忘记将自己的原件和复印件拿走，否则容易丢失原稿或泄露信息。要遵守公司的使用规定，将复印机设定在节能待机状态或者关机。

在公司里一般不要复印个人资料。

3. 公共环境的清洁

（1）日常清洁和维护。主动打扫办公室卫生，扫地、拖地、倒垃圾。不乱丢废弃物，办公用品摆放整齐。办公室的地面要保持清洁，经常清扫、擦洗，地毯要定期吸尘，以免滋生细菌。保证地面无污物、污水、浮土，无卫生死角。保持墙壁清洁，表面无灰尘、污迹。保持挂件、画框及其他装饰品表面干净整洁。办公室中也不宜堆放物品，以免给人留下脏乱差的印象，要经常清理办公室里的废弃物。

饮水机、灯具、打印机、传真机、文具柜等应摆放整齐，保持表面无污垢、无灰尘。打印机和传真机使用完后要归位，不要让纸张散落在机器周围。办公室内电器线走向要美观、规范，并用护钉固定，尽量不乱搭接临时线。无论是公用的办公桌，还是洗手间，用完后都应该保持整洁；如果需要维修，要及时修复或者报修。

下班离开办公室前，应该关闭个人所用电器的电源。比如电脑、传真机和打印机等。最后离开办公区的人员应关闭照明设施和总电源，关闭门窗，检查是否有安全隐患后方可离开。

（2）保持用餐环境的清洁。现在的工作节奏很快，单位职工或公司员工不可避免地会在办公室中用餐。在自己的办公桌前用餐或者与同事一起进餐的时候，需要注意一些细节，以免影响环境卫生。

注意餐前卫生，尽量不要将有强烈气味的食品带到办公室。即使个人喜欢，也不应该随心所欲。而且如果不好的气味弥漫在办公室里，会损害办公环境和影响公司形象。液体乱溅或吃东西时声音很大，会影响他人，最好不在办公室吃东西，即使吃也要尽量注意不要影响他人办公。

保持干净的用餐环境。用餐过程中，如果食物掉在地上，要马上捡起扔掉，以免他人踩踏，污染地面，或者和剩余残肴及废弃物品一起包好后扔进远离办公室的有盖垃圾桶内，最好不要放入办公桌旁边的纸篓里。准备好餐巾纸，不要用手擦拭油腻的嘴，应该用餐巾纸擦拭。尽量不要当众剔牙，非剔不行时，可用另一只手掩住口部；对于剔出来的东西，不要当众欣赏或再次入口，也不要随手乱扔或随口乱吐。剔牙后，不要长时间叼着牙签，更不要随地乱扔，以免污染环境。

及时清理餐具。如果是个人自带的餐具，用餐过后要及时将餐具洗干净，并放置在合适的地方，避免长时间摆在桌面上。如果是一次性餐具，用完餐后应立即扔掉。如果突然有事要外出或来不及收拾，要礼貌地请同事代劳。开了盖的饮料不宜长时间摆放在桌面上。如果想喝完再扔掉，就把它放在不被人注意的地方。用餐后要及时将桌面擦净，以免产生令人不悦的气味，餐后将地面擦拭干净也是必须做的事情。如果还有异味，可用空气清新剂去除食物的气味，以免影响工作环境。

小贴士

4. 个人办公环境的维护

（1）办公桌要清洁。每天上下班时要保持办公桌面的整洁。每天擦拭桌椅，定期更换桌椅外罩。定期擦拭电脑屏幕，清洁键盘。保持个人办公桌附近的地面清洁。案头不能摆放太多的东西，只摆放需要当天或当时处理的公文或资料，其他书籍、报纸不能放在桌上，应放入书架或报架；文件资料不要堆得乱七八糟，要定期清理，及时归档或上交。

废纸应扔入废纸篓里。零碎的东西建议放在抽屉里，切勿七零八落，影响办公环境。办公桌下面也不要摆放无用的物品，要整理干净。不要将自己的物品放到办公桌旁边的过道上，每天的工作结束后应将个人水杯或茶具中的水倒掉并清洗干净，将办公桌收拾干净，把台面的物品归位，锁好贵重物品和重要文件后再离开。离开自己的办公室座位时，应将座椅推到办公桌下。

（2）办公用品要摆放整齐。桌面只放些必要的办公用品，且摆放得整齐有序。不要将杂志、报纸、餐具、小包等物放在桌面上，招待客人的水杯、茶具应放到专门饮水的地方，有条件的地方应放到会客室。为使用方便，办公文具要放在桌面上，可准备多种文具，如毛笔、签字笔、圆珠笔、铅笔、曲别针、夹子、订书器等，这些文具要放进笔筒里面而不是散放在桌面上。杂乱无章的办公物品会让人望而生畏，影响工作效率。

（3）环境布置要适当。要注重办公室环境的严肃性，确保非办公用品不外露，不摆放与工作无关的物品和个人用品。绝不能把办公室视为“家”。办公桌上的玻璃板下，主要放置与工作有关的文字及数字资料，不应放置家人的照片，办公桌面上最好也不要摆放家人的照片，因为办公室内需要的是严肃、高效而不是温馨的氛围。在办公桌上挂毛巾、衣服，以及塞满个人用品，甚至摆满个人餐具的做法都是不可取的。

小贴士

小贴士

会议室的使用礼仪

为了使各项工作顺利进行，应该尽量避免会议室的使用时间与别人发生冲突，因此，使用会议室之前，应该事先向管理人员预约。

保持会议室的整洁、干净。不管因何种事务使用会议室，都要保持其干净整洁。不要把会议资料留在会议室，走之前要将桌面清理干净，保持会议室的卫生环境。

使用会议室的投影仪、音响等设备时，要请相关人员提前调试好，不要自己乱动设备，以免损坏。

任务 9.2　组织会议合规

会议是为实现一定的目的，由主办或主持单位召集组织的、由不同层次和不同数量的人参加的一种事务性活动。会议的目的多种多样：表扬、批评、布置任务、解决问题、交流经验、调查情况、沟通信息、纠正错误等。但是，无论什么目的，要想取得良好的效果，会议的组织、进行以及参会人员在会议中的行为都必须符合礼仪要求，以便与会者能很好地进行沟通。因此，会务活动礼仪是会议取得成功的重要保证。

1. 洽谈会礼仪

洽谈会又叫磋商会、谈判会，是指有关各方代表充分阐述己方的各种设想，听取他方的不同意见，并通过详细陈述己方的理由，反复同对方交换看法或做出某种让步，消除相互间的距离，最后各方取得一致，达成协议的会议。

微课

（1）洽谈会的准备。洽谈会前的准备工作是影响洽谈成败得失的关键。在准备过程中，人员的配备、信息的搜集、目标的选择、计划的制定都很重要，必须认真对待。

① 人员配备。为了使洽谈能顺利进行，必须按照对等原则配备相应的洽谈班子。洽谈班子中要有精通业务、有经济、法律头脑、能拍板成交的主谈人员，也要有懂业务、懂技术的人员和有洽谈经验的翻译人员。洽谈班子一般以 4 人为宜。一个具备 T 型知识结构、精干且注重仪表、谈吐自如、举止得体的洽谈班子，不仅会为洽谈创造有利条件，同时也是对对方的尊重。

② 信息准备。“知彼知己，百战不殆”，为了取得洽谈的主动权，必须进行信息准备。要做好市场调研，了解对方的业务情况，对对方参与洽谈人员的基本情况、每个人的谈判风格、对己方的态度等要了如指掌，以便制定相应的策略。涉外谈判中还要对对方文化背景和礼仪习俗等有所把握，以便于更好地沟通。

③ 议程准备。洽谈议程是决定洽谈效率高低的重要一环。每次洽谈，谈什么、何时谈、何地谈、如何谈、达到什么目的，事前都要有周密安排，以免在礼仪上有不周之处。例如，洽谈地点的安排就很重要，因为它对洽谈效果会有一定影响。洽谈地点选择在己方进行，作为东道主必须注重礼貌待客，邀请、迎送、接待、洽谈的组织必须符合礼仪要求；洽谈地点如选择在洽谈对手所在地，到客场洽谈必须入乡随俗，了解当地的风俗人情，并要审时度势，灵活反应，争取主动。

（2）洽谈会上的礼仪规范。洽谈是一场知识、信息、心理、修养、口才乃至风度的较量，为了洽谈的成功，在洽谈会上要遵循一定的礼仪规范。

① 座位安排。一般洽谈会以椭圆桌或长桌为宜，双方人员各自在桌子的一边就座。倘若将谈判桌横放，那么洽谈室正门的一侧为上座，应请客方就座；背对洽谈室正门的另一侧则为下座，应由主方就座。如果谈判桌是竖放的，进门时的右侧为上座，由客方就座；进门时的左侧为下座，由主方就座。双方主谈人员应各自坐在己方一侧的正中间，副手或翻译坐在主谈人员右边的第一个座位上，其他参谈人员以职位高低为序，依次右一个、左一个、右一个地分别

坐在主谈人员的两侧。小规模的洽谈，可不放谈判桌，在室内摆放几把沙发或圈椅，按“以右为尊”的原则，客右主左就座即谈；也可以交叉而坐，以增添合作、轻松、友好的气氛。

② 谈吐举止。洽谈人员的谈吐要轻松自如，举止文雅大方、谦虚有礼，不可拘谨慌张。见面后可略事寒暄，进入正题之前，宜谈些轻松的话题，如旅途经历、季节气候、文体表演、各自爱好或以往合作经历等。但开头的寒暄不宜太长，以免冲淡洽谈气氛。

③ 衣着打扮。参加洽谈者在衣着打扮上要正式一些，以表示对洽谈的重视和充分的准备；如果是非正式洽谈，也可以穿得随便一些，给人以轻松、随和的感觉，这样更容易接近，有助于交流，取得共识；一般到豪华宾馆去洽谈，西装革履能够彰显自己的身份和气度，能够让人感到心灵与环境的和谐，而不是自惭形秽；在普通的办公场所进行洽谈，可以穿得和平时上班一样，不用刻意打扮。

④ 语言使用。洽谈人员在洽谈过程中要注意语言的规范性和灵活性，用语要清晰易懂，口语要尽可能标准，注意使用文明礼貌用语，体现自身的职业道德和商业形象。洽谈中无论出现什么情况，都不能使用粗鲁、污秽的语言或攻击性的语言。洽谈时应注意抑扬顿挫、轻重缓急，避免吐舌挤眼、语句不断、嗓音微弱或大吼大叫。

⑤ 提问方式。在洽谈中要礼貌地提问，问话方式要委婉，语气要亲切平和，用词要斟酌，不能把提问变成审问和责问。咄咄逼人的提问，容易给对方以居高临下的感觉，使其产生防范心理，不利于洽谈。对需要提出的问题，应事先列好提纲，越详细越好，如果不作准备，贸然提问，是不尊重对方的表现。一般提问的时机应选择在对方发言完毕之后、对方发言停顿间歇时、在自己发言前后及在议程规定的辩论时间等。当对方回答问题时，作为提问者应耐心倾听，不能因为对方的回答没有使自己满意就随便插话或任意打断对方的话。在一般情况下，插话应借助一些特定的套话来实现，如“对不起，我能打断您一下吗？”或“请停一下”等。

有提问就有回答，在洽谈过程中，作为被提问者答话时，要本着真诚合作的态度，针对提问者的真实心理，实事求是地回答对方的提问，不能闪烁其词，态度暧昧，“顾左右而言他”。如果对方对某个问题不甚了解，应以浅显易懂的语言进行解释，切不可流露出不耐烦的神情。如果有些问题涉及商业秘密和技术机密，则应委婉说明，避免出现令人尴尬的局面。

小案例

会场的“明星”

小刘的公司应邀参加一个座谈会，该座谈会邀请了很多商界知名人士以及新闻界人士参加。老总特别安排小刘和自己一道去参加，同时也让小刘见识了大场面。

开会这天小刘早上睡过了头，等他赶到时，会议已经进行了20 min。他急急忙忙推开了会议室的门，“吱”的一声脆响，他一下子成了会场的焦点。刚坐下不到5 min，安静的会场上响起了《摇篮曲》，是谁放的音乐？原来是小刘的手机响了！这下子，小刘可成了全场的“明星”。

没多久，听说小刘已经离开了该公司。

问题：

小刘失礼的地方表现在哪里？

2. 展览会礼仪

组织通过举办展览会，运用真实可见的产品和热情周到的服务、全面透彻的资料、图片介绍和技术人员的现场操作，吸引大量的参观者，使其留下深刻的印象。它是组织重要公共关系活动之一。

（1）展览会的特点。

① 形象的传播方式。展览会是一种非常直观、形象、生动的传播方式。展览会通常以展出实物为主，并进行现场示范表演，如在产品展览会上，有专人讲解和示范产品的使用方法。这种直观、形象的活动，容易给参观者留下深刻的印象。

② 极好的沟通机会。展览活动给组织提供了与公众直接沟通的极好机会，通常展览会上都有专人解答参观者的问题，并就参观者感兴趣的问题进行深入讨论。这样的展览会让公众了解本组织，本组织也能及时了解公众对本组织传播内容的反应，可以根据公众反馈的信息进一步做好工作。

③ 多种传媒的运用。展览会是一种复合的传播方式，是同时使用多种媒介进行交叉混合传播的过程。它集多种传播媒介于一身，有声音媒介，如讲解、交谈和现场广播等；有文字媒介，如印刷的宣传手册、资料等；同时，还有图像媒介，如照片、录像、幻灯片等。这种复合型的沟通效果是其他传播媒介无法比拟的。

（2）展览会的组织工作。举办展览会要精心组织，做好细致全面的工作。

① 明确展览会的主题。每次或每种类型的展览会都应有明确的主题和目的。只有主题明确，才能提纲挈领，对所有展品进行有机的排列组合，充分展示展品的风采。若主题不明，眉毛胡子一把抓，则很难把展品、各类资料有机地结合起来，杂乱无章，势必影响展览效果。

② 搞好展览设计。任何一项展览都是一项系统工程，必须有一个详细的整体设计，包括展览场地、标语口号、展览徽标、参展单位及项目、辅助设备、相关服务部门的设置和人员安排、信息的发布与新闻界的联络、对工作人员的培训等。这些方面都需要全面设计、周密安排，否则就会影响整个展览的效果。

③ 成立对外新闻发布机构。成立对外新闻发布的专门机构，负责与新闻界保持密切联系。展览过程中往往会发现许多有新闻价值的东西，这就需要有关人员以敏锐的观察力去挖掘、去分析，并写成各种新闻稿件，发表以扩大展览的影响。同时，要成立专门机构，负责制定新闻发布计划，如确定发布内容、发布时机、发布形式等，这样，效果会更好。

④ 进行展览效果评估。展览的效果一般体现在观众对展品的反应、对组织形象的认识，以及对整个展览会从内容到形式的总体评价等方面。为了检验展览会的效果，检验举办各类展览活动的目的是否达到，必须对展览效果进行检测。测定的方法很多，如设立观众留言簿、召开座谈会听取反映、检验公众对展品的关注程度等。

（3）展览会的礼仪规范。展览会的工作人员应当具备良好的素质，明确办展览的目的和主题，了解展览的知识和技能，具备与展览产品有关的专业素质。同时，还要懂得礼仪，从各自不同的角度影响公众，使公众满意。

① 主持人礼仪规范。主持人是一个展览会的组织者，应该表现出权威性。在着装上，要穿西服套装，系领带，拿一个真皮公文包，展现出庄重的气质，由此使公众对其主持的展览会和产品产生信赖感。主持人的形象就是组织实力的体现。与宾客握手时，主持人应先伸出手去，等宾客先放手后，再放手。

② 讲解员的礼仪规范。讲解员应热情礼貌地称呼观众，讲解流畅，不用生僻字，让观众听懂。介绍的内容要实事求是，不弄虚作假，不愚弄听众。语调清晰流畅，声音洪亮悦耳，语速适中。讲解完毕，应对听众表示谢意。讲解员着装要整洁大方，打扮自然得体，举止庄重，不要因怪异或新奇而喧宾夺主。

③ 接待员的礼仪规范。接待员站着迎接参观者时，双脚略开，与肩同宽，双手自然下垂或在身后交叉，这种站姿不仅大方而且有力。站立时切勿双脚不停地移动，表现出内心的不安和不耐烦；也不要一只脚交叉于另一只脚前，因为这种姿势是不友善的表示。接待员不可随心所欲地趴在展台上或跷着二郎腿，不可嚼口香糖。接待员要随时与参观者保持目光交流，目光要坚定，不可游移不定，也不可看别处，要表现得坦然和自信。

3. 茶话会礼仪

和其他类型的商务性会议相比，茶话会是社交色彩最浓的一种。它是为了联络老朋友、结交新朋友的具有对外联络和招待性质的社交性集会。参加者可以自由发言，并且备有茶点。茶话会一般不排座次，即使有座次安排也不会过于明显。可以自由活动，与会者不用签到。这里结合中国礼仪教育培训中心网站上“茶话会的礼仪与安排”的内容梳理如下。

（1）茶话会的主题。茶话会的主题可以分为三类，即联谊、娱乐、专题。以联谊为主题的茶话会，我们见得最多；以娱乐为主题的茶话会，为了活跃气氛，安排一些文娱节目，并以此作为茶话会的主要内容，以现场的自由参与与即兴表演为主；专题茶话会是在某个特定时刻，或为某些专门问题而召开的茶话会，以听取某些专业人士的见解，或是和某些与本单位有特定关系的人士进行对话。

（2）邀请来宾。主办单位在筹办茶话会时，必须围绕主题邀请来宾，尤其是确定好主要的与会者。来宾可以是本单位的顾问、社会知名人士、合作伙伴等。

茶话会的来宾名单一经确定，应立即以请柬的形式向对方发出正式邀请。按惯例，茶话会的请柬应在半个月之前送达或寄达被邀请者，被邀请者不必答复。

（3）选择时间、地点。时间、地点的具体选择是茶话会能否成功的重要条件。辞旧迎新、周年庆典、重大决策前后、遭遇危难挫折的时候，都是召开茶话会的时机。

根据惯例，举行茶话会的最佳时间是下午四点左右。有些时候，也可以安排在上午十点左右。在具体进行操作时，也不用墨守成规，应该以与会者（特别是主要与会者）的方便与否以及当地人的生活习惯为准。茶话会往往是可长可短的，关键是要看现场有多少人发言，发言是否踊跃。如果把时间限制在一个小时到两个小时之内，它的效果往往会更好一些。

适合举行茶话会的场地主要有：一是主办单位的会议厅，二是宾馆的多功能厅，三是主办单位负责人的私家客厅，四是主办单位负责人的私家庭院或露天花园，五是高档营业性茶楼或茶室。而歌厅、酒吧等地方不适合举办茶话会。

（4）准备茶点。茶话会不提供主食，不安排品酒，只提供茶点。茶话会是重“说”不重“吃”，没必要在吃的方面下过多功夫。

在茶话会上，用来待客的茶叶、茶具，务必要精心准备。应尽量挑选上品，不要滥竽充数。最好选用陶瓷茶具，并且讲究茶杯、茶碗、茶壶成套。还要注意照顾与会者的不同饮茶习惯和口味，要为与会者准备多种茶叶，如绿茶、花茶、红茶等。

除供应茶水外，在茶话会上还可以为与会者备一些点心、水果或地方风味小吃。需要注意的是，在茶话会上向与会者所供应的点心、水果或地方风味小吃，品种要适合、数量要充足，并要方便拿，同时还要配上擦手巾。按惯例，茶话会后不必再聚餐。

（5）安排座次。从总体上讲，在安排与会者的具体座次时，必须与茶话会的主题相适应。安排茶话会座次的时候，可以采取以下方式。

① 环绕式排位。环绕式排位就是不设立主席台，把座椅、沙发、茶几摆放在会场四周，不明确座次的具体尊卑，听任与会者在入场后自由就座的排位方式。这一安排座次的方式，与茶话会的主题最相符，也最流行。

② 散座式排位。散座式排位，常见于室外举行的茶话会。它的座椅、沙发、茶几可自由组合，甚至可由与会者根据个人要求随意安置。这样就容易创造出一种宽松、惬意的社交环境。

③ 圆桌式排位。圆桌式排位，指的是在会场上摆放圆桌，请与会者在周围自由就座。圆桌式排位又分下面两种形式：一是适合人数较少的情况，仅在会场中央安放一张大型的椭圆形会议桌，然后请全体与会者在会议桌周围就座；二是在会场上摆放数张圆桌，供与会者自由组合。

④ 主席式排位。在茶话会上，这种排位是指在会场上，主持人、主人和主宾被有意识地安排在一起就座，并且按照常规礼仪规范就座。

（6）确定议程。茶话会的议程一般包括以下几项内容。

第一项：主持人宣布茶话会开始。宣布开始前，主持人要请与会者各就各位。宣布开始后，主持人可对主要与会者略作介绍。

第二项：请主办单位的主要负责人讲话。他的讲话应以阐明这次茶话会的主题为中心内容，还可以代表主办单位对全体与会者表示欢迎和感谢，并且恳请大家一如既往地理解和支持主办单位的工作。

第三项：与会者发言。这些发言在任何情况下都是茶话会的中心。为了确保与会者在发言中畅所欲言，通常，主办单位事先不对发言者进行指定和排序，也不限制发言的具体时间，而是提倡与会者自由进行即兴式发言。一个人还可以多次发言，来不断补充、完善自己的见解、主张。

第四项：主持人作总结。主持人略作总结后宣布茶话会结束。

（7）现场发言。现场发言在茶话会上举足轻重。茶话会上假如没有人踊跃发言，或者是与会者的发言严重跑题，都会导致茶话会的失败。

茶话会上，主持人更重要的作用是在现场审时度势、因势利导，并且控制会议全局。大家争相发言时，由主持人决定发言的顺序。当没有人发言时，主持人引出新的话题，或者恳请某位人士发言。会场发生争执时，主持人要出面劝阻。在每位与会者发言前，主持人可以对发言者略作介绍。发言前后，主持人要带头鼓掌致意。

与会者在茶话会上的发言以及表现等必须得体。在要求发言时，可以举手示意，但也要注意谦让，不要争抢；不管自己有什么高见，都不要打断别人的发言。肯定成绩时，要力戒阿谀奉承。提出批评时，不能讽刺挖苦。切忌当场表示不满，甚至私下里进行人身攻击。

（8）送别宾客。茶话会即将结束之际，主人应向每位宾客致以谢意并礼貌地送别。宾客们则以鞠躬礼回应，表达对主人的感激之情。茶话会的每个美好瞬间都值得被珍藏。主办者可以通过摄影的方式，无论是拍摄照片还是录制视频，都能将这些瞬间永恒地记录下来。茶话会结束后，将这些影像资料分享给宾客们，它们将成为宾客们在朋友圈中炫耀的亮点。

中国的茶道文化源远流长，品茶、喝茶、茶话会等活动都承载着丰富的内涵。茶，这一天地间的灵物，不仅是心灵的媒介，更渗透到我们生活的方方面面。在茶的聚会上，我们因茶结缘，共同缔造了一场心灵的盛宴。

4. 联欢会礼仪

联欢会是一个宽泛的概念，它包括各种组织举办的节日联欢会（如新年联欢会、春节联欢会）、各种文艺晚会（如歌舞晚会、电影晚会、戏曲晚会、相声小品晚会）等。联欢会对于提高组织凝聚力、向心力，活跃员工的文化生活，加强与外部公众的文化沟通，提升组织形象都起着积极作用。联欢会重在娱乐，但也不可忽视其礼仪，否则会事倍功半。

（1）联欢会的准备工作。

①确定主题。为了使联欢会起到"教人"和"娱人"的双重作用，要精心确定联欢会的主题，使其有明确的指导思想和预期的目标。在此基础上选择联欢会的形式，适宜的形式对联欢会的成功意义重大。联欢会的形式可以不拘一格，可以不断创新。

②确定时间、场地。联欢会的时间一般应选在晚上，有时也可根据情况选择在白天，其时间长度一般以两小时为宜。联欢会的场地选择非常重要，最好选择宽敞、明亮，有舞台、灯光、音响的场地。场地应加以布置，给人以温馨、和谐、喜庆、热烈之感。联欢会的座次要事先安排好，一般应将领导安排在醒目位置，其他人员最好穿插安排，以便于交流沟通。

③选定节目。要从主题出发来选定节目，尤其是开场和结尾的节目一定要精彩、有吸引力。节目应多种多样，健康而生动，各种形式穿插安排，不可头重脚轻，更不可千篇一律。正式的联欢会上，要把选定的节目整理编印成节目单发给观众，为观众提供方便。

④确定主持人。主持人是联欢会的关键人物，应选择仪表端庄、表达能力强、有一定的组织能力、应变能力强、熟悉各项事务的人担任主持人。一场联欢会的主持人最好不少于两人（通常为一男一女）。主持人不可过多，以免给人以杂乱无章之感。

⑤彩排。正式的联欢会一定要事先进行彩排，这样有助于控制时间、堵塞漏洞，增强演职人员的信心。非正式的联欢会也要对具体事宜逐项落实，做到万无一失。

（2）观众的礼仪规范。观众在参加联欢会、观看演出时应严守礼仪规范，这主要包括以下方面。

①提前入场。一般情况下，在演出正式开始之前一刻钟左右，观众即应进入演出现场，注意不要迟到。入场后要对号入座，在自己的座位上就座时，要悄无声息，坐姿优雅。切勿使座椅声响过大，或坐姿不端正。

②专心观看。参加联欢会观看节目时要专心致志、全神贯注，不能交头接耳、窃窃私语；不能进行通信联络，要自觉关闭手机等移动通信设备，或使之处于静音状态；不要吃东西，不要吸烟，更不能随意走动或大声讲话、起哄等。总之，要自觉维护全场的秩序，保持安静，使联欢会顺利进行。

③适时鼓掌。当主要领导、嘉宾入场或退场时，全场应有礼貌地鼓掌。演出至精彩处时也应即兴鼓掌，但时间不宜太长，演出结束时可鼓掌以示感谢。对可能表演不佳的演员，要予以谅解，不要鼓倒掌，更不能吹口哨、扔东西等，因为这些做法是非常没有修养的表现。演出结束，全体演员登台谢幕时，观众应起立鼓掌，再次感谢演员的表演，不能熟视无睹，扬长而去。

小贴士

5. 网络会议礼仪

借助新的网络软件，现在越来越多的会议在网上召开了。这无疑减少了参会人员的往来奔波，不再受会议空间的制约，会议人数也可以灵活地设置，给我们的工作和生活带来了极大的便利。但是，线上会议和线下会议还是有很大的区别，网络会议提出了新的交际要求，需要会议的组织者——主持人及时转换思路，才能把网络会议开对开好。网络会议的主持人需要掌握一些召开网络会议的礼仪规范。

（1）确定召开网络会议的必要性。网络会议可选择的交流方式有个别交流、线下会议和网络会议，需要辨别这三者的优劣。个别交流虽然灵活亲切、深入，但是效率很低，而且如果对同一个问题有不同意见，就很难进一步讨论并统一意见。线下会议庄重正式，交流充分，但是组织和集会都耗时耗力，受时间和空间的限制也比较大。网络会议的正式性、便利性和交流的充分性介于上述两者之间，因此网络会议比较适用那些议程不太复杂、需要集体通报或者集思广益的一般性会议。以一个部门制定规章的过程为例，在草拟阶段，可以找相关人员进行个别交流，以充分酝酿意见；然后可以召开网络会议，通报相关基本情况，如制定规章的原因、过程，向社会公开草案，并公布征求意见的时限和渠道；最后则可以召开一次正式的线下会议，对规章进行充分讨论并最终定稿。总之，网络会议虽然便捷，但也不是想开就开，要在各种交流方式中权衡利弊，充分发挥各自的优势。

（2）做好形式和内容两方面的准备。如果决定召开网络会议，那么主持人就要提前做好形式和内容两方面的准备。形式方面要选择网络会议软件并在线预订。如果是单位内部会议且有企业版定制软件，那么私密性和安全性都会比较有保障，应该优先选择；否则就要尽量选用一款流行度高的软件，以方便更多与会者直接参与，免去下载安装、学习使用之苦。内容方面要拟定会议的各项议程，并且预估时长。网络会议讲求短小精悍，因此时间不宜过长，最好不要超过一个小时。当然在预订会议室的时候可以多订半个小时，到时候提前结束也是意外的惊喜。准备工作完成之后，就可以把会议时间和网上入会方式通知会议参与者了。

（3）会议召开过程中的注意事项。

① 修改名称。因为网络会议没有席位牌，也没法在私下介绍沟通，所以如果与会者相互之间并不熟悉，在进入网络会议室后，主持人就可以要求大家修改名称。一般使用自己的真名，如果是跨单位、跨部门会议，最好还要注明自己的单位或部门。在发言的时候，也要开门见山介绍自己的身份，不要让别人再浪费时间去查询。

② 发言时请打开视频。在日常交流中，表情和体态是非常重要的沟通渠道，而在网络交流中“但闻其声，不见其人”，难免会丢失不少信息，特别是情绪信息和态度信息。所以我们建议主持人在发言时不妨打开视频，并邀请发言者在发言时也打开视频，以进行充分的非言语信息交流。

③ 开场白要言简意赅。会议召开之初，主持人要向大家说明会议流程，明确各个环节的主要内容和大致时间，让大家心中有数。开场白需要言简意赅，介绍与会人员和会议宗旨后，快速切入主要议题。

④ 把握好会议的各个环节。在网络会议通报情况环节，主持人最好事先制作 PPT 辅助宣讲，以节约时间并且让与会者准确抓住重点。在集体讨论环节，主持人要兼顾发言机会。网络会议的一个大问题是话语轮次的交接，与会者互相不可见不可闻，因此无法通过线下举手示意或者清嗓子这样的举动来申请发言。这时候就需要主持人制定发言规则，要么一开始就确定发言顺序，要么通过点名的方式来轮换轮次，总之既不能冷场也不能抢话筒。如果是主持人点名的方式，那么小范围会议可以每个人都依次发言，而大规模的会议则要选择有代表性的人员发言，此时别忘了邀请资深前辈提供意见。最后也可以留出一些自由发言时间，让没有轮到的人发表意见。如果对别人的发言内容有简短意见或者细节补充，与会者也可以充分利用网络优势，在聊天框中通过输入文字的方式和大家交流。同样，主持人也可以使用聊天框，在其中发布背景信息或补充内容。在总结环节，主持人可以简要概括会议形成的决议和工作安排，当场请大家表决。如无异议就在会后形成会议纪要分发，以提高工作效率并形成书面备案。

总之，网络会议主持人可谓责任重大，需要做好三件事情：第一，事先设计讨论要点并做好草案，以免会议漫无目的，缺少实效；第二，判断形势，让与会者获得必要的表达机会，能够畅所欲言；第三，分清轻重，把控全局，速战速决，提高会议效率。若能做到这三点，就可以成为一名合格的主持人，网络会议的成功率也会大大提高。[①]

---

① 徐默凡. 网络会议主持人攻略 [J]. 咬文嚼字，2023（4）：48-50.

任务 9.3　职场友好交往

人际关系的数量和质量，是生活满意度和幸福感的可靠测量指标，职场中的人际关系也不例外。在职场中，同事之间、上下级之间的友好交往，有利于形成良好的职场关系，增强智慧康养机构全员的归属感和凝聚力，打造高效的智慧康养服务团队，使智慧康养服务对象和公司整体都受益。

1. 职场友好交往的重要性

职场友好交往的重要性主要体现在以下几个方面。

（1）提高工作效率。良好的职场人际关系有助于促进团队合作和沟通。当同事之间建立了良好的信任和合作关系时，工作流程会更加顺畅，信息传递会更加高效，这有助于提高工作效率和工作质量。

（2）获得支持和帮助。在职场中，挑战和困难在所难免。建立良好的职场人际关系，可以得到他们的支持和帮助。提供经验分享和建议，帮助我们克服困难并取得成功。

（3）获得个人发展和学习的机会。通过与职场中不同背景和经验的人建立联系，可以接触到更广泛的知识和观点，拓宽视野，进而获得新的学习和发展的机会。

（4）获得职业推荐和机会。人际关系网络在职业发展的机会推荐方面起着至关重要的作用。与同事、上级以及其他行业人士建立良好的关系，他们可能会向你推荐适合的职位，或者介绍你认识更多的人。

（5）营造积极的工作环境。良好的职场人际关系能够为整个工作环境带来积极的影响。和睦、友好的团队氛围有助于提高员工的士气和工作满意度，增强团队的凝聚力和协作性。

2. 与同事相处的礼仪

与同事相处是否融洽、和谐，直接关系到自己的工作是否顺利，自身是否能够得到进步与发展。如何处理好与同事之间的关系，在职场中如鱼得水，是一门学问。

微课

（1）与同事保持适度距离。管理学中的“刺猬法则”讲的是，当刺猬相互靠得太近时，身上会被刺痛。离得太远，不利于相互取暖，又冻得难受，最后它们找到了一个合适的位置。既可以相互取暖，又不至于彼此刺伤。这一法则告诉我们，人与人之间的适度距离是由双方的人际关系及其所处的情境决定的，即你与对方是什么关系，就要保持什么样的距离。与同事相处，需要懂得如何与他们保持适当的距离，不近不远、不亲不疏。关系太远，人家会认为你不合群、孤僻高傲；关系太近，不分彼此、亲密无间，就会被误解为搞小圈子，不利于团结。因此，与同事保持适当的距离是非常必要的。

（2）与同事平等相待。在职场中，应与同事平等相待，不能因亲疏远近而厚此薄彼，也不能拉帮结派，搞小圈子，应该以平等、诚恳的态度对待每一位同事，共建友好、和睦的集体。

（3）尊重每一位同事。同事中每个人的性格、志趣、爱好都各有不同，职位、能力、水平也各有差异，但他们都是团队中的一员，各自承担着不可或缺的任务，因此，同事之间应该互相尊重。不要以己之长比人之短，不能歧视和嘲笑那些在某些方面不如自己的同事。否则，就会伤害他人的感情，造成人际关系的紧张和隔阂。

（4）热心帮助同事。助人为乐是做人的美德。人都会有遇到困难、挫折和无助的时候，在同事有难时，恰当地给予对方关心，热情真诚地给予帮助，是增进友谊的“黏合剂”，有时一句温暖或关怀的话，就能让人倍感温暖，从而赢得同事的接纳和好感，而那种凡事只顾自己，遇困难就躲，见荣誉就争，贬低别人，抬高自己的人，是不会有良好人际关系的。这样不仅不会赢得别人的好感，也不会得到别人的帮助。

（5）诚实守信。诚实就是待人处事要真心真意、实事求是，不能虚情假意、三心二意；守信，就是恪守诺言，说到做到，而不能信口开河、言行不一。诚实守信是做人的基本准则，也是建立良好人际关系的基本要求。只有诚实守信，才能在交往中互相了解，彼此信任，和谐相处。

（6）宽容大度。在与同事交往中，平易近人、随和自然，会给人一种亲切感，人们都愿意与你相处。相反，自负清高、自命不凡，或性格孤僻、不合群的人，别人往往对你敬而远之。有时在彼此交往中难免会出现一些摩擦或误会，当自己受到委屈或误解时，要胸怀大度，宽以待人，不应该斤斤计较、锱铢必报。待人宽容大度，是搞好人际关系的良策。

（7）学会拒绝。工作中，同事有求于已是常有的事，当力所能及时，应认真对待而不能马虎应付，要学会拒绝的艺术。那种简单的否定，不、不行、不去、做不到……留给同事的是一种冷冰冰、硬邦邦的感觉，不利于和谐相处。如何能够既不得罪同事，又能很好地维系彼此关系，就要靠行之有效的拒绝方法。

小故事

回请巧拒绝

20多年前，当旅居海外十几年的名作家梁实秋刚回到台北的时候，朋友们一个接一个地请他吃饭。梁实秋是有名的“早起早睡的人”。他基本上晚上八点就睡觉，第二天凌晨四点就起床写作。偏偏那些朋友都是夜猫子，总是深夜十二点请他吃宵夜。梁实秋吃了几顿，受不了了，于是想出个好法子，对大家宣布：“谁请我吃宵夜，我就回请他吃早点。”这些老朋友都怔住了，你看看我，我看看你，然后会心地大笑，从此再也没人敢请梁实秋吃宵夜。巧妙地拒绝，让梁实秋摆脱了吃宵夜的苦恼。

与同事相处，拒绝要讲究方法，才能做到既能达到拒绝的目的，又不致影响正常的同事关系。王玉苓在其编著的《商务礼仪：案例与实践》（人民邮电出版社，2018年）中介绍的拒绝方法可供参考。

① 但是法。首先肯定对方的意见，然后转说“但是……”把对方没有考虑到的几种情况摆出来，说明你的具体意见。你并没有明确地拒绝对方，就已经达到了拒绝的效果。

② 商量法。在拒绝对方时不使用过于生硬的语句，而代之以商量的口吻。例如，“你看这样是不是更好一些……”“我们能否换个角度考虑一下问题……”

③ 让对方自我否定。让对方自己否定自己，也不失为一种拒绝的办法。通过帮助对方分析其不合理之处，指出其不良后果，让对方自己主动收口。

④ 借助别人的力量。当自己无法直接拒绝时，可以借助别人的力量加以拒绝。但注意不要让对方产生缺少诚意、推诿卸责的感觉。

（8）钱物往来要清楚。借了别人的钱物一定要及时归还。俗话说：“有借有还，再借不难。”即使是小的款项，也应记在备忘录上，以提醒自己及时归还，以免遗忘。向同事借钱借物，写借条并不过分。若所借钱物不能及时归还，应每隔一段时间向对方说明情况。在金钱、物方面无论是有意或无意地占他人便宜，都会在对方心理上引起不快，从而降低自己在对方心目中的地位。

（9）要勇于认错并道歉。与同事相处、共同做事，出现错误是在所难免的，一旦工作中出现错误，不要一味地找客观原因，推卸责任。要学会主动承担责任，勇于承认错误，这样才能在职场中赢得信任与尊重。

小贴士

同事相处“五不要”

（1）不要唯我独尊。

（2）不要牢骚不断。

（3）不要总让同事请客。

（4）不要趾高气扬。

（5）不要打听、传播别人的隐私。

3. 上下级交往的礼仪

（1）上级与下级交往的礼仪。作为上级，正确处理与下级之间的关系，应注意以下几个方面的问题。

① 礼贤下士。在单位里，上下级之间只有分工不同，没有高低贵贱之分。作为上级，不能以“领导”自居，应该以平等友好的态度与下级相处。

礼贤下士，就是对下级以礼相待。领导者要充分注意下级的表现，尊重下级的权利，给他们平等的机会，对下级做出的成绩要予以充分的肯定。上级与下级保持良好的关系，将大大提高下级的工作积极性，这是做好一切工作的保证。

② 关心下级。上级关心下级，最主要的是重视对下级的任用和培养。首先，领导要深入实际，全面了解下级的基本情况，甚至能了解其内心世界，做到知人善任；其次，要充分信任下级，鼓励下级开拓进取，勇于创新；最后，对于下级在创新中出现的问题，上级要敢于承担责任。

③ 爱护下级。上级要主动地为下级创造良好的工作环境，不断改进办公条件，减轻工作负担，不断通过改进物质条件来调动下级的工作积极性；经常了解下级的工作和生活情况，尽力帮助下级解决所遇到的困难；对刚参加工作的年轻人，要热情而耐心地指导，帮助他们尽快提高个人素质。多开展各类文体活动，创造上级与下级沟通交流的机会，这不但有利于员工增强体质、陶冶情操，还有助于建立良好的人际关系氛围，增强团体的凝聚力和向心力。

④ 倾听下级的意见。作为上级，一定要认真听取下级的意见和建议，全面了解情况是领导者对下级的一种礼仪，要本着“有则改之，无则加勉”的态度，采取或公开或私下或集体或个别的多种方式倾听。通过听取下级的意见，上级可以获得一些必要的参考信息，拓宽自己信息获取的渠道，更全面地了解情况，了解下级的愿望，更好地调整自己的决策，更加和谐地开展工作。只有做到虚心纳谏、平易近人，才有可能听到真实的话语，而且能够及时了解下级在工作过程中出现的挫折情绪，及时沟通，使负面后果消失在萌芽状态。

与下级及时有效的沟通是解决问题比较好的方式，沟通时如果下级提出异议和意见，要有良好的接受态度和端正的心态，要耐心听完下级的意见，不能出现不耐烦的情绪而中止与下级的交谈。也不要表现轻蔑，要及时记录下来，并向下级表示会认真考虑。不要自圆其说，推卸责任。对合理的意见，要承认错误并提出改正的具体措施；对不合理的意见，要给出令人信服的解释，不要恼羞成怒，更不能打击报复。不管下级提什么意见，都要向下级表示感谢。

在得到意见后及时对意见做出分析，尽快对下级提出的意见做出答复。如果可以独自处理，就对下级的意见给出客观的分析和评价；如果意见涉及的问题比较重大，就尽快召集管理人员一起讨论。主动公布处理结果，亲自向下级传达改进方法，并立刻实施处理方案。对于指出公司重大失误的下级，公司会给予嘉奖。

小故事

⑤ 宽待下级。在批评下级之前，上级应该深入调查，多方了解，搞清楚下级出现问题的真正原因。调查清楚是否下级的某些错误情有可原，以便在批评的时候对症下药，让下级明明白白地知道挨批的原因是什么，从而做到以理服人。批评时要做到对事不对人。批评时还要选择正确的批评场合，除非下级的问题已经严重到威胁整个公司的正常工作，否则不要使用当众点名批评的方式。不能不分时间和场合当面批评下级；要注意批评的态度，应把批评看作纠正某些不当行为的内部沟通，如果言辞过于刻薄，则容易伤害下级的感情，甚至引起下级的敌对情绪。

对于犯了错误的下级，批评的方式一定要因人而异，最大限度地做到尊重对方，并有的放矢，力争批评效果最优化。如果方式方法采用不当，不仅无法达到批评的目的，还有可能引发下级的敌意，引起和下级之间的矛盾。对于比较敏感的下级，不要直接就事论事地批评，可以通过讲故事或者举例子的方法，让下级领悟到自己的不足。对于不便当面批评的下级，可以通过下级的朋友或者比较信任的人对其进行提醒。

对于好心办坏事的下级，要充分肯定他们的正面因素，然后用探讨的方式和他们一起讨论。对于责任心很强、很有上进心的下级，很多情况下可不必做出批评的姿态，而让他们自己认识到自己错在哪里。对于产生了逆反心理的下级，上级应该在以后的工作中多关心、爱护，使其明白批评只是上级对他们以不同方式的关心。

小案例

⑥ 善于分享。内求团结才能更好地外求发展，组织要更好地发展，就要把员工的力量拧成一股绳。作为上级，只有让下级能够共享组织的利益，让其感受到组织的利益与自己的利益休戚相关，上下才能同舟共济，同心同德，齐心协力，共创美好未来。如果上级只顾及组织利益，只顾自己多获利，只让下级拼命多干活，却不能与下级共同分享利益，那么，这样的上级是不能带动组织发展的。

小故事

（2）下级与上级交往的礼仪。在职场中，作为下级如何与上级相处，直接影响一个人的发展前途。与上级相处同样需要把握一些基本原则，遵循一定的礼仪规范。

① 调整好心态。与上级相处，既要尊重他，又不要畏惧他。有的人平时很自信，但一到领导面前就紧张，行为拘谨，讲话不自然。这是因为将领导看得太重。从而造成心理负担。因此，调整好心态、摆正位置是搞好上下级关系的前提。下级的正确做法是对上级既热情又不过火，既大度又不缩手缩脚。

小贴士

② 维护上级形象。上级是一个单位或部门的代表，是组织的核心。无论在什么场合，对内还是对外，作为下级都要在口头上、行动上努力维护好上级的形象和声誉，服从命令听指挥。例如，遇到上级要主动打招呼，与上级谈话要谦虚诚恳；不议论上级，不当面顶撞上级，对其失误要理解、包容。当上级有错误时，切勿当众指责。若错误不明显，不妨装聋作哑；若错误严重必须纠正，则要寻找合适的时机，以恰当的方式向领导指出。

③ 主动向上级汇报。有些人认为做好自己的工作就行了，没必要多和上级沟通、事事汇报。其实不然，经常与上级沟通、汇报工作，可以让上级知道你的工作进度与安排，一旦有了问题还可以及时得到解决，避免造成失误。

④ 不替上级做决定。勿擅自替上级做决定，但可以向上级表达你的意见。比如，当你向

上级汇报工作时，不妨这么说：“王经理，您好！这件事情经过我的调查和分析，我觉得有三种解决方式。这三种方式分别是……这三套方案各有利弊，由于我资历较浅，请您来决定。”无论领导选哪种方案，都是您认可的。即使领导都不赞成，一个都没选，但至少会让领导感觉到你做了认真的准备和思考。

⑤ 体谅上级、支持上级。在一个单位里，上级和下级只是分工和责任有所不同，但共同的目标都是搞好工作。作为上级，承担的责任更重大，工作更繁忙劳累。作为下级，在工作中就要多体谅、多支持上级，设身处地地为上级分忧，多出力、多尽责。恪尽职守、爱岗敬业、全心全意做好本职工作，这就是对上级最大的支持。

⑥ 意见分歧时要巧沟通。当下级与上级有不同意见的时候，或者上级的意见让自己难以接受的时候，下级不妨先对上级的意见给予肯定，然后找一个适当的机会，委婉地表明自己的想法。这既不会让上级丢面子，也合理地维护了自己的发言权。尤其当下级遭到上级批评时，不管批评是对还是错，尤其是在公众场合，作为下级都要当面接受，然后找个机会和上级私下表明你内心的一些想法。千万不要当面顶撞，当面顶撞是最不明智的做法，既让自己下不了台，也让上级下不了台。面对分歧时，下级如此善于沟通，会使上级或有歉疚之情，或有感激之情，或有认可之情。

小故事

课后练习

1. 办公室礼仪有哪些？

2. 从合理的角度来讲，办公室应如何布置？

3. 怎样维护办公环境？

4. 怎样组织洽谈会？

5. 怎样组织展览会？

6. 怎样组织茶话会？

7. 怎样组织联欢会？

8. 怎样组织网络会议？

9. 同事之间应该如何相处？

10. 与上级相处时应注意什么？

11. 如何与下级交往？

12. 办公室的天地虽小，但方寸之间皆讲礼仪，你知道办公室礼仪都包括哪些方面吗？假如你要去一个办公室实习，你该做哪些准备？

13. 在工作中，你认为哪些礼仪是需要我们特别关注的？

14. 在工作中遇到棘手的问题时，可以越级直接去见别的领导吗？为什么？

15. 两人一组，互相分享自己的学习环境、写字台或课桌上的物品摆放情况，找出问题并及时整改。

16. 小张是某大型智慧康养服务企业的办公室主任，企业决定在年末举行年度总结大会，小张受命负责会议筹备与接待服务工作。请问小张应该从哪些方面着手组织这次会议呢？

17. 某职业技术学院为推荐智慧康养相关专业毕业生就业，专门邀请了 10 家智慧康养服务企业的领导进行洽谈。请模拟演示这次洽谈会的程序，最后安排企业领导与师生合影。

18. 请虚拟某次会议，分组模拟演练会议签到、引导、合影、座次安排等，务必注意其中的礼仪规范。

19. 查阅相关资料，说明网络会议与现场会议的异同以及网络会议参加者应遵守的礼仪。

20. 案例分析

“被迫”提前结束实习的小王

小王是某名牌大学在校生，经老师推荐在一家大型智慧康养机构实习。上司安排给他一些基础性、事务性的工作，如整理材料、核对数字，希望他尽快熟悉业务。可在小王看来这是“打杂”，不是“实习”，自己是名牌大学的高才生，应该从事专业性、技术性强的工作。于是小王便抱着“屈才”的心态开始工作：办事拖拖拉拉，应付了事；开会的时候却高谈阔论，希望被人关注，以获得领导的赏识。

可是，事与愿违，小王不仅没有得到重视，反而被提前结束了实习。

思考题：

（1）请分析一下小王“被”提前结束实习的原因。

（2）本案例对你有何启示？

刘女士的“冷暖”遭遇

我们公司的场地构造有点特殊，进门的玄关旁边有一个座位，因为我是财务人员，不用和他们项目组的同事坐在一起，所以玄关旁边的位子就是我的座位。公司前几个月新来了一位大学毕业生，进门首先看见我，招呼不打一声，头也不点一下，每次直瞪瞪地看我一眼就走进去了，我怀疑她可能以为我只是个前台阿姨，所以才如此不屑。过了几天，她大概终于搞清楚我并非什么接接电话、收收快递的阿姨，而是掌管她每个月工资的“财政大臣”，猛地一天就殷勤起来，一进门，“刘老师”叫得响亮。可是，我心里的感受却不一样了，即使她现在对我再怎么尊敬，毕竟是有原因的，我对她也生不出什么好感来。我很纳闷：怎么一个堂堂大学生刚进社会就这么“势利眼”？如果我真的是前台阿姨，是不是她这辈子都不跟我打招呼？

思考题：

（1）在本案例中，这位初入职场的大学生存在什么礼仪问题？

（2）本案例对你有何启示？

不尊重他人的后果

刘倩大学毕业后，在一家智慧康养服务机构就职。她在工作中非常认真负责，而且善于推广业务，颇受领导赏识，但她性格直爽，说话犀利，不管对方是谁，有什么就说什么，给同事留下了刻板、爱挑毛病的印象，因此得罪了不少人。但她觉得自己距离主管的位置已经不远了，只要自己能够很好地完成领导交代的任务，这就够了，其他都不重要。

有一天，刘倩看到同事赵莲迟到后并没有投入工作，而是在座位上补妆，她气不打一处来，就学着主管的口气，当着大家的面说：“迟到都不觉得不好意思，还在这里臭美呢！领导发工资不是为了养闲人的。”这番话让赵莲无地自容，她的眼泪都流了下来。

主管知道这件事后，把刘倩叫到办公室，直截了当地对她说：“领导和我都对你现在的状态很不满意，很多同事都反映你的情况。领导本来想等你改正之后提拔你当主管，可你非但不改，还变本加厉，真把自己当主管了啊？”“就算你现在是主管，你也要让下属心服口服。领导现在对你很失望。”

听了主管的话，刘倩意识到了自己的错误，想要改善和同事的关系，但以她之前对同事的态度，同事很难快速地接纳她。渐渐地，她感到在公司举步维艰，于是心灰意冷地递交了辞职信。

思考题：

（1）刘倩在处理同事关系方面存在哪些问题？应如何解决这些问题？

（2）本案例对你有何启示？

21. 实训项目

工作礼仪实训

案例背景：小白是智慧康养服务企业护理部的工作人员，她为人比较随和，不喜争执，和同事相处得比较好。但是，前一段时间，不知道因为什么原因，同一部门的小李却处处和她过不去，有意把她的工作任务让小白做，甚至还抢了小白好几个客户。

起初，小白觉得都是同事，没什么大不了的，自己忍一忍就算了。但是，小李却越来越过分，小白一赌气，把这件事告到了部门经理那儿，结果部门经理批评了小李。从此，小白和小李成了冤家。

实训方法：

（1）全班每 4 人为一个小组，选 1 人为组长，组织小组讨论：以小白遇到的问题为背景，为她找到问题所在，并提出合理的解决方案。

（2）每组上台展示本组的解决方案，并设置一个为小白解决所遇到问题的工作场景，一人负责场景介绍，其余同学分别扮演小白、小李、经理，进行角色模拟，演示工作交往礼仪。

实训要求：全程录像，大屏幕回放，学生自我评价、小组评价，教师点评总结。师生评选出“最佳表现组”。

会议礼仪实训

实训背景：为进一步加强社区智慧康养服务工作，某市一家智慧康养服务企业决定组织召开智慧康养服务进社区工作洽谈会，邀请全市有代表性的 30 位社区负责人，共谋合作与发展。这家智慧康养企业的总经理吩咐办公室主任精心准备这次洽谈会。

实训目的：通过实训，了解会场布置的基本要求，掌握会场布置的基本方法，能够根据会议的性质、规格、规模等因素设置主席台、排列座位、装饰会场；通过实训，了解会议服务内容，掌握会场内外的服务技巧，学会协助领导掌握会议信息，对会议实施有效指挥和控制，培养会务服务的能力。

实训要求：

（1）将全班学生分成若干组，每组 3 ～ 5 人，设组长 1 人，组织小组成员进行会场布置、设备布置以及水果、鲜花、台签、文具用品等物品的摆放。

（2）组长以办公室主任的身份策划本次洽谈会，并分组扮演不同角色模拟洽谈会全过程，重点进行洽谈会会场服务的演练。

① 模拟参会客商的会前迎接。

② 模拟会议签到服务。

③ 模拟会场内座位引导。

④ 模拟会议期间奉送茶水。

（3）学生自我评价、小组评价。教师进行点评总结，指出各组存在的共性问题。

（4）全班评选出“最佳表现组”和“最佳表现个人”。

模块 4

智慧康养服务人员工作礼仪

老吾老，以及人之老；幼吾幼，以及人之幼。

——孟子·梁惠王上

非礼勿视，非礼勿听，非礼勿言，非礼勿动。

——论语·颜渊篇

人的生命是有限的，可是，为人民服务是无限的，我要把有限的生命投入到无限的为人民服务之中去。

——雷锋

我希望通过我的努力，能让更多老人的晚年更加幸福，因为老人的今天，就是我们的明天。

——“最美职工”“全国五一劳动奖章”获得者养老护理员蒲玉

我想向年轻人发出倡议：以爱之名，守护夕阳。请加入我们，为这个行业注入年轻的活力，为长者带去更加贴心、专业的服务。

——上海市最美养老护理员朱亚东

项目 10　拜访老人与接待客人礼仪

学习目标

知识目标

（1）掌握拜访老年人的礼仪规范。

（2）掌握接待客人的礼仪规范。

能力目标

（1）把握拜访老年人的细节和技巧，做到礼貌贴心。

（2）把握接待客人的细节和技巧，做到热情周到。

素质目标

（1）具有尊老、爱老、护老、助老的意识，理解并接纳老年人。

（2）增强服务意识，耐心对待每一位老年人。

（3）在工作中培养严谨、认真的工作作风及与人合作的能力。

案例导入

不讲拜访礼仪的小兰

应王女士的电话请求，居家养老服务公司派出护理员小兰到张奶奶家做家庭随访，并陪伴老人两小时。小兰敲开了张奶奶的家门，一进屋子就闻到空气中弥漫着难闻的气味，她忍不住捂鼻脱口而出：“这是什么味啊？”张奶奶面色一沉，说：“你们回去吧，不需要你们来陪我。”气氛一时尴尬起来。

思考题：

（1）小兰此次拜访存在什么问题？

（2）本案例对你有何启示？

任务 10.1　拜访老人要礼貌贴心

拜访又称拜见、访问或探访，是人们日常生活中最为常见的一种交际形式，是社会活动中的一件经常性工作，同时也是联络感情、增进友谊的一种有效方法。无论是事务性拜访、礼节性拜访还是私人拜访，都应遵循一定的礼仪规范，从进门、交谈到告辞，都有一些约定俗成的做法。作为智慧康养服务人员要使拜访老人做得更得体、更有效，更好地实现拜访的目的，一定要重视和学习拜访的礼仪，做好上门拜访居家老年人的准备工作，注意自己的言行举止，克服自己的偏见和不适应，遵守智慧康养服务礼仪规范，做到礼貌贴心，赢得老人的好感，提升智慧康养服务工作的水平。

1. 事先邀约

为了避免空跑和打扰他人，拜访前务必选好时机，事先约定，这是进行拜访活动的首要原则。一般而言，老人家属申请居家照护，会打电话咨询，如在电话中家属已经约好时间，一定要在拜访前再次打电话确认，确定后要按照事前约好的时间按时赴约，如果不能按时赴约一定要事先告知。如果没有事先约好，就应主动与老人家属电话联系，联系的内容主要有以下四点。

（1）自报家门（姓名、单位、职务）。

（2）询问老人是否在家，是否有时间或何时有时间。

（3）提出拜访的主要目的和内容，使对方有所准备。

（4）约定双方认为比较合适的会面时间。

小贴士

拜访他人的时间选择

拜访他人的时间要恰当、适宜，深夜、大清早或用餐时间不宜上门拜访；节假日多为休息时间，也不宜为公事拜访。如果拜访的对象为外宾，要注意他们一般晚睡晚起，上午10点与下午4点左右登门拜访比较适宜，其他时间最好不要贸然打扰。

预约时要注意说话的语气，应该是友好、请求、商量的，而不是强求、命令式的。在社会交往中，未经约定的拜访，属于失礼之举，是不受欢迎的。事先预约时如果老人或家属答复在所选择的时间另有安排，应主动表示歉意，然后和对方商讨下次登门拜访的时间。

事前相约，还要注意时间安排，考虑到会见之前的活动以及交通等因素，尽可能把时间定得宽裕一些。一般这样说："我晚上七点三刻到八点之间到达。"可以减少因交通、天气等意外原因不能准时赴约引起的不快。同时，如果因故不能及时到达，应尽早通知对方，并讲明原因，无故迟到或失约都是不礼貌的。

2. 拜访前的准备

拜访老人前应根据前期与老人家属的沟通，制定详细的拜访计划。做好充足的准备，避免拜访时被问得张口结舌，给老人及家属留下不好的印象。准备内容主要有以下几方面。

（1）专业知识准备。这包括：

① 老人照护员必备的基本专业知识。

② 老人的特点、照护需求及相关技术知识。

③ 自己所在智慧康养机构的相关设施、服务项目等。

④ 平时要广泛积累与养老服务相关的知识。

（2）物品准备。这包括：

① 面巾、纸巾、手表等。

② 笔和笔记本，记录老人的具体照护要求等相关内容。

③ 修饰仪容的用品：镜子、梳子等。

④ 相关物品：拜访老人时适宜的礼品以示尊重，进行技术指导时需要的相关物品。

小贴士

（3）仪容准备。这包括：

① 服装：选择合适的服装，一定要整洁大方，这是对老人的尊重。

② 发型：女性照护员头发过长时，不要披着，应扎起来或盘起来。防止在服务过程中头

发遮挡视线或沾染老人的物品。男性照护员头发长度要符合要求，不能留胡须。

③ 饰品：饰品不可过多，尤其不可戴戒指工作，以免划伤老人；女性拜访时可化淡妆，不可浓妆艳抹。

④ 仪表：应注意修饰，整洁、端正、美观。有口臭者注意，拜访前必须清洁口腔。

（4）掌握老人信息。充分了解需要居家护理的老人的基本信息和特点。这包括受访人员的性别、年龄、性格、兴趣、生日、健康状况、个人嗜好、家庭状况，以及别人对他的评价等。只有充分了解拜访对象的相关信息，才能在正式拜访时准确地找到与对方沟通的突破口，从而实现拜访目的。

（5）做好出发准备。作为拜访者，一定要对老人的居住地点有所了解，特别是首次去的地方，要提前了解一下交通路线，以免耽误时间。选好交通路线，算好时间出发，确保准时到达。

3. 拜访中的礼仪

（1）准时赴约。一旦与对方约定了会面的具体时间，拜访者就应准时赴约。准时赴约是拜访时必须注意的礼节，它意味着你对对方的尊重。在一般情况下，既不要随意变动时间，打乱老人及家属的安排，也不要迟到或早到，准时到达才最为得体。如因意外迟到，应马上向对方道歉，不要为自己辩解；如不能履约，应在事先向主人诚恳而婉转地说明情况，以取得谅解。

小故事　微课

（2）先声入门。到达老人住所后，要先按门铃或轻轻敲门。不要反复按或长时间按门铃。敲门不能用力或急促，敲门的声音也不要太大，要用食指敲门，力度适中，间隔有序地敲三下，等待回音，如无应声，可再稍加力度，再敲三下。如果主人来应门并询问“谁呀”，除了经常见面的熟人主人能辨别出你的声音，必须通报自己的姓名和智慧康养机构名称，而不应简单地回答“是我”，因为这样极易给人一种以自我为中心看待事物和考虑问题的印象，如此易导致很多误解，增加交流障碍，进而人为地妨碍事情进展。在按响门铃或敲门后，应该退后两步，等待主人开门迎接后再进入屋内，即使是夏天开着门，也要以其他方式使主人知道有人来访，听到招呼后再进门，否则是不礼貌的。

小贴士

如何敲门

敲得太轻了别人听不见，敲得太响不礼貌，而且会引起主人反感。敲门时，绝对不能用拳头捶、用手掌拍、用脚踢门，更不要“嘭嘭”乱敲一气，如果房间里面有人正在休息，会惊吓到他们，如果遇到门是虚掩着的，也应当先敲门。这个敲门的动作有两层意思：一是表示询问“我可以进来吗”；二是表示一种通知“我要进来了”。

（3）进门拜访。进门拜访时要遵循以下礼仪规范。

① 进门有礼。拜访时如带有物品或礼品，随身带有外衣和雨具等，应该搁放到主人指定的地方，而不应当乱扔、乱放。进门前应主动在门垫上擦净鞋底，进门换鞋。夏天进屋后，再热也不要随便脱去衬衫和长裤；而冬天进屋后，再冷也应摘下帽子，同时还应脱去大衣和围巾，并切忌说“冷”，以免引起主人的误解。对室内的人，无论认识与否，都应主动打招呼，主动向老人问候致意，还要跟在场的老人家属和其他客人打招呼。如果老人及家属与你握手，要等对方先伸出手来再伸手呼应，同时要起立双手相迎，以示尊重。

② 举止文明。进门后，尤其要先请老人就座，之后等主人安排或指定座位后再坐下，主人不坐，自己不能先坐。主人让座之后，要说“谢谢”。在老人家里要注意自己的仪表，站有站相，坐有坐相，要大方有礼。坐姿要端正，双腿轻微靠拢。坐下时双手可放在膝盖上方，两小腿在座位下方轻轻交叉，以减轻疲劳，坐下动作要轻，智慧康养服务人员不能随意坐在老人家床上，切忌跷起二郎腿、双手抱膝、东倒西歪等不礼貌的行为。如果老人家有其他客人，要微笑点头致礼；当主人上茶时，应欠身双手相接，并致谢。一般不要在主人家吸烟。主人端出果品，要等年长者或其他客人动手后，自己再稍稍品尝取用。如果主人招待的是矿泉水或饮料，已启开瓶口的应全部喝完。

小贴士

坐沙发的技巧

坐沙发时，应使臀部挨着沙发前端，并浅浅地坐着。如果是女士，则应挺直脊背，双膝并拢偏向一侧，显得较为优雅。不能因为坐在坐垫上舒服，就将身体倚在靠背上，深深地陷进去。如果带有皮包，既不能放在沙发上，也不能放在桌子上，应将它放在自己的脚边。

③ 礼貌交谈。与老人及家属交谈时态度要诚恳，眼睛看着对方，坐姿要文雅，谈吐要客气。不要对老人家室内陈设评头论足，也不要谈论令老人扫兴的事。交谈时应用心倾听老人和家属的谈话内容，不要随便插话或打断别人的谈话，注意观察老人情绪和环境变化。拜访交谈时应注意以下几个问题。

第一，要限定交谈的内容。交谈内容实际上指的就是交谈时的具体范围。这次来老人家拜访的主要目的是进行居家护理介绍和指导，建立与老人和家属的良好关系，使老人信任自己，所以交谈时应主要围绕老人的需要和护理内容进行，不能跑题。当家属介绍老人的性格特征、兴趣爱好、生活习惯、健康状况及护理要求等个人情况时，护理人员要仔细倾听，做好相应记录，必要时可以向家属询问相关情况。当老人或家属进行居家养老咨询时，工作人员要认真、耐心地一一回答，作出解释，必要时可以进行相关服务的介绍和指导，但切忌长篇大论，要简洁明了。当然，为了适当地调节气氛，减少初次见面的陌生感，拉近与老人的距离，可以说点轻松愉快的内容，但交谈之中不能跑题。

第二，要限定交际的范围。请看下面的小案例。

小案例

小李探望王爷爷

王爷爷，78岁，近两年身体欠佳，行动不便，语言沟通比较顺畅，其子女都在外地工作。家人已为其请了保姆，子女申请定期上门居家照护，希望养老护理员上门给予养老技术指导和服务。今天，小李作为养老护理员第一次登门拜访王爷爷。

思考题：

小李的交际范围应该是怎样的？

在交谈范围限定之后，还要限定交际范围。上例中养老护理员小李拜访的对象是王爷爷，那小李的主要交际对象就是王爷爷，这就是小李的交际范围。所以小李就应该主要和王爷爷进行交流，而不是和其他人交流。

第三，要限定交际空间，进入老人家里，活动范围应以客厅为主。未经老人允许，不要擅自进入卧室、书房，也不要在屋内乱翻东西，更不要在老人床上乱躺，不要随便乱翻老人的东西，对老人的兴趣、爱好、意见、想法、态度以及生活习惯，都要非常尊重，尽可能了解老人，适应老人，欣赏老人喜爱的事物。除非老人或家属要求你到其他空间进行技术指导，否则不可进入。

第四，要限定交际时间。拜访老人时，事先要和老人或家属约定好此次拜访的目的、交谈的内容、技术指导的项目，以免浪费双方的时间和精力。拜访任务完成后，就要适可而止，及时告辞。一般情况下，若无要事商谈，逗留时间以不超过 30 min 为宜。在他人家中无谓地消磨时光是不礼貌的，也是令人讨厌的。

小贴士

拜访老人时与老人谈话的注意事项

（1）语言准确适当。要了解老人的受教育程度及理解能力，选择合适的语言与老人交流。言语要严谨、高尚，符合伦理道德原则。同时要清晰、温和，措辞要准确，尤其注意语调适中，当向老人交代护理意图时，语言要简洁、通俗易懂。

（2）语言的情感色彩。服务人员一进入老人家里，就进入了服务的角色。应热情地对待老人，将爱心、同情心和真诚互助的情感融入言语中。

（3）语言的保密性。对老人的隐私，如生理缺陷、精神疾病等要保密。对老人不愿提及的内容不要追问。

4. 拜访结束的礼仪

当从老人家离开时，怎么告辞也是一个礼节问题。拜访时必须讲究善始善终、告退有方。告辞时要注意以下几点。

第一，要适时告退。适时告退有以下三层意思：一是按原来约好的时间，按时走；二是如果没有约定时间，当你感觉到自己拜访的目的已经达到或请教的问题已得到解释或有了回复，双方要说的话已经基本谈完时，就不宜再做停留；三是万一老人有事，比如老人家里来了别的客人，这时最好离开，如果有些事还没谈完可另约时间。

第二，要向在场的所有人道别。不仅见面的时候要向老人及家里人问候致意，临走的时候也要向对方致以问候，握手道别，比如老人、老人家属和保姆等。临别时，要注意表示歉意，说声“打扰了”“影响您休息了”等。

小贴士

第三，要说走就走，也就是辞行要果断。不要告别了许久也不走，光动嘴不动腿。这样做很不礼貌。当老人或家属送至门口时，应主动与老人握手道别，并说“请回吧”“请留步”等客气话。出门后，应转身点头致意。①

小训练

以小组为单位，模拟上门拜访老人的情景，注意相关细节。

① 周淑英，化长河．老年服务伦理与礼仪 [M]. 北京：北京师范大学出版社，2015：204–208.

任务 10.2 接待客人热情周到

小案例

不善接待的小张

一天上午，某智慧康养服务中心的前台接待人员小张匆匆走进办公室，像往常一样进行上班前的准备工作。他先打开窗户，接着打开饮水机开关，然后翻看昨天的工作日志。这时，一位事先预约的客人要求会见护理部李主任，小张一看时间，他提前了 30 min 到达。小张立刻通知了护理部李主任，李主任说正在接待一位重要的客人，请对方稍等。小张就如实转告客人说："李主任正在接待一位重要的客人，请您等一会儿。"话音未落，电话铃响了，小张用手指了指一旁的沙发，没顾上对客人说什么，就赶快去接电话了。客人尴尬地坐下。

小张接完电话后，发现客人已经离开了公司。

接待是指交际活动中迎来送往的一系列招待活动，是给客人以良好第一印象的最重要工作，是表达主人情谊、体现礼貌素养的重要方面。对于智慧康养机构来讲，这里的客人包括老人及其家属、上级领导、兄弟单位来宾、上门服务的志愿者等。因此，有客人来访需要做好接待工作，尽地主之谊，为客人提供方便，热情相待，让客人高兴而来，满意而归，从而增进双方感情，促进事业发展。为了让自己在接待时言行举止得体，学习相关礼仪十分必要。

按照不同的标准分类，接待具有多种类型。按来宾的任务分类，有上级检查、工作联系、业务往来、经验交流、召开会议、讲课、参观、访问等的接待；按来宾的地域来分类，有本地接待、外省市接待、境外及国外来客（外宾）接待；按来宾的人数来分类，有个人接待和团体接待；按来宾是否有预约分类，有随机性接待和预约性接待或计划性接待；按工作岗位和工作内容分类，接待有前台接待、办公室接待、会议接待和在家待客等。

做好接待工作，要求接待人员有良好的组织能力、协调能力、沟通能力和应变能力，从接待的准备工作到接待过程中迎送的礼仪规范，都需要认真对待并熟练掌握。严谨、热情、周到、细致的接待工作，会给客人留下深刻的印象，大大加深客人对公司的了解，从而增强与公司合作的信心，促进双方业务的开展，全面提升公司形象。在上面案例中，接待人员小张说话随意，忽视客人，甚至对其置之不理，使客户失望而去，不辞而别。其中的教训是需要汲取的。

1. 接待准备

让客人乘兴而来，高兴而归，使东道主给客人留下良好印象，从而为下一步深入接触打下基础，是接待工作所追求的效果。为达到这一效果，除了在接待过程中要遵守平等、热情、友善、礼貌的基本接待工作礼仪规范外，还要着重做好以下前期准备工作。

（1）掌握客人的基本信息。接待人员一定要充分掌握客人的基本信息。这些情况包括来访客人的人数（几男几女）、身份、所搭乘的交通工具，甚至还包括饮食习惯、民族和宗教信仰等。详细掌握了客人的信息，就方便安排接待、住宿、用餐以及一定程度上规避冲突的发生等。了解来访者的具体身份也便于确定接待规格。如果来访者中有身份很高的客人，要考虑请公司相关领导出面接待。如果来宾尤其是主宾曾经来访过，则在接待规格上要注意前后一致，无特殊原因不宜随意升格或降格。客人如果报出自己的计划，比如来访的目的、来访的行程、来访的要求等，应在力所能及的前提下，尽可能给予对方照顾，满足其特殊要求。

（2）确定接待规格。接待的规格要根据来访客人的身份、来访目的及与我方的关系而定，不能过高，也不能过低。接待规格必须事先确定，安排好接待人员，否则客人到来后会造成无人照应的尴尬场面。接待规格主要是从场面的安排及主陪人的职位角度区分的，主要有以下三种。

① 高规格接待。高规格接待是指接待场面热烈宏大，主要陪同人员的职位比主要来宾的职位高的接待形式。高规格接待表明对被接待一方的重视和友好。以下四种情况通常会出现高规格接待：

• 上级领导派一般工作人员向下级领导传达意见或要求；

• 兄弟单位或协作单位的领导派工作人员到本单位商量重要事宜；

• 下级单位有重要事宜来访；

• 重要专家或对本单位业务发展有重要作用的专业技术人员来访或来求职等。

高规格接待虽然能表现出重视、友好的态度，但它耗费资财，同时还会占用主陪人的很多时间，经常采用高规格接待会影响主陪人的正常工作。

② 对等接待。对等接待是指接待场面适当，主要陪同人员与主要来宾的职位相当的接待形式。对等接待是最常用的接待方式，主要有以下两种情况。

• 对重要来宾，本单位派出对等职位及同等人数的接待人员自始至终接待或陪同。

• 在来宾初到和临别时派出对等职位及同等人数的人员接待，中间则请其他适当的人员陪同。

③ 低规格接待。低规格接待是指主要陪同人员的职位比主要来宾低的接待形式。低规格接待主要有两种情况。

• 上级主要领导或主管部门领导来本地视察、了解情况或调查研究，本部门最高领导的职位不会高于上级领导，只能低规格接待。

• 来宾到本地参观学习或旅游，本单位不必派领导出面，可以低规格接待。

（3）制定接待计划。为了避免疏漏，一定要制定详尽的接待计划，以便有条不紊地做好接待工作。根据常规，接待计划至少应包括迎送方式、迎送规格、交通工具、膳宿安排、工作日程、文娱活动、游览、会谈、会见、礼品准备、经费预算以及接待、陪同人员等基本内容。

接待经费预算要根据来访人数、接待规格等情况确定。接待经费主要包括交通费、餐饮费、住宿费、礼品费、场地租赁费、娱乐活动费等。预算经费应当在保证热情款待客人的前提下，尽可能节省开支。

拟定接待工作日程要注意详细、具体，日程安排的主要内容包括以下几个方面：① 迎接客人的时间、地点和人员；② 会客的时间、地点和人员；③ 宴请的时间、地点和人员；④ 娱乐活动的时间、地点和人员；⑤ 客人住宿的地点、房间标准等。接待日程的安排应当尽量满足客人的要求。

（4）做好住宿安排。如果接待方要替客人安排住宿，就要问清楚客人需要多少房间、住宿的标准要求，以及客人对住宿有无特殊要求。接待方承担住宿费用时，要充分考虑交通、环境、饮食、宗教信仰、生活习惯等因素，为客人选择一个适宜的住宿地点。如果是外国客人，应尽量安排在国际连锁酒店，这样无论是语言还是饮食，都符合他们的习惯。安排住宿时，如果是多位客人，订的又是双人标准间，则应该由客方自由组合。

（5）接待环境的布置。接待环境包括前台、接待室、办公室、走廊、楼梯等地方，其中接待室是重中之重。接待环境应安静、整洁、美观、大方、明亮、舒适、无异味。接待时，必须注意以下几点。

① 光线色彩。招待来宾，一般宜在室内进行。室内的光照应以自然光源为主，房间最好是面南。如果担心阳光直射，则可设置百叶窗或窗帘予以调节。接待现场，通常应当布置得既庄重又大方。色彩有意识地控制在一两种之内，最好不要令其超过三种。乳白、淡蓝、浅绿诸色，为适宜之选。

② 温度、湿度。有条件的话，要对用以招待客人的房间的室温加以调控。室温以 24℃左右为最佳。与此同时，还需要注意：当室外气温较高时，室内外温差不宜超过 10℃。湿度：一般认为，相对湿度为 50% 左右最舒适宜人。

③ 安静卫生。为了使主客的正式会谈不受打扰，待客地点的安静与否至关重要。除了其具体地点的选择有一定之规，在进行室内布置时，亦须注意下列几点：地上可铺放地毯，以减除走动之声；窗户上可安放双层玻璃，以便隔声；茶几上可摆放垫子，以防安置茶杯时出声；门轴上可添加润滑油，以免关门或开门时噪声不绝于耳。在待客的房间之内，一定要保持空气清新、地面清洁、墙壁无尘、窗明几净、用具干净。

④ 摆设。在布置专门用以待客的房间时，其室内的摆设一般来讲以简洁大方为主，在待客的房间之内放置必要的桌椅和音响设备即可。必要时，还可放置一些盆花或插花，摆放诸如奖状、奖旗、奖杯等奖品。

此外，应在室内、室外醒目的位置挂上欢迎类标语或用电子显示屏滚动播放欢迎字幕。同时要准备好接待场所的相关物品，如会客室配备的桌椅应较高档，摆放整齐；茶具、茶叶、饮料要准备齐全。纸巾、便笺纸、笔、音响器材、麦克风、企业简介、商品说明等也应准备齐全。

（6）安排接待人员。安排接待工作各个环节所需的人员，具体包括车站或机场的迎送人员、参与会见或洽谈的人员、住宿和餐饮的处理人员、交通安排人员、娱乐陪同人员等。负责接待的人员，要品貌端正、举止大方、口齿清楚，具有一定的文化素养，受过专门的礼仪训练。接待人员的仪表仪容往往关系到个人的修养及公司的形象。接待客人时应着正装，仪容整洁。尤其要保持双手整洁、干净，因为手部的肢体语言仅次于脸部，与人握手、呈递公文，一伸手就让人觉得健康干净，才会使人心情愉快。女性接待员要略施淡妆，给人以比较隆重、正式的感觉，使用一点清淡的香水也是必要的。

在接待过程中，接待人员要始终保持有诚意的态度，待人接物应热情开朗、温馨有礼、和蔼可亲且举止大方。只有站在对方的立场上，有一颗诚挚的心，才能在接待中将心比心，表现出优雅、感人的礼仪，体现出热情。

对于客户来访可能讨论到的问题要有充分准备，客户谈什么、怎么谈、承诺什么、怎么承诺、询问什么、怎么询问等问题，要做到心中有数，提前预演。这样一来，当谈到这些问题的时候，才能迅速、规范地作出反应，以免被动。

良好的工作形象是由内而外的综合表现，并且要经过长时间的训练，因此要注意个人气质的培养、个人修养的提高，平时就要练就一身真功夫，这样才能应对自如、大方得体。

2. 接待的礼仪规范

小案例

你觉得小李的接待观怎样?

小李是一家智慧康养服务集团公司的新入职员工，入职还不到两个月。在这不到两个月的时间里，就数次接到顾客的投诉。

原来，小李自以为是大学生，在接待中对顾客爱理不理，态度非常冷淡。他认为：我是大学生，搞业务如果还赔着笑脸“低三下四”地接待，那岂不成了伺候他们了！再说了，每天的工作都不清闲，哪还有那么多精力去赔笑脸？

甚至有一次，一位白发苍苍的老人为了解业务，在小李面前一直站着说话、半蹲着身子写材料，前后近半小时，而小李则抖着腿，有一搭没一搭地应付着，更不用说起身请老人坐下说话、给老人端杯水了。

正好经理巡视时路过，经理在月末的大会上点名严厉地批评了小李。经理说这样的接待行为无疑严重影响了企业形象，绝不允许这样的行为再次发生。

可见，刚毕业进入职场的大学生，需要学习、了解的东西很多，应该虚心向同事学习，应该从尊重人、懂礼貌等基础做起。

从现代交际礼仪角度看，我们对来宾的尊重、友善、关心等，都需要落实在自己所从事的接待工作的各个环节上。因此，掌握接待礼仪规范非常重要。接待礼仪规范主要体现在以下几个方面。

（1）迎宾礼仪。

① 迎宾人员。一般来说，迎送人员与来访客人的身份要相当，但如果接待方当事人因临时身体不适或不在当地等原因不能前来迎送，也可灵活变通，由职位相当的人士或由副职出面。遇到这种情况，应从礼貌出发向对方做出解释。另外，迎宾人员最好与来访客户专业对口。

微课

迎宾人员在迎宾过程中要注意佩戴身份胸卡，身份胸卡的内容主要为本人姓名、工作单位、所在部门及现任职务等。可别戴在左胸前，或戴在脖子上。有助于客人了解迎宾人员。

② 迎宾地点。来访客人的地位、身份不同，迎宾地点往往有所不同。一般情况下，迎宾的常规地点有：交通工具停靠站（机场、码头、火车站等），来宾临时住所（宾馆），东道主的办公地点门外，等等。在确定迎宾地点时，还要考虑以下因素：双方的身份、关系及自身的条件。

③ 迎宾时间。到车站、机场去迎接客人，应提前到达，决不能迟到，让客人久等。客人刚下飞机或下车就能瞥见有人等候，一定会感激万分；如果是第一次到这座城市，还能因此获得一种安全感。若迎接来迟，会使客人感到失望和焦虑不安，还会因等待而产生不快，事后无论怎样解释都无法消除这种失职和不守信誉造成的影响。

④ 迎宾标识。如果迎接人员与客人素未见面，一定要事先了解一下客人的外貌特征，最好举个小牌子去迎接。小牌子上尽量不要用白纸写黑字，这样会给人晦气的感觉；也不要写“×× 先生到此来”，而应写“×× 先生，欢迎您！”“热烈欢迎 ×× 先生”之类的字样，字迹力求端正、大方、清晰，不要用草书书写。一个好的迎宾标识，既便于找到客人，又能给客人留下美好印象——当客人迎面向你走来时会产生自豪感。在单位门口，不要总是千篇一律地写上“Welcome”一词，而应根据来宾的国籍随时更换语种，这样会给来宾一种亲切感。

⑤ 问候与自我介绍。接到客人后，切勿一言不发、漠然视之，而要先与之略作寒暄，比如说“一路辛苦了”“欢迎您来到我们这个美丽的城市”“欢迎您来到我们公司”之类的话，然后要向客人介绍自己的姓名和职务，如果有名片更好；客人知道你的姓名后，如果一时还不知如何称呼你，你可以主动告知：“您可以叫我小 × 或 ××。”其他接待人员也要一一地向客人做自我介绍，有时可由领导介绍，但更多的时候是由秘书承担这一任务。在做介绍时，态度要热情，要端庄有礼，要正视对方并略带微笑，可以先说“请允许我介绍一下”，然后按职务高

低将本单位的人员依次介绍给来宾。对于远道而来、旅途劳顿的来宾，一般不宜多谈。

⑥ 握手。握手是见面时最常见的礼节，双方相互介绍之后应握手致意。握手时，要注视对方，微笑致意，并使用“欢迎您”等礼貌用语。迎接来宾时，迎宾人员一定要主动与对方握手。

⑦ 献花。有时迎接重要宾客还要向其献花，一般以献鲜花为宜，并要保持花束的整洁、鲜艳。在社交场合，献什么花、怎么献花，常因民族、地域、风情、习俗、目的的不同而有所区别。一般情况下，应注意从鲜花的颜色、数量和品种三个方面加以考虑。

⑧ 为客代劳。接到来宾后，在走出迎宾地点时应主动为来宾拎拿行李，但对来宾手上的外套、坤包或是密码箱等则不必“代劳”。客人如果有托运的物件，应主动代为办理领取手续。

⑨ 在休息室接待客人。在迎送身份特殊的客人（VIP）时，可事先在机场、车站、码头安排贵宾休息室，并准备一些饮料，播放一些高雅的音乐，以消除客人的旅途劳顿。如果对方是外宾，休息室内还可挂上所在国的国旗，摆放一些报刊，以增进与客人之间的感情。

小贴士

（2）陪同礼仪。

① 乘车。迎接客人乘车时，接待人员应特别注意乘车的座次顺序和上下车的先后。

首先是乘车的座位顺序。乘车的座位顺序因车型不同而不同。

• 小轿车的乘车座次顺序。小轿车的乘车座次顺序通常为后座尊于前座、右座尊于左座，但具体座次顺序又因开车人的身份不同而有所不同。具体有以下几种情况。

一是专职司机开车时的座次顺序。专职司机开车迎接客人时，乘车的座次顺序除了应遵循通常规则，还应遵循以下规则：前排副驾驶座应安排给接待方的秘书或助手，而不宜安排给客人。因此，专职司机开车时，乘车的座次顺序通常如图 10–1 所示，分三种车型：(a) 双排五座车；(b) 三排七座车；(c) 三排九座车。

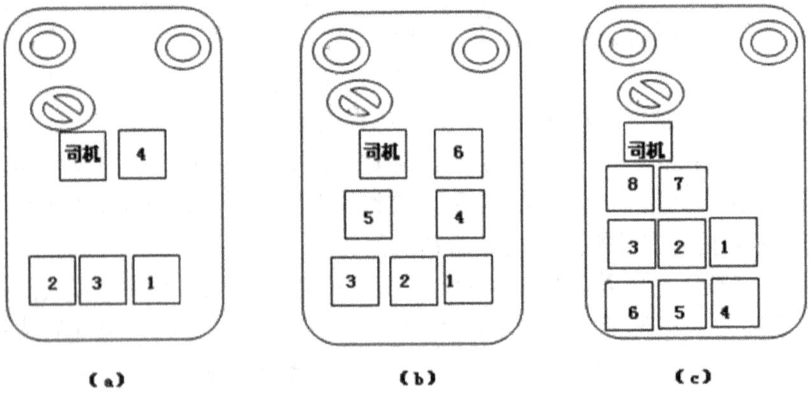

图 10–1

小案例

小张混淆上下级关系

小张是畅达智慧康养服务中心的办公室文员。一次，夕阳红养老院的周院长要拜访畅达智慧康养服务中心的王主任，王主任就派小张去接周院长。小张接到周院长，打车带周院长回到服务中心时，竟无所顾忌地与周院长肩并肩坐在了司机后面的那排座位上。到达服务中心后，经同事提醒，小张才意识到自己闹了个混淆上下级关系的大笑话，顿时感到无地自容。

二是主人亲自开车时的座次顺序。主人亲自开车时，乘车的座次顺序除了应遵循通常规则，还应遵循以下规则：客人应当主动就座于副驾驶座，以示与主人“平起平坐”。因此，主人亲自开车时，乘车的座次排列通常如图 10–2 所示，分三种车型：(a) 双排五座车；(b) 三排七座车；(c) 三排九座车。

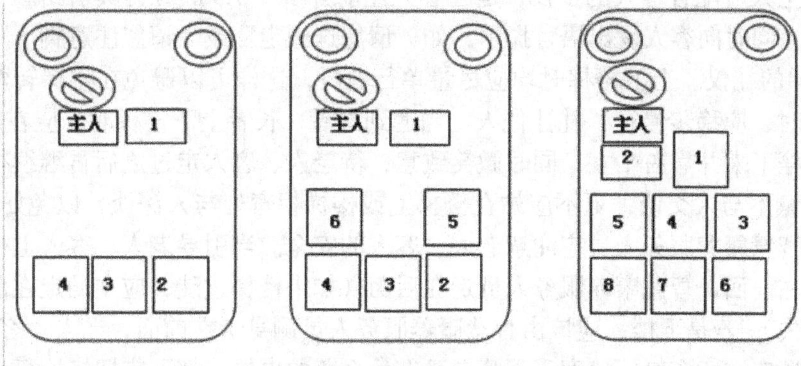

10–2

• 大型商务车的乘车座次顺序。乘坐大型商务车（除司机座位，具有四排以上座位）时，无论是由专职司机开车还是由主人亲自开车，乘车座次的尊卑排列规则均应如下：前座尊于后座，右座尊于左座，即座位尊贵程度从前往后、从右到左依次递减，距离车门越近的座位越尊贵。

• 火车的乘车座次顺序。乘坐火车时，乘车座次的尊卑排列规则通常如下：距离火车头越近的车厢所载的座位越尊贵；朝向与火车行驶方向相同的座位优于朝向与火车行驶方向相反的座位；同一排座位中，靠窗的座位优于靠过道的座位。

关于以上乘车座位值得注意的是，若不是在非常正式的商务场合，则客人坐到哪里，哪里就是上座，切勿试图要求客人换座，否则会令客人十分难堪。

三是上下车的顺序。乘坐轿车迎接客人时，则应恭请客人先上车后下车。客人上车时，主人或接待人员应主动为其打开车门，并礼节性地用手护住车门上沿，以防客人上车时碰到头部；客人下车前，主人或接待人员应先下车，为客人打开车门，迎接客人下车。

小贴士

女士这样上下轿车才优雅

女士上车不要一只脚先踏入车内，应先背转站在座位边上，把身体降低，让臀部先坐到座位上，再将双腿一起收进车里，双膝一定要保持并拢的姿势。下车时，则应先挪到车门口，把双腿并拢移至车外先着地，再将头部和上身探出车外，然后站起来下车。只有这样上下轿车，女士才显得优雅。

与客人一同乘车的过程中，可适当与客人交谈。客人一般会对将要参加的活动的有关背景资料、筹备情况、有关建议、当地风土人情、气候、物产、富有特色的旅游景点、沿途的标志性建筑、近期本市发生的大事、本市知名人士情况、当地物价等感兴趣。主人或接待人员可就这些话题与客人交谈。

② 引导。主人为客人陪行时，应当注意不同情形下的引导礼仪。

• 并行时的礼仪。宾主双方两人并行时，主人应遵循以右为尊的原则，让客人行走在右侧；若有三人并行，则应遵循中间为尊的原则，让身份最尊贵者位于中间，身份次之者位于右侧，再次者位于左侧。

行走时，主人应配合客人的步伐，走在客人左前方 1 ～ 1.5 m 处为其引路。引路时，应以左手指示方向，同时向客人发出语言提示，如“请您这边走”或“请您注意脚下”等。

• 上下楼梯的礼仪。上下楼梯时均应尽量单行右行，这样可以避免在楼梯转弯处与他人碰撞。上下楼梯时，应稳步慢行，礼让他人。当遇到尊者、长者上下楼梯时，应在距离尊者约 3 个台阶的地方停下来并靠右站立，同时微笑致意，待老人、客人走过之后再继续行进。上下楼梯过程中，尽量不与人交谈，更不应站在楼梯上或楼梯拐弯处与人深谈，以免妨碍他人通过。上下楼梯时，智慧康养服务人员应注意老人、客人的安全。当引导老人、客人上楼时，应该让老人、客人走在前面，智慧康养服务人员走在后面（如果楼梯过陡，应主动走在前面，以防老人、客人有闪失）；若是下楼，应该由智慧康养服务人员侧身走在前面，老人、客人走在后面。上下楼梯时，还应注意姿势、速度，不管自己有什么急的事情，都不应拥挤抢行。

• 乘坐电梯的礼仪。当客人来到电梯厅门前时，要先按电梯按钮。当轿厢到达厅门打开时，若客人不止一人，可先行进入电梯，一手按住“开门”按钮，另一手挡住电梯一侧门，礼貌地说“请进”，请客人们依次进入电梯。进入电梯后，按客人要去的楼层按钮。若电梯行进中有其他人员进入，应主动询问其要去几楼，并帮忙按下楼层按钮。电梯内可视状况斟酌是否寒暄，例如没有其他人员时可略作寒暄，有外人或其他同事在时，需斟酌寒暄是否合适。电梯内尽量侧身面对客人。到达目的楼层后，一手按住“开门”按钮，另一手做出请出的动作，并说：“到了，您先请！”客人走出电梯后，自己立刻步出电梯，并热诚地引导他们的行进方向。

• 出入房门的礼仪。引领客人到达会客厅时，主人应主动为客人开门或关门，并做到“门朝内开己先入，门朝外开客先入”，待客人进入室内后，再轻掩房门，跟上客人，用手势指引客人入座。

在引导客人时，引导者除了与客人进行正常的交谈，往往还会就某些必要的情况，对客人进行介绍或提醒，主要涉及以下五种情况。其一，提示其前往何处。引导客人进入大院、大楼、写字间、会客室、休息室前，应主动向对方说明此处系何处。其二，提示其会晤何人。引导客人前去会晤某人，若主客双方此前并未见过面，需提前告知客人，“我们现在前往张董事长的办公室”，或者“李总经理正在会客室恭候各位”，以便让对方在思想上有所准备。其三，提示其注意方向。引导客人上下楼梯、出入电梯、进出房间、通过人行横道或需要拐弯时，需提醒客人：“请各位往这边走。”其四，提示其所乘车辆。引导客人乘坐车辆时，务必要告知对方：“请各位乘坐某某号车。”其五，提示其注意安全。引导客人经过拥挤、坎坷或危险路径时，必须叮嘱一下对方：“请各位留神”“请注意某处”。进行引导时，适时告知客人“各位请”“请这边走”。同时，应辅以必要的手势，即以一只手掌心向上，五指并拢，伸直后为客人指示方向。

③ 入住。将来宾送至宾馆时，应主动代为办理登记手续，并将其送入房间。进入客人房间后，应告知客人餐厅何时营业。有何娱乐设施、有无洗衣服务等信息，以便客人心中有数。客人一到当地，最关心的就是日程安排，所以应事先制定活动计划。客人到宾馆后，应马上将日程表送上，以便客人据此安排私人活动。根据活动安排，客人将与哪些人会面与会谈，也应向客人做简略介绍。为了帮助客人尽快熟悉访问地的情况，还可以准备一些有关这方面的出版物给客人阅读，如本地报纸、杂志、旅游指南等。考虑到客人旅途劳累，主人不宜久留，应让

客人早些休息。分手前要说好下一次见面的时间和地点，并留下自己的地址和电话号码，以便客人有事时联系。

④ 待客。客人进入会客室后，客人如有外套、帽子、雨伞等物，接待人员可接过挂放于衣帽架或明显处，并向客人说明："× × 先生，您的外套挂在这里。"对客人，主人应当握手问候、以礼相待，对于初次见面者，还应递送名片或相互介绍。应将来客让至上座入座，以示尊重和欢迎。如果上司还没到，接待人员在与客人聊天时，注意不要谈论本公司的长短及涉密事项，可聊一些轻松的、无关紧要的话题。

在待客的过程中，主人应当注意以下礼仪。

一是待客座次礼仪。为了表示对客人的尊重，主人在安排座次时，应当将客人安排在尊位上。尊位的确定方法应根据具体情况而定，通常有以下几种。

• 面门为尊。主宾双方相对而坐，且其中一方的座位面向正门时，则面对正门的座位为尊位，应礼让于客人；背对正门的座位为卑位，适合主人就座。面门为尊的待客座次如图 10–3 所示。

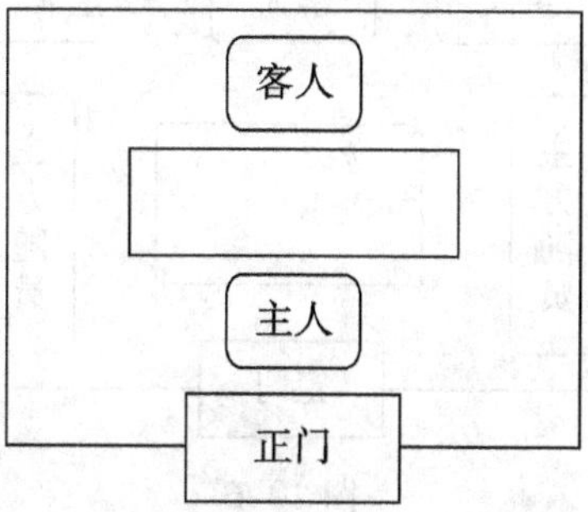

图 10–3

• 以右为尊。主宾双方面向正门并列而坐时，则以面对正门方向的视角为准，右侧为尊位，左侧为卑位，如图 10–4（a）所示：主宾双方相对而坐，且双方都不面向正门时，则以进门方向的视角为准，右为尊位，左侧为卑位，如图 10–4（b）所示。

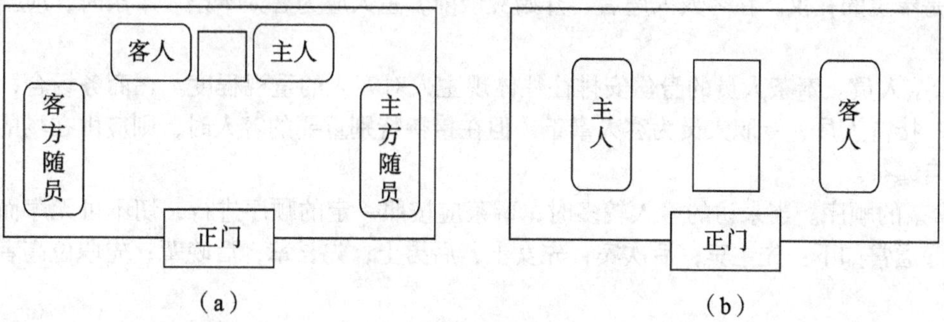

图 10–4

• 以远为尊。主宾双方并排坐于正门的一侧时，离门较远的座位为尊位，较近的座位为卑位。以远为尊的待客座次如图 10–5 所示。

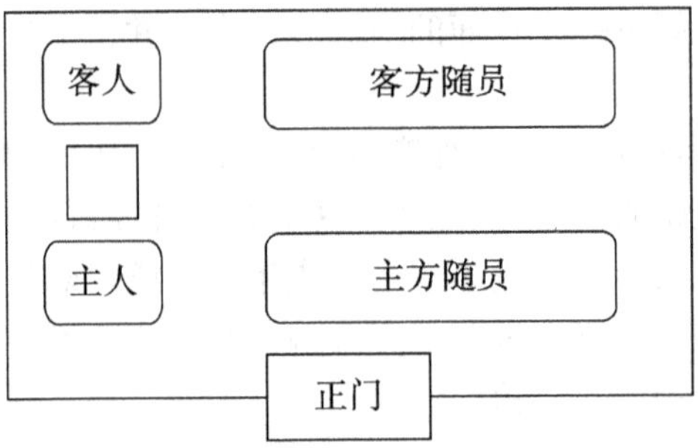

图 10-5

• 居中为尊。当客人较少而主人一方参与会见者较多时，可由主人一方的人员以一定的方式围绕在客人的两侧或四周，让客人坐在中央，呈现出“众星捧月”的姿态。居中为尊的待客座次如图 10-6 所示。

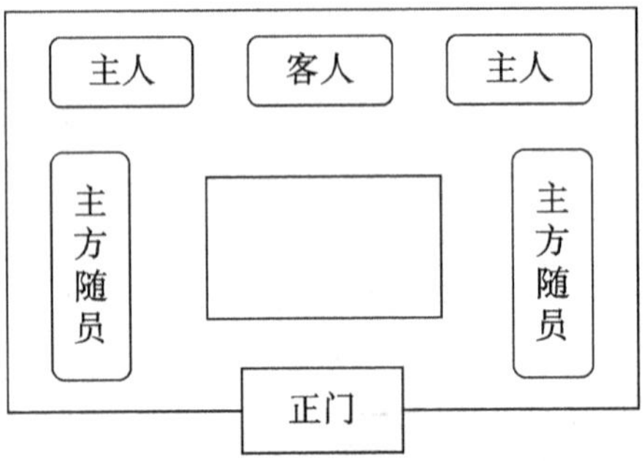

图 10-6

• 佳座为尊。即以相对较好的座椅为尊位。例如，长沙发尊于单人沙发，沙发尊于椅子，椅子尊于凳子，高座椅尊于矮座椅，宽大舒适的座椅尊于狭窄而不舒适的座椅等。

值得注意的是，如果主人还未来得及让座，客人便已自行选择了座位并就座，此时就应主随客便，让客人自由就座，客人所坐的位置即为尊位。

二是奉茶的礼仪。在客人入座后、开始交谈前，主人应为客人奉茶。奉茶时，应当注意以下事项。

• 奉茶人员。奉茶人员的身份安排往往体现主人对客人的重视程度。在商务场合，通常应由秘书、接待人员、专职人员为客人奉茶，但在接待特别重要的客人时，则应由在场的职位最高者亲自奉茶。

• 奉茶的顺序。当来访的客人较多时，奉茶应按照一定的顺序进行，切不可无序而为。奉茶的顺序通常如下：先主宾，后次宾；先女士，后男士；先长辈，后晚辈；先职位高者，后职位低者。

• 奉茶原则。奉茶时，奉茶人员应当遵循以下原则。

茶勿斟满。俗话说“酒满茶半”。奉茶时应当注意，茶不要斟得太满，一般以七分满或八分满为宜。

左下右上。奉茶时，应左手托住茶盘底部，右手扶住茶杯，恭敬地将茶端给客人。

右侧递上。应将茶从客人的右侧奉上，放在客人的右前方，并向客人礼貌地道一声“这是您的茶，请慢用”。

奉茶还要注意以下方面：茶具要正规、有档次，尽量不要使用一次性纸杯；茶具不要有缺口或裂痕，更不要不洁净；不要用旧茶待客，茶叶品种的选择应征求客人的意见；奉茶时茶水的温度不宜太高，以免客人被烫伤；为多位客人奉茶时，应用茶盘端出茶杯，各杯茶水的颜色应均匀，切忌深浅不一；当客人饮尽杯中茶时，应及时为其续茶；茶壶中的茶叶浸泡 3 ～ 4 次后，通常应更换新茶；客人离去后，才可以收茶。

小幽默

倒茶水

有客人来家里。爸爸倒了杯茶水，对四岁的儿子说："去，给叔叔端杯茶。"

儿子端着杯子送到客人手里，不小心把茶水洒到了客人的裤子上。

爸爸连忙向客人道歉，并帮忙清理完，对儿子说："茶水太少了，再给客人倒点。"

儿子一听，把剩下的半杯茶水也倒在了客人的裤子上。

三是交谈的礼仪。接待工作中，与客人交谈时，一定要做到洗耳恭听，专心致志，精神集中地对待客人，表现出浓厚的兴趣，不要表现得心不在焉。接待客人时，忌讳在客人面前摆架子、爱答不理、无精打采，或看书、看报、打电话，或不停地看表、起身，把客人冷落一旁。

小幽默

无法接待

心不在焉的教授生病了，被送到医院住院。

护士说："教授，大夫来了。"

教授："请告诉他，很抱歉，我现在病得很厉害，所以不能接待他。"

（3）送别礼仪。送别，是留给客人良好印象的最后一项重要工作。不管你前面的接待工作做得多么周到，如果最后的送别让客人备受冷落，整个接待工作就会前功尽弃。做好送别工作，关键在于一个"情"字。具体而言，送别时应注意以下礼仪规范。

① 提出道别。在日常接待活动中，宾主双方由谁提出道别是有讲究的。按照常规，道别应当由客人先提出来，假如主人首先与来客道别，难免会给人以厌客、逐客的感觉。

② 热情挽留。无论宾主双方对会面的时间长度有无具体约定，当客人提出告辞时，主人一定要热情挽留，切勿在客人一提出告辞之意时，就积极地提出送客、抢先起身送客，或者以某种动作、表情暗示送客之意，否则就有逐客之嫌，是极其不礼貌的。在热情挽留客人之后，若客人执意要走，则应等客人起身后，再起身相送。

③ 礼貌送别。送客时，客人首先伸出手来与主人相握，主人才能伸手相握。握手的同时，主人应请客人多多包涵接待工作的不妥之处，并发自内心地向客人道惜别之语，如"欢迎再来""慢走""您走好""常联系""多多保重"等。握别后，主人还应礼貌地送客人一程，而不要在客人离别时不闻不问，或者在客人说"请留步"时就转身返回。

如果对方是常客，通常应将其送至门口、电梯门口或楼梯旁、大楼底下、大院门外；如果是初次来访的贵客，则要陪伴对方走更远一些。如果只将客人送至会议室或办公室门口、服务台边，则要说声"对不起，失陪"，然后目送客人走远；如果将客人送至电梯门口，则宜点头致意，目送客人至电梯门关上为止；若将客人送至大门口或汽车旁，则应帮客人携带行李或稍重的物品，并帮客人拉开车门，开车门时右手置于车门顶端，按先主宾后随员、先女宾后男宾的顺序或客人的习惯引导客人上车，同时向客人挥手道别，祝福旅途愉快，目送客人离去，直到客人的身影或者车走远后，才能返回。对于远道而来的客人，一般应将其送至机场、码头、车站等处，待对方离开后，才能返回；在送别的过程中，切忌流露出不耐烦、急于脱身的神态，以免给客人留下被匆忙打发走的感觉，这样有可能会葬送与客人培养起来的感情。

3. 智慧康养机构的接待流程

智慧康养机构负责接待的人员与老人及其家属接触最多，其服务水平直接影响到老人及其家属对整个智慧康养机构的满意度和印象。从房间预订到接待入住、建立老人档案、出院等，接待员的服务贯穿于整个过程，可以说接待人员是智慧康养机构的形象代言人。若接待人员能热情、周到地对待老人，用熟练、专业的业务知识为老人提供服务，认真、耐心地妥善处理老人的诉求，专心倾听他们的意见或建议，踏实、有效地帮助老人解决遇到的琐碎问题，老人对智慧康养机构的其他服务也会感到舒心、放心和满意。反之，如果老人对接待人员的印象不好，则会对智慧康养机构的一切都感到不满，给机构带来负面影响。智慧康养服务人员接待服务对象时应注意以下基本流程。

（1）详尽地介绍机构情况。接待人员要热情接待，给老人和家属倒水，让其坐下来休息片刻，请家属将需要入住老人的基本状况和需要提供哪些基本服务简单介绍一下，接待人员对老人有一个大致了解后，再针对家属需求，详尽介绍机构基本情况，包括护理区域划分、老人护理的内容、护理流程、护理人员的技能情况、后勤保障和医疗配置情况，使家属知道：本服务机构在对失能老人的护理中有一支具备爱心、有一定护理知识和经验、懂得老人心理的护理队伍，同时有护理工作标准和流程，有护理质量控制手段。

（2）主动带家属实地参观。接待人员带领家属参观院区绿化带、回廊、室外健身器材、设有无障碍设施的马路；参观老人居住的房间和楼层公共设施，老人居室分单居室、双居室和多居室，居室中配置有床、床头柜、圈椅、写字台等家具，以及有线电视、小冰箱、空调、电热水器、电话和传呼系统等设施，卫生间配有水池、便池、扶手等；楼层公用区域配有微波炉、洗衣机、图书、报纸、麻将、扑克、笔墨等；安全设施有轮椅、扶手、床栏、防护栏、防滑垫等；从业的医护、医技人员均有执业资格，大多到三级医院进行过临床进修，有多年从事老年医疗工作经验，懂得与老人沟通，善于察言观色，能了解老人的各种需求，及时提供相应的医疗服务。

小贴士

智慧康养机构接待人员的常用语

您好！我是 ×××，在这儿恭候您多时了！
请问怎么称呼您？
这是我们机构的简介，请您先看一下。
我们这里的设施配备有……我能带您去看看吗？
这是我们的单人间，里面有……这是我们的双人间……
我们还设计了几款新的养老服务产品，现在您看到的就是其中之一……
您对护理服务有哪些需求？我们的护理等级分为……费用大概……
请问您现在方便让我带您参观一下吗？
您对看到的房型和设施是否满意呢？有需要我们完善或改进的地方吗？
这是我们的合约以及入住时需要的清单，请您仔细阅读，有不清楚的可随时问我。

谢谢您今天能抽时间过来指导，欢迎您下次再来！祝一路顺利！

（3）明确入住手续办理相关事项。若老人有入住意愿，接待人员应先请家属填写评估表。经评估，符合入院要求的，接待人员可与家属约定办理入住手续的时间及入住时应带的证件（老人一个月以内的县级以上人民医院健康体检证明、老人及其赡养人的身份证和户口簿、老人近照）和可带的物品。接待人员应提前告知家属，老人入住前应先进行“入住老年人生活自理能力评估标准”的护理级别鉴定，老人入住后有一个月的适应期及观察期，观察老人是否适应老年机构的生活模式，是否适合该护理级别。

（4）要礼貌地送客。老人及家属离开时，一定要等客人先起身；应充满热情地叮嘱家属“慢走”“走好”“再见”“欢迎再来”“常联系”等；至少送到电梯口、大门口；应在家属的身影完全消失后再返回；送走接待人员返身进屋后，应将房门轻轻关上，不要发出声响。

小训练

以小组为单位，模拟在智慧康养机构接待老人和家属的情景，注意相关细节。

课后练习

1. 拜访老人之前应做哪些准备？
2. 智慧康养服务人员上门拜访服务对象时应注意什么？
3. 简述拜访的基本流程。
4. 试述接待在智慧康养服务中的重要性。
5. 简述接待的一般流程。
6. 奉茶时应注意哪些礼仪？
7. 请阅读以下两个材料，然后回答问题。

材料 1：

吴奶奶，80 岁，记忆力衰退，腿患风湿病多年，行动不便，子女平时工作较忙，家人照护有困难。现向某智慧康养机构申请居家照护，并请养老护理员小王上门进行技术指导。今天，小王第一次登门拜访老人，并向吴奶奶的家人了解具体照护需求并进行技术指导。

问题：

（1）在去吴奶奶家之前，小王需要做哪些准备？

（2）到了吴奶奶家应注意哪些事项，了解哪些情况？

（3）在吴奶奶家与老人及其家属交流时应注意哪些礼仪？

材料 2：

李爷爷，78 岁，诊断为轻度老年痴呆，患冠心病 10 余年，经常服药；子女在外地工作，两个月回来一次，家人照护困难。现子女申请入住某护理型智慧康养机构，入住前老人家属来咨询相关事宜，参观该智慧康养机构，接待员小王需要为李爷爷家人介绍并回答相关问题。

问题：

（1）小王作为智慧康养机构的接待员应做好哪些准备工作？

（2）李爷爷的家属来后应该怎样接待？

8. 案例分析

不懂电梯礼仪的智慧康养服务人员

某智慧康养服务中心的服务人员王强要到服务中心所在的办公大楼门口迎接前来体验产品的顾客张阿姨。这是王强第一次接待顾客，表现得极为热情，一见面就嘘寒问暖。进入电梯时，王强抢先踏入，紧靠着最里面站好，想把更多空间留给顾客。

电梯里，除了王强和张阿姨还有其他乘客，王强为了不冷场，便充分发挥了他的口才，继续和张阿姨攀谈，问这问那，口若悬河，但是张阿姨只是礼貌地冲他微笑，偶尔轻声简单回答他的问题，并没有攀谈的意思。这让王强觉得非常尴尬。最终，张阿姨匆匆地参观了服务中心，并表示有急事要先回去了。

后来，王强才知道，原来是因为上次在电梯里对顾客接待不周，顾客认为自己没有得到应有的尊重。知道原委后，王强非常后悔自己在电梯里的失礼行为。

可见，电梯虽小，礼仪却别有洞天。乘电梯尤其考验人的礼仪修养。得体的电梯礼仪，可以在短短的几十秒内给他人留下良好的印象。

思考题：

（1）智慧康养服务人员王强在礼仪方面存在哪些问题？

（2）本案例对你有何启示？

热情接待老人入住

某智慧康养机构的服务人员小周早早地等候在机构门口，当看到一位容貌端庄、举止文雅的老人在其家属的搀扶下下车时，立即面带微笑上去迎接，一边协助搀扶着老人，一边关切地问道：“您是罗阿姨吧！我是与您联系过的小周，终于把您盼来了！您确定住下了吧？”

老人看了看小周：“你就是小周啊？谢谢你啊！你那么细心，给我发了那么多有用的微信，还教会我那个手指操！我在想，你们单位有你这样的员工肯定错不了。所以，我就来了，住下了！”

小周：“太感谢您了！阿姨！这样，您先在休息室休息一下，我去帮您办手续。”

老人笑眯眯地坐在休息室等待，小周和老人的家人到前台办手续。不一会儿，小周手里拿着一些资料走过来，笑着对老人说：“阿姨！还是按照我们的约定，您住在您看中的、我们预留给您的316房，可以吧？”

老人用欣赏的眼光看着小周，开心地点点头。

“阿姨！接下来要请您到我们的保健院做个简单的体检与评估，好吗？您是否需要再休息一下呢？”

老人摇摇头：“没事！走吧！”

“阿姨的身体真棒！”就这样，小周搀扶着罗阿姨。

思考题：

（1）智慧康养服务人员小周的接待工作有何特色？

（2）本案例对你有何启示？

9. 实训项目。

拜访场景模拟训练

实训目标：熟练、规范地运用拜访的各种礼节进行工作交流。

实训准备：办公家具、茶具、茶叶、热水瓶或饮水机等。

实训方法：将全班学生分成若干组，每组3～5人，每组设计一个办公室拜访场景，将拜访的相关礼仪连贯地演示下来。演示之前，每组应就设计的场景和成员的角色进行说明。

实训要求：全程录像，通过大屏幕回放，学生自我评价、小组评价，教师点评总结。评选出“最佳表现小组”和“最佳表现个人”若干名。

接待场景模拟训练

实训目的：熟练、规范地运用接待的各种礼节进行工作交流。

实训地点：实训楼前、电梯间、会议室等。

实训准备：办公家具、茶具、茶叶、热水瓶或饮水机、企业宣传资料等。

实训方法：一部分学生扮演来访客人，另一部分学生扮演某企业办公室人员，模拟演示以下情景。

（1）在楼前迎接客人。

（2）引导客人乘坐电梯。

（3）陪同客人前往接待室。

（4）待客之道。

（5）与客人交谈。

（6）送客之道。

演示完毕，各组人员角色对调，再演示一遍，充分体会接待与拜访的不同礼仪要求。

实训要求：全程录像，通过大屏幕回放，学生自我评价、小组评价，教师点评总结。评选出“最佳表现小组”和“最佳表现个人”若干。

项目 11　智慧康养专业服务礼仪

学习目标

知识目标

（1）掌握老年人生活照护的礼仪规范。

（2）掌握老年人心理健康服务的礼仪规范。

（3）掌握老年人寿庆服务礼仪规范。

能力目标

（1）为老年人提供细致、贴心、高质量的生活照护服务。

（2）为老年人提供细致、贴心、高质量的心理健康服务。

（3）能够组织和策划寿庆仪式，活跃活动气氛，灵活应对各种问题。

素质目标

（1）具有尊老、爱老、护老、助老的意识，理解并接纳老年人。

（2）增强服务意识，耐心对待每位老年人。

（3）在工作中培养严谨、认真的工作作风及与人合作的能力。

案例导入

最美养老护理员

2020 年，宁波市镇海区民政局在全区养老服务行业开展评选活动，评出 9 名 2020 年度“最美养老护理员”。他们美在专业，美在奉献，美在担当。他们的工作没有惊天动地，没有豪言壮语，只有默默付出、默默坚持。他们吃苦耐劳，让爱在这平凡又特殊的岗位上闪耀。在九龙湖镇敬老院里，总会看到一个穿梭在 4 号楼各个寝室、面带笑容对老人嘘寒问暖的身影，她就是“最美养老护理员”朱依红。

2020 年初，受疫情影响，敬老院实行封闭式管理。疫情防控期间，朱依红 50 天不曾回过家，和老人同吃同住。作为组长的她，每天最早起床，挨个为老人测量体温，做好房间的消毒工作，手把手教老人用七步洗手法洗手，准时准点送上姜汤防寒抗感。由于外来人员不能进入敬老院，老年人理发成了大难题，她便主动拿起理发剪，挨个为老人理发、剃须，受到大家的一致好评。

除了照顾老人们的日常生活外，朱依红还格外关注他们的心理健康。疫情防控期间，为了丰富老人们的精神生活，不让老人有孤单失落感，她常陪老人拉家常，温暖老人的心；还组织院内老人开展娱乐活动，打牌、下棋、唱越剧；教大家做健身操、手指操、手工活，让老人们快乐地过好每一天。在院内老人的眼里，她就像是自己的亲闺女。

逢年过节，朱依红都会给老人们送上祝福，每位老人的生日她都记在心上。今年是院内乌春娣老人 90 大寿，朱依红早早便订好了蛋糕。当她拿着蛋糕，唱着生日歌出现在老人面前的时候，老人的眼眶顿时湿润了，老人的感激之情溢于言表。

朱依红把爱心倾注在老年人身上，站在平凡的岗位上，用行动诠释着一名敬老院护理员朴实的情怀。

思考题：

（1）智慧康养服务人员在日常工作中应注意哪些礼仪？

（2）从最美养老护理员朱依红身上，你学到了什么？

任务 11.1　老年人生活照护礼仪

老年人生活照护服务是养老服务的一项十分重要的基础工作。它包括：老年人清洁卫生服务、修饰服务、饮食服务、如厕服务、口腔清洁服务、皮肤清洁护理、压疮护理、便秘护理等。通常情况下，在为老年人提供生活照护服务的过程中，智慧康养服务人员应该懂得并掌握相关的礼仪规范，为老年人提供周到的服务。像本项目“案例导入”中介绍的“最美养老护理员”朱依红那样，用心呵护，情暖夕阳，在养老服务工作的各个环节中积极践行老年人服务礼仪，用平凡见证感动。

1. 老年人生活照护服务操作的礼仪

（1）做好各项准备工作。做好老年人生活照护服务操作前的各项准备工作是基本的要求。只有做好各项准备工作，才能确保照护服务的安全有效，进而增加老人对智慧康养服务人员的信任。

微课

① 明确服务流程。对于各项护理操作，养老护理员均应明确实施的目的，按照标准流程实施，如果有疑问，要虚心向机构的护理组长或者领导提出，以诚恳的态度解决问题。

② 了解老人的情况。养老护理员应提前到老人房间了解老人的基本情况和健康状况。

③ 做好环境准备。保持环境安静、整洁，温度、湿度适宜，操作前根据需要做好环境准备。

④ 个人形象到位。养老护理员要做到个人形象到位：服装整洁，衣帽端正，无污渍、无皱褶；不戴首饰、不化浓妆，剪好指甲，洗净并温暖双手，必要时戴口罩，步履轻快，表情自如，动作轻稳，推治疗车、持文件夹、端治疗盘要符合体态礼仪规范。

⑤ 进入房间要有礼貌。养老护理员在走廊内行进时，应保持右侧通行，并及时给老人让路。来到老人房门前先轻声敲门，再轻轻推门进入，并随手将门轻轻关好，不可用治疗车撞开或用脚踢开门。进入老人房间后应微笑行点头礼，亲切、礼貌地与老人打招呼、问好，并规范地摆放、整理老人的用品，必要时拉上床边帘，保护老人隐私。

⑥ 进行耐心解释。为了确保老人积极配合并准确安全地实施生活照护服务的操作，操作前要核对老人的床号、姓名，不仅要核对老人的全名，而且要使老人感到亲切并接受，如：“您好，您是吴 ×× 吗？床号是 6 床，听说您之前是一位老师，我就叫您吴老师，好吗？”随后应向老人解释本次操作的目的、需要老人如何配合、操作过程中可能出现的感觉，请老人放心。核对解释时，放慢语速，不宜声调过高，并随时观察老人的表情和反应。注意与老人保持适当的人际沟通距离，表情自如，语言亲切、温和，用词准确，对可能暴露老人隐私的操作项目，在老人耳边简明扼要地低声向其解释，使老人感到被尊重和理解。

（2）服务操作中的礼仪。

① 体现对老人的关爱。在操作过程中，养老护理员的语言要通俗易懂，态度要和蔼，体

现出对老人的体贴和关爱。随时了解老人的感受，及时解答老人提出的问题，真诚地疏导安慰他们，为其解除痛苦和疑虑，消除老人对护理的恐惧和神秘感，以取得老人最大限度的理解和配合。操作中，养老护理员与老人保持适当的人际沟通距离，动作熟练、轻柔稳健、准确到位。如果需要老人配合，护理员要耐心地指导，并及时鼓励老人有效地配合，这不仅是建立良好护老关系的桥梁，而且可以降低养老护理员操作的难度，提高护理质量和工作效率。

② 注意保护老人隐私。在实施生活照护服务操作中为了达到最佳效果，不可避免地会暴露老人生理隐私，养老护理员应通过解释并取得老人同意后，请无关人员暂时离开病房，用床边帘遮挡，并注意老人的保暖。对有生理缺陷者不可大惊小怪或嘲笑，过多关注缺陷会使老人产生心理压力，导致紧张、自卑，不利于老人身体康复。

（3）服务操作后的礼仪。

① 嘱咐并安慰老人。操作结束后，养老护理员要再次核对老人的床号、姓名，根据操作的实际结果和老人的具体情况，告知注意事项，积极嘱咐、安慰、关怀和鼓励老人。态度要和蔼，嘱咐的语言要通俗易懂，使老人能够理解。要关切地询问老人有无不适，及时解除老人的疑虑，给予适当的安慰，并鼓励老人克服困难，积极配合，不断提高其生活质量。

② 向老人深表谢意。生活照护服务操作后，老人可能会有疲劳感、不适感，从而产生焦虑、疑惑，护理员要以真诚的态度，告知老人这是正常反应，并对老人在操作过程中给予的配合和支持表示诚挚的谢意，向老人致谢是养老护理员良好礼仪修养和高尚职业道德的具体体现。养老护理员在离开老人房间之前，应请老人放心，告知如果过后感觉有任何不适或需要帮助，可以按床头的呼叫器，自己会随时赶到，并且有空时会经常到老人房间看望老人。

小贴士

老年人生活照护服务规范一览

“七知道”：知道每位照护对象的姓名、个人生活照护内容、照护重点、个人爱好、所患疾病情况、家庭情况和心理情况。

“六洁”：皮肤、口腔、头发、手足、指（趾）甲、阴部的清洁。

“五关心”：关心老年人的饮食、卫生、安全、睡眠、排泄。

“四无”：无压疮、无坠床、无烫伤、无跌倒。

2. 老年生活照护服务的注意事项

（1）语言表达要得体。智慧康养服务人员在生活照护中与服务对象进行语言交流时，应当力求语言表达得体，为此要准确掌握并运用好口头语言在情感表达和信息传递方面的特殊性和优越性，尽可能避免使用有争议或容易引起歧义的表达方式，解释性和说明性的语言要尽量具体细致，不要轻易否定他人，也不要急于证明自己，应学会理解与尊重，这样才能提高人际沟通与交流的效果，让服务对象满意。

小案例

物品的摆放

服务人员小桃在帮助服务对象整理物品时，发觉老人家习惯把一个脚凳放在靠近床尾的地方，而这个地方在老人夜间起床时，可能会绊倒老人成为一个安全隐患，于是小桃想要把脚凳移个位置并就此与老人沟通。

表达方式 A:“阿姨，我给您把脚凳移个位置吧，放在这里您夜间起床时可能会被绊倒。我给您放在那里，那里不碍事，您也好取用，好不好?”

表达方式 B:“阿姨，这个脚凳不能放这儿，我给您放在那边吧。”

案例分析参考

思考题：

请对这两种表述方式进行分析。

（2）注意语言禁忌。在生活照护过程中，智慧康养服务人员与老人交流时一定要注意语言禁忌，除了需要注意一般禁忌语，还要特别留意老年人的特点。老年人随着年龄的增长、身体机能的衰退，再加上各种疾病的困扰，最终形成老年人特有的心理特征——自尊与自卑并存。因此，我们在与老年人交谈时，尤其要注意了解他们的禁忌，在言语上多加注意，给予老年人更多的尊重。

小贴士

① 忌讳称别人“老头儿”“老太婆”。很多时候，我们会听到身边的人称呼老年人为“老头儿”“老太婆”，而这样的称呼所传递的语言形象就是白发苍苍、步履蹒跚，言语中带有无礼、嫌弃之意。这对于自尊心极强、渴望得到尊重的老年人来说，是很大的伤害。

② 忌谈论“死亡”话题。对于身体机能日渐衰退，已经明显感觉处在自己人生的夕阳中的老年人来说，他们对死亡有着本能的畏惧。所以，在与老人交谈时，应当尽量避免涉及死亡的话题。

③ 忌说“您不要多管闲事”“您管好自己就行了”之类的话。这些话在日常生活中经常被我们用来劝慰那些闲不住、爱管闲事的老年人。其实，老年人在听到这句话时往往不是怒气冲冲地反驳，就是心中生怨。这是因为，在老年人的内心深处，他们忌讳被当作“废物”。老年人年纪大了，退休了，并不意味着他们什么都不能干了，他们最怕别人说他们“没用了”。其实，老年人都乐意做一些有意义的事；即便身体真的不好，也愿意以自己的人生阅历为晚辈提供参考意见，而原本希望老人不要太操心、应多多休息的美意，却因为语言不当而带给老人一种被否定的挫败感和失落感。因此，类似这种让老年人感觉到无能感、挫败感的话应避免使用。

④ 忌否定他们经历的过去。每个人的生活态度和价值观都与自己所处的时代有关。老年人的生活经历和对所经历时代的记忆是他们生命中最珍贵的东西。无论是成功的还是失败的，是喜悦的还是忧伤的，老年人都对自己经历的一切有着不可割舍的情感。我们应当尊重并保护老年人的那种情感，而不是自以为是地评价他们。

⑤ 忌评论家庭纷争与矛盾。在中国传统的观念里，幸福家庭应是父慈子孝、其乐融融。而幸福的家庭是所有老年人的追求和梦想。现实生活中，有许多家庭会有一些纷争和家庭成员之间的矛盾。但在老年人的心目中，这些“家丑”是不足为外人道的。因此，在与老年人的接触中，特别是当我们对老年人的家庭状况比较了解时，也不能太主动地和老人们聊他们家庭中的事，以免给老年人带来不必要的困扰。[①]

小训练

不久前，张爷爷因身体不适紧急住院，经过治疗，身体已无大碍，但需专人护理。小赵受养老机构委托，到医院专职照顾张爷爷。针对张爷爷的具体情况，小赵应该避免说哪些话?

（3）运用肢体语言。肢体语言是人的思想感情和文化修养的外在体现。智慧康养服务人员

① 周淑英，化长河. 老年服务伦理与礼仪 [M]. 北京：北京师范大学出版社，2015.

在老人生活照护服务工作中应注意运用此书中的知识。

① 面部表情丰富。人的面部表情是人的内心世界的“荧光屏”，人的复杂心理活动无不从面部显现出来。在人际交往中，目光、微笑等表情语言能传递大量信息，是有声语言最好的辅助。因此，在与服务对象进行语言交流的过程中，表情应当与语言表达的内容和情感保持一致，用真挚、亲切与温和的态度向对方展示亲和力与专业感。

• 注意眼神。眼睛可以折射出人的真实内心。智慧康养服务人员是否真心接纳服务对象并乐于为服务对象提供相应服务，可以通过对其眼神的细致观察看出来。这不仅仅要求智慧康养服务人员在为服务对象提供生活照护时发自内心的真诚与尊重，还需要了解和掌握眼神运用的知识。在老年人生活照护过程中，服务人员与老年人进行语言交流时，应做到双眼平视对方，不斜视、不俯视。视线停留的位置大约在服务对象的眉眼和额头这一区域。除非以眼神指向与语言表述内容相关的物体，其他情况下一般不随意转换视线。征询对方意见及提示提醒对方某些事项时，须与对方目光相对。

• 保持笑容。微笑是一种令人愉悦的表情，它可以和有声语言及行动一起互相配合，起到互补作用，在交际中表达深刻的内涵。智慧康养服务人员为服务对象提供服务的过程中，尤其是与服务对象对话时，应保持微笑。岗位服务微笑的标准是笑不露齿、眉眼柔和。笑与举止应当协调，以姿助笑，以笑促姿，形成完整、统一、和谐的美，使人感受到愉悦、安详、融洽和温暖。

• 注意表情的禁忌。老年服务中最忌“面无表情”，这向老年人传递了“我不开心”“我有心事”一类的信息。在为老年人服务时，我们要表现出对服务对象的接纳和尊重。如果把“我不开心”“我有心事”一类的信息传递给服务对象，难免会引起服务对象的猜测，从而影响服务对象的心情。所以，老年服务人员在服务过程中，要时时提醒自己表情自然，面带微笑。表情禁忌：除“面无表情”外，厌恶、嫌弃、不满、疲惫、烦躁等表情也是在为服务对象服务过程中应绝对禁止的。

小幽默

一位老大爷骑着单车，车筐里放了一只小狗，见了人就汪汪叫，我就去问老大爷，爷爷您带只狗狗干嘛？

他很淡定地来了句：“当喇叭。”

② 多用手触摸。在与老年服务对象进行交往的过程中，有一种特殊的手势，即触摸。触摸可以传递安全信息，使接受者有种慰藉感、舒适感、满足感和受保护感。触摸者和被触摸者都承认，触摸传递的信息常常比语言更重要。老年人在真心接纳或信任的人面前，喜欢把对方的手拉到自己身边，一边触摸一边讲话，也喜欢别人这么对待他们。因此，在与老年人交往时，很多时候，智慧康养服务人员需要通过触摸来表达对服务对象的关切与爱护。

在交往中，根据语言内容的变化，这种触摸除了对手部的触摸，还包括对肩部、背部、手肘部的触摸。触摸时，应以温热的手心接触服务对象，力度和时间适当。

③ 保持良好的身体姿态。智慧康养服务人员在为服务对象提供服务时的身体姿态不仅仅是优雅的、令人看着赏心悦目，还应当是得体的、符合服务对象的心理要求。因此，对智慧康养服务人员的身姿要求也有两个方面：一是体态端庄大方，举手投足平稳从容；二是在合适的情况下采用合适的身姿，以适应服务的要求。比如，在与服务对象对话时，应靠近对方并弯下身且不能随意走动；在为服务对象提供生活照护服务时，应尽量让自己的身体位置与服务对象

保持同高。注意，不可以居高临下让服务对象产生压抑感和被轻视感；在为服务对象提供服务的过程中，应尽量避免抓、挠等动作，因为这会表现出你极不舒服或焦虑的样子。[①]

小幽默

养老院的规定

两位老人想要住进养老院，70 岁的老人很顺利地被接收了，90 岁的老人却被工作人员拦在了门外。

工作人员耐心解释说："对不起大爷，我们有规定，不接收儿女健在的老人。资料显示，您有一个儿子。"

90 岁的老人生气地说："刚刚进去的那个就是我的儿子！"

任务 11.2　老年人心理健康服务礼仪

老年人心理健康服务包括两方面内容：一是心理咨询及心理辅导；二是心理评估与治疗。要做好老年人的心理健康服务，首先要了解老年人的心理特征。一般地，老年人最普遍的心理特征是失落、焦虑、孤独、无能、缺乏安全感，老年人的心理问题多表现为抑郁、焦虑、痴呆及躯体疾病并发症等。在老年心理评估与治疗中，更多是专业能力和治疗技术发挥作用，而在心理咨询与心理辅导中，除了心理学知识，服务人员通过良好的礼仪规范体现专业素质和专业态度，礼仪规范也是心理健康服务的重要组成部分。心理服务人员在心理咨询与心理辅导中的礼仪规范主要体现在以下几个方面。

1. 得体的个人形象

从事老年人心理健康服务的人员应当具有得体的个人形象，即规范的着装、得体的举止和整洁的仪容。

（1）着装规范，符合要求。无论是在机构内接受服务对象的上门咨询，还是到服务对象的家里去做心理跟踪和辅导，服务人员的着装都不能过于随意，也不能太过正式。过于随意的着装会让心理咨询工作像随意的聊天，失去专业感和权威感；而太过正式的服装则会给人以刻板、严肃的印象，还会使服务对象不自觉地进行自我修饰，不利于心理健康服务活动的顺利开展。

具体地，适合老年心理健康服务人员的服饰要求是符合自己的年龄段，体现整洁、干净、得体的特点。不能穿过于暴露的服装。上衣要有领、有袖，衣衫平整，男性下身着有皮带的裤装，女性裙装不能短于膝上二寸。鞋面干净。女性佩戴首饰以少为佳，避免对咨询造成干扰。

（2）举止得体，表情自然。一个人的姿态和表情是传递信息的重要途径之一，是对言语信息的补充，因此，它们被称为"第二语言"，具有独特的意义。姿态表情无论是在心理咨询接待还是在心理咨询疏导中都起着重要作用。从事老年心理健康服务的人员必须具备文明有礼的举止和表情，做到得体、悦人，体现出良好的职业素质，增强服务对象对服务人员的信任感和亲近感。在接待来访的老人时，要微微前倾，这既体现出心理工作人员的精神风貌，也体现出心理咨询师对来访者的尊重。在老年人心理健康服务工作中，心理咨询人员的表情十分重要，

---

① 孟令军，贾丽彬 . 老年服务伦理与礼仪 [M]. 北京：北京大学出版社，2013：133-135.

表情要平和，既不可刻板严肃，也不要喜笑颜开。目光也很重要，它不仅是咨询态度的传达，也是最细腻情感交流的体现，因而如何恰如其分地使用目光，直接关系到咨询的效果。一般来说，目光最好落在来访者的面部，这样会给人一种舒服、有礼貌的感觉。倘若心理咨询师说我很尊重你，关心你的痛苦，而眼睛却东张西望，游离不定，咨询者就无法感受到你的尊重和关心，这是需要咨询师切记的。当然，眼睛也不能一直盯着对方，这会给人一种压迫感，使咨询者感觉不自在。目光也不能随意扫射，不断游离，这样显得尤其不尊重对方，更不礼貌。

小贴士

心理咨询中的距离和角度

进行心理咨询时双方要保持正常的社交距离，以 1 m 左右为宜。每个人需要跟他人保持一定的距离，来满足心理上的独立、隐私、安全感的需要，如果他人闯入，就会引发情绪上的不安、心理上的防御。因此，在心理咨询中，本着彼此适宜的原则，合适的空间距离有助于心理咨询关系的建立和心理咨询的顺利进行。另外，心理咨询双方最好是呈直角或钝角而坐，避免太多目光接触带来的压力。

（3）仪容整洁，精神饱满。头发清洁整齐，女性工作中不披发，男性前发不盖额、后发不遮颈、侧发不盖耳，双手指甲修剪整齐，不留污垢，精神饱满，眉目有神。女性不能化浓艳的妆，应是得体的淡妆，或者整洁干净的面容。

2. 良好的听觉形象

拥有良好的听觉形象，对心理健康服务人员成功开展老年人心理健康服务尤为重要。在生活中，有的人说话，我们会觉得是一种享受；而有的人说话，我们会觉得听起来既刺耳又堵心。其中的区别就在于对方会不会说话。在老年人心理健康服务中，最主要的工作方式就是对话与倾听，学会说话是做好服务的前提和基础。

（1）准确称呼。对服务对象的准确称呼是拉近人际距离的重要手段。称呼往往决定着交往双方关系的走向，称呼得体会为接下来的交往与交谈打下良好的基础，也会成为情感交流的重要指标。对老年人的称呼更要符合他们的年龄和身份，以使他们感受到被尊重和被重视。

（2）清晰地表达。规范的咨询语言、清楚的语言表达、温和悦耳的语调、平和的语速是心理健康服务良好职业规范的体现。心理咨询是涉及“听”与“说”的工作形式，咨询中的语言表达、语气、语调是情感交流的重要因素。尤其面对特定的心理服务对象——老年人群体时，悦耳的声音、温和的语气、优美的语言节奏、适中的音调都会让老年人在咨询中获得舒适感、放松感；同时，得体的咨询用语、恰当的词汇选择、清楚的表达能够让老年人感受到心理咨询的力量。

（3）讲普通话。标准的普通话具有用语规范、节奏优美、音调和谐的特点，因此，我们鼓励服务人员把普通话当作工作语言。但是，语言的使用很多时候会受到地域和人们不同语言习惯的影响，所以在一定的情境中，普通话的使用可能会在拉近距离、增强亲切感等方面起到不可替代的作用。

小贴士

优秀心理健康服务人员的语言表述规范

优秀的心理健康服务人员要思维清晰、善于表述，要从心理学的视野，使用生活化的语言。通俗地说，就是要用专家的视野说老百姓的话，要多举例子，少空谈道理。

优秀心理健康服务人员要有很强的感染力，要和来访者平等对话，语言简洁，富于智慧，让对方深受启发，备受鼓舞。

3. 舒适的服务环境

心理健康服务是一项需要专业知识和专业技术支撑的服务。它不仅要求服务人员具备良好的专业能力和职业素养，而且对服务环境等外在要素也有一定要求。一般地，心理健康服务环境应布局合理、舒适安静、干净整洁，并易于保密。

（1）房间的设置。心理健康服务以服务者和服务对象的全方位信息交流为主。除了直接的言语和体态语交流，房间的布置、家具的颜色、画像的摆挂、阳光的投射等，都在传达着无声的信息。心理学家指出，心理健康服务场所里的任何一样东西都具有象征意义。因此，在建立心理工作室时，必须认真对待室内的结构、布局及风格。工作场所空间不宜太大，否则会阻碍咨询关系的建立；也不可过小，否则容易产生压迫感。如果有多间房，心理咨询与辅导场所不宜设在进门的第一间，而要选在稍微隐蔽和安静一些的房间。来访者的位置应避开门窗方向，避免让来访者与突然到来的外人照面，避免在门窗外就能清楚地看见来访者。

（2）气氛的营造。在总体布局上，应该注意气氛的营造，要营造一种让来访者感到温馨、平静、放松、舒适和注意力集中的环境。室内光线应柔和，灯光不要太刺眼或太昏暗；色调和谐，以淡黄色、淡绿色为好，不要大量使用太鲜艳的颜色，如红色、明黄色；也不要大量使用暗淡的颜色，如黑色、灰色、褐色等。地板、窗帘、桌椅、沙发、装饰品等整体上要协调，使人赏心悦目，心情愉快。适当点缀鲜花和绿色植物，让房间充满生机。墙壁上可以挂上一些有象征意义的画，也可以挂上与服务内容和岗位职责相关的内容，以增强来访者的信任感。

（3）安静与保密。心理健康服务人员有责任为来访者创造安静、保密的服务环境。安静的环境可以保证服务人员和来访者都集中注意力去讨论来访者的问题和可能的解决办法。为此，开始心理健康服务之时，心理服务人员与来访者都要自觉关掉手机或者将手机调至静音状态。

在心理健康服务过程中，可能涉及来访者的个人隐私，因此需要保密的环境，并保证服务过程无人打扰。

（4）座椅的位置。在一对一的心理健康服务过程中，服务人员与来访者可以坐在沙发上，也可以坐在椅子上。两张沙发或椅子的位置必须摆好。座位之间的距离要恰当，以 1 m 左右为宜。一般来说，双方应成 90° 角而坐，这样既可以正视对方，又可以自然地移开视线，不至于使来访者感到很大的压力。切不可正面对正面，形成相互对峙的格局。如果双方坐在同一水平线上，则目光难以交流，也是不妥当的。两个人之间可以摆放茶几，这样可以使来访者有安全、缓冲的人际空间，也可以在来访者脆弱无力时充当支柱依靠。当然，茶几不能太大，也不能在茶几上放太多东西，否则拉长了双方的距离，阻碍了双方的信息交流，不利于双方良好关系的建立。[①]

① 孟令军，贾丽彬 . 老年服务伦理与礼仪 [M]. 北京：北京大学出版社，2013：137-139.

小幽默

傍晚散步时，见一位老奶奶在地上找着什么，遂问："老人家，天黑了，找什么呢？我们帮您找。"

老奶奶说："找口香糖。"

"都掉地上了，还找它干吗？"

"我的假牙还在上面呢！"

4. 专业的服务水准

在为老年人进行心理健康服务的过程中，心理健康服务人员要恪守职业道德，遵守职业规范，体现出高超的专业服务水准。

小案例

心理咨询

秦阿姨，64岁，退休教师，老伴儿很早就去世了。近两年，单身的李叔叔一直追求秦阿姨。尽管秦阿姨觉得李叔叔不错，但是儿子并不赞同母亲再婚。秦阿姨为此焦虑、矛盾，晚上还经常失眠。社区工作人员小赵在社区心理咨询室对秦阿姨进行了心理疏导。以下是小赵和秦阿姨的对话片段。

小赵：秦阿姨，您好！您有什么心理问题就请说吧，我是心理咨询方面的老手了，您看墙上挂的都是我的证书，您放心吧，我会帮助您的！

秦阿姨：嗯，你是心理专家吧，我觉得我没有心理问题，就是心情不好。况且，自己的事，我也不想让别人知道。

小赵：心情不好就是心理问题的表现，您应该说出来让我帮您解决。

没过几分钟，秦阿姨就逃也似地离开了心理咨询室。

思考题：

（1）秦阿姨为什么会离开心理咨询室？

（2）小赵应该用什么样的态度对秦阿姨进行心理疏导？

（1）尊重服务对象，礼貌待人。对服务对象的尊重是服务人员基本的职业道德和行为准则，为此服务人员要始终做到礼貌待人。当与服务对象初识时，心理健康服务人员要先做自我介绍，并根据实际情况请教对方如何称呼自己。服务人员的自我介绍可以让防备心重的老年服务对象明了对方身份和角色，并通过服务人员的自我介绍形成对其的第一印象。这样可以有效消减老年人的不安全感与猜疑心，为后续交流打下基础。除此之外，还可以递上名片，以加深印象。递名片时，应把文字正对服务对象，用双手递出。在这一过程中，有时候还需要握手。如果是老年人上门寻求服务，则应由服务人员首先主动伸手与对方握手。如果是上门为老年人提供服务，则需对方先伸手，自己再伸手。在机构中进行服务时，还可以为服务对象送上茶水，体现热情的同时有利于让其放松心情。

（2）接纳服务对象，真诚待人。遵循接纳、非批判性的心理健康服务原则，以真诚的态度对待服务对象，是心理健康服务人员专业服务水准的又一体现，关系到咨询双方的关系和咨询的效果。

带着非批判性、中立的态度接纳各种各样的来访者是心理健康服务中的重要规范之一。无论来访者是因为怎样的心理问题而来，无论来访者的心理问题是多么难以启齿或者违背道德伦理，无论来访者有着什么样的金钱地位，无论来访者有着多么丑陋的外表，心理咨询人员都要真诚地接纳来访者，不能因为这些条件的不同而歧视来访者。对来访者的问题、文化水平、地位等不做价值、道德、对错的评判，不把自己的价值判断强加到咨询中。保持中立、非批判、接纳的原则对待来访者，比如有位老年人因为孩子们不同意自己再婚前来求助，这时，服务人员绝不能把自己对再婚的看法强加给老人，而是应该用真诚的态度接纳老年人，去理解老年人的心情和处境。

服务人员一定要做到真诚待人，这要求服务人员始终以“真实的我”“诚恳的我”，怀着真诚的心、诚挚的情感，没有伪装、表里如一，不把自己隐藏在角色背后，不是戴着心理咨询师的“权威面具”来对待服务对象。

（3）建立良性互动，提高效果。要想让老年人打开心灵之门，心理服务人员要和老年人建立良好的互动关系。有了稳定的关系基础，才能更好地对服务对象施加心理影响。

① 倾听。倾听是心理健康服务中一项重要的基本功，是心理服务的第一步。倾听不仅是心理服务理念的体现、心理健康服务技能的展示，更是和服务对象建立良好沟通关系的基础。倾听也是一门心理服务的艺术。倾听是在尊重、真诚、接纳的基础上，认真地、积极地、主动地、专注地听来访者的言语，细读来访者的非言语信息，并在适当的时候给予恰当的反应和参与。跟单纯地听是不一样的，倾听更是用心在听，对服务对象赋予了更多的积极关注和思考。倾听不仅表达了对服务对象的尊重，同时也给服务对象创造了一种安全、宽松、信任和关注的氛围，积极鼓励他们说出自己的困惑，宣泄情绪，发现问题。倾听是一种互动，不是来访者的独角戏，心理咨询师时刻关注着来访者，也不是不言不语，毫无反应，是用理解、接纳的姿态适度地反应，比如“嗯，我一直在听，请继续说”“对，是的”“请说下去”“然后呢”等简单的语言反应，或者用点头、目光接触等表示，鼓励来访者继续探讨话题。

② 共情。共情，也称同感、同理心，指的是一种能深入他人主观世界，了解其感受的能力。共情是心理健康服务的一项很重要的技能，是每个心理健康服务人员的一项基本功，因为只有被他人理解了，才能真正地打开心扉，信任心理健康服务人员和心理健康服务。作为一种态度，它表现为对他人的关切、接受、理解和尊重；作为一种能力，它表现为能进入到对方的精神境界，感受到对方的内心世界，能将心比心地体验对方的感受，并对对方的感情做出恰当的反应。能够充分理解对方的心事，并把这种理解以关切、温暖与尊重的方式表达出来。

③ 澄清。澄清也称具体化，是指心理服务人员帮助服务对象清楚、准确地表达他们的观点，他们所经历的事情，并弄清楚他们背后的情感体验。服务对象由于文化背景、受教育程度、逻辑分析能力等不同，尤其是老年群体，很多情况下，他们的问题是很混乱的、不确定的、模糊的、过度概括的、抽象的，所以服务人员应该运用具体化技巧，帮助服务对象厘清真正的问题及其原因，让对方领悟事实的本来面目。

④ 自我暴露。自我暴露也叫自我开放或者自我表露，心理咨询人员诚恳地拿出自己的感受、情感、体验、经历等与服务对象分享。恰当的自我暴露不仅能促进双方形成信任、稳定的互动关系，更重要的是，会让服务对象觉得自己的困惑有人分担，意识到心理师也是有血有肉的普通人，同时，也给来访者树立了榜样，让对方更多地打开心扉。所以，在心理健康服务中，自我暴露也是一项比较重要的技巧。自我暴露的形式有两种：一是向服务对象表明自己当下在心理服务中的一些体验、感受和情绪；二是为了让服务对象理解当前的问题而告诉对方自己人生中与此有关的体验、经历和体会。值得注意的是，自我暴露不是为了抒发自己的情绪、

谈论自己，而是借助自己的经历让对方有更多的思考和探索，重点始终是围绕服务对象的。

小幽默

一小偷将偷来的货车从车库里倒出来，被一位农村老大爷拦住，老大爷马上给警察打电话报警。

小偷不解，问大爷：“你怎么知道这车是偷来的？”

大爷答：你一上车，车就自动报警了。

警察问：咋报的？

大爷答：请注意，倒车！请注意，倒车！

贼仰望天空说：唉！没文化太可怕了！

（4）遵守保密制度，保护个人隐私。采用适当的措施为服务对象保守秘密，保护其个人隐私，是心理健康服务人员的一项非常重要的责任，所有从业者均应遵守保密制度。心理健康服务人员在服务工作的开始就应向服务对象说明心理咨询与治疗工作的保密原则，以及这一原则在应用时的限度。

心理健康服务人员在工作中收集的个人资料，包括个案记录、测验资料、信件、录音、录像和其他资料，均属于专业信息，应在严格保密的情况下进行保存，除司法机关凭介绍信可以借用外，不得向任何单位和个人泄露。只有在服务对象同意的情况下才能对咨询过程进行录音、录像。在因专业需要进行案例讨论或进行教学、科研、写作等工作要引用案例时，均需隐去那些可能会据此辨认出咨询者的有关信息。

小贴士

小训练

刘阿姨，61岁，退休职工。退休之前，她性格开朗，乐于助人，但是自打退休之后，就变得闷闷不乐，觉得自己没用了，加之子女常年不在身边，她更觉得孤独苦闷。久而久之，她患上了严重的失眠症。了解到刘阿姨的情况后，社区老年服务中心派小王对刘阿姨进行心理健康方面的护理。如果你是小王，你会怎么做？

任务 11.3　老年人寿庆活动礼仪

寿，是年龄长久之称。人有上中下寿之分，百岁称上寿，八十岁称中寿，六十岁称下寿。为老人祝寿是最具中国特色的社交礼仪之一。中国人祝寿一般从60岁或66岁开始，不论是60岁还是66岁都是按虚岁计算，即按实际年龄提前一年计算。祝寿，也惯称“过生日”，老年人一开始“过生日”，以后就须年年过，不能间断。平常为小庆，逢10如70、80、90等，为大寿，要大庆。按照我国的传统礼俗，大庆时不但设宴待客，还唱大戏、放电影，或请唢呐班子演奏助兴。给老人贺寿的人有族内子侄辈和儿孙辈、女儿和女婿、侄女和女婿、干女儿和女婿、徒弟、学生、亲戚中的晚辈及朋友等，70岁以上的高寿老人过生日时，街坊邻居也常备礼庆贺。随着时代的发展和观念的更新，除了农村仍然保持着传统的寿庆习俗和方式，在城市里，酒店寿庆也成了寿庆的主要形式。因为筹备事项烦琐，许多人在过寿时希望有人能够帮助承担各项事务，这就推动了专业人士的出现。因为寿庆是现代文化对传统文化的传承，所以智慧康养服务人员必须同时学习和掌握关于寿庆的传统礼俗及现代礼仪要求。

1. 做好寿庆活动的准备

（1）做好寿庆前的沟通。与老人充分沟通，不仅能了解老人的性格和喜好，更能把握老人内心的情感需求。通常来说，城市中 60 岁以上的老人，都会从工作岗位上退下来回归家庭。这样一来，他们的情感寄托和生活期望就都转移到了家人身上。老人渴望家庭成员对他们的关注和重视，特别是每当生日的时候，更希望儿孙围绕，家人陪伴左右。因此，为老人组织寿庆活动，对仪式的形式和场面都有较高的要求。充分的沟通，不仅包括与老人的沟通，还包括与老人亲属的沟通。

① 做好与老人的沟通。组织活动前，可以主动创造机会多和老人谈心。通过聊天，对老人的性格有一个基本的判断，对老人在聊天中谈论的细节及重要的生活点滴随时记录。老人的性格、生活细节、个人喜好，都是筹备寿庆活动时首先要考虑的因素。

② 做好与老人的子女及其他家人的沟通。寿庆活动是子女向老人表达孝心的方式，更凝聚了家人对老人的美好祝福。活动筹备前，应做好与老人家人的沟通。与家人、子女沟通，一则可以弥补老人单方面陈述的不足，掌握更多的信息；二则可以更全面地了解老人家人的倾向和意愿，比如活动的风格、场景的布置、食品的口味等；三则可事先估计出席宴席的宾客人数，进而确定宴会使用的酒水和菜品种类。

③ 了解寿庆仪式的基本流程。一场别开生面的寿庆仪式，能愉悦老人的心情，增强老人的幸福感。因而完美流程的策划是办好寿庆的重中之重。如何在形式和内容上做好安排，是整个策划工作的关键。

一般的寿庆流程包括：主持人宣布仪式开始；寿星登场和就座；子女祝福和致辞；亲友祝贺；寿星答谢；点蜡烛，客人齐唱生日歌；分享蛋糕与寿桃，客人入席，宴会开始；文艺表演；宴会结束。以上流程可根据具体情况删繁就简、灵活调整。

④ 祝寿礼物的挑选。当老人寿辰的时候，晚辈通常会送上一份礼物来表达自己对老人的尊重与孝敬。祝寿礼物的选择应该适合老人的需求和爱好。

为老年人祝寿的礼品种类繁多，包括衣服、手杖、寿桃、寿糕、水果、寿幛、寿联、寿屏和寿匾等。

如果选择送花来表达自己对老年人的祝福和敬意，可选择长寿花、大丽花、迎春花、万年青、兰花等，这些花寓意“福如东海，寿比南山”。如果老年人身体较硬朗，可以选择其喜欢的书画、茶具等。如果老年人喜欢运动，可选择适合的运动产品，如钓鱼装备等。只有根据老年人的爱好来选择，才能选到令其满意的礼物。

值得注意的是，送礼物时不要送老年人忌讳的礼物。比如，不能送手表、钟表，因为“送钟”音同“送终”，不吉利；不能送梨，因为“梨”与“离”谐音，寓意分离；不要送伞，因为“伞”与“散”谐音；不送鞋，“鞋”与“邪”谐音，不吉利，老人家很忌讳。另外，还要注意不要给健康的老人送药品。

（2）拟写祝寿词的技巧。祝寿词是指给老人的祝寿贺词，既希望老人幸福长寿，也赞颂他已取得的成绩、做出的贡献。祝寿词要根据老人的年龄、品格、功绩、职业、健康、家庭等情况来措辞。祝寿词对于倡导和谐的社会公德、增强家庭的亲和力和民族的凝聚力，都有着极其重要的意义。

祝寿词的内容分三部分：开篇赞颂老年人勤奋的一生，以及在某方面所取得的成绩；再说老年人对身边人的教益；最后以衷心的祝愿作为结尾。要准确了解祝寿人与祝寿对象的关系，有针对性地拟写祝寿词。二者关系是上级对下级，还是下级对上级，或者是同级对同级；是个人对集体，还是集体对个人，或者是个人对个人，关系不同，措辞、语气也不同。同时，为达到祝寿的最佳效果，祝寿词的语句一般要热情、充满希望、富有感染力。最后结尾祝愿语可多运用传统的祝寿礼仪敬语。祝寿词要出于真情实感，切忌应付；对祝寿对象成绩的评价要实事求是，恰如其分。祝寿者表明的态度也要切实可行，不要空喊口号。

祝寿词的语言要文雅庄重、简洁扼要，不要刻意雕琢、堆砌辞藻，可引用一些传统的祝寿语，如“一拜，祝老寿星福如东海、寿比南山；二拜，祝老寿星日月昌明、松鹤长春；三拜，祝老寿星笑口常开、天伦永享”“恭祝老寿星春秋不老，古稀重新，欢乐远长”等。

祝寿词属于演讲词的范围，除文稿本身的写作要求外，还有对演讲技巧的要求。仪表、仪态要自然大方；口语表述要清晰、流畅；语调要抑扬顿挫。因此，对祝寿者也提出了更高的要求，即不仅要有一定的文字功底，还要具备一定的社交能力，如礼节礼仪、口头表达、即兴发挥能力等。

2. 寿庆活动的礼仪规范

（1）寿堂现场布置。寿庆活动现场布置应突出祝寿主题，比如可以在大厅挂一幅寿字，贴上以寿果和寿桃为主题图案的剪纸，在接待处把老人照片贴到显眼处，也可在四周布置以寿文化为主题的装饰来烘托寿宴的气氛。餐桌上应当铺上红色的台布，中间摆放颜色鲜艳的花。按预定内容、标准布置宴会会场。调试好音响、麦克风等。宴会主题词、舞台背景、会场氛围、灯光等均应符合宴会要求。宴会入口处还可安排寿星的一两位子孙辈迎接客人。也可专门安排寿星的家属在门口负责接受礼品，方便客人祝贺。

微课

（2）寿宴仪式的具体流程。先由司仪宣布某人多少岁寿庆仪式开始，请寿星就座。一般是由儿孙辈中的最小者或儿孙辈中最受寿星钟爱者搀扶，寿星坐于寿堂中礼案前的椅子上。可以先让小朋友送上祝寿词，行鞠躬礼。此时应配以恰当的背景音乐，如《生日快乐歌》。随后家人为老人祝寿，并献上祝寿词。向寿星献祝寿词的顺序一般为：先是晚辈，后是亲戚，最后是朋友、同事等。祝寿词都不长，为了慎重起见，一般事先写好。有的地方祝寿时，晚辈要行三鞠躬礼，其余的礼节可以灵活掌握，也可以是一鞠躬。

如果来宾中有比较重要的人物而大家又不太熟悉，则由司仪向大家介绍。如果到场的来宾送来的贺词、贺信、寿联、寿诗等比较多，可以选择其中有代表性的由司仪当场宣读。

随后，司仪可利用现代媒体设备展示寿星的经历以及对社会、家庭的贡献，同时向大家简要介绍，最后由寿星表达对来宾的感谢。

（3）寿庆活动的注意事项。老年人过生日比较讲究，给老年人做寿是一种传统文化礼仪的体现。因此，在寿庆活动的各个环节中，应注意以下方面。

① 说话得体，态度谦恭。为老人祝寿在言语态度方面要做到说话得体、态度谦恭。寿辰是大吉大利的日子，因此要以祝贺、颂扬等吉利的语言为主。不要说一些不吉利、让老人忌讳的话。另外，老年人处在从社会舞台走向家庭舞台的转变阶段，心理方面丧失价值感，最担心的是“老而无用”，所以给老年人的寿庆态度一定要谦恭，对其尊敬也是老年人最看重的。作为活动的组织者与策划者，在撰写主持词及向老人道贺的过程中，尤其应注意这些问题。

② 彬彬有礼，富有耐心。祝寿时要表现得彬彬有礼。在向老人祝寿的场所，成年人不可大声喧哗，除非老人已经耳背，否则会让老人觉得不清静而反感，即使是老人耳背，也只能是和老人讲话时提高音量，而与宾客之间的交谈仍然要保持彬彬有礼。同时，祝寿者应有足够的耐心。这种耐心首先体现在祝寿过程中决不能表现出心不在焉、心神不安的样子，有天大的事在为老人祝寿时都不应当表现或流露出来，以免扫了老人和其他宾客的兴致。特别需要注意的是，为老人祝寿必须既来之则安之，不要很快离开，因为老人一般都喜欢和晚辈多待一会儿。

③ 务必到场，不要缺席。祝寿时，亲朋和晚辈一般不要缺席。老人做寿，至少是盼了一年，甚至是数年的事情，这种场合，老人希望看到自己的亲人、朋友，特别是晚辈，所以应到场之人最好不要缺席，否则会让老人非常扫兴，而且，多疑的老人会在情绪上受到很大影响，所以在这种大喜的场合，应到之人是不能缺席的，如果因故不能准时到场，可通过各种方式事先向老人说明，然后再采取先行到场，或随后到场的方式加以补救。

④ 服饰得体，举止文明。祝寿的寿星和来宾的服饰是很讲究的，必须做到服饰得当，特别是对那些比较迷信、比较传统、比较保守的老人来说，来宾的服饰就更应该讲究一些。一般而言，应该穿得喜庆一点、热闹一点、明亮一点。千万不能穿制服来祝寿，如医院的医生、护士穿工作服前来，会让老人甚至其他来宾产生反感，祝寿的良好气氛也就会遭到破坏。祝寿时也不能穿深色服装，这样容易给寿宴增加压抑感、沉重感，因此需要特别注意。此外，活动主持人应着正装，并且注意服装的颜色、款式。

祝寿时的举止要文明高雅。在整个祝寿过程中，贺客们都应当表现出足够的文明优雅，这样有助于提升祝寿的人文档次，让人感觉到寿星和来宾都是一群有知识、有教养、有品位、有地位的人，这样一来，祝寿的气氛就会比较和谐、喜庆、高雅，给人留下难忘的印象。

⑤ 宴席座次，精心安排。寿庆活动的座次安排也很有讲究。老人是寿星，是大家祝福的对象，自然应该坐上座，座次是以靠近寿星接受拜寿的方位为重要席位。应安排寿星的直系亲属、亲戚和贵宾坐在主席位上，此外，也有按长幼尊卑排定席位的。

小贴士

小训练

王阿姨是某社区的孤寡老人，今年，正赶上老人家 80 岁生日，作为社区工作人员，小李要负责为老人办一次有意义的寿宴，如果你是小李，你会如何为老人祝寿。

课后练习

1. 为老年人提供生活照料方面的服务时应注意哪些问题？
2. 在老年心理健康服务中，怎样为老年人提供一个舒适的服务环境？
3. 为老年人提供心理健康方面的服务时应注意哪些问题？
4. 举办寿庆活动应做好哪些准备？
5. 寿庆活动有哪些礼仪规范？
6. 请阅读事例 1 和事例 2，对老年人生活照护服务过程中服务人员的 A、B 两种表达方式加以评价，并说明原因。

事例 1：正准备为服务对象进行按摩服务的服务人员小芹对服务对象说。

表达方式 A："张大爷，我准备给您按摩了。您想要力度轻点还是重点？"

表达方式 B："张大爷，我来给你按摩，您看我现在这个力道合不合适？"

课后练习 6
事例 1 分析提示

事例 2：服务人员与服务对象意见相左，但希望达成共识时。

表达方式 A："我不同意您的意见，我觉得 ××××，不信您可以试一试。"

表达方式 B："您的意思是 ×××× 对吧，现在，我想和您说说我的想法：××××。希望能给您提供一些建议和帮助，愿意的话，您可以进一步了解。"①

课后练习 6
事例 2 分析提示

7. 阅读以下材料，然后回答问题。

① 孟令军，贾丽彬 . 老年服务伦理与礼仪 [M]. 北京：北京大学出版社，2013：132-133.

材料：李阿姨，69岁，退休职工。退休之前，李阿姨性格开朗、古道热肠，是居委会的调解员。自打退休后，李阿姨就开始闷闷不乐，觉得自己没有用了。加上儿女常年不在身边，更觉得孤独苦闷。久而久之，李阿姨开始严重失眠，常有绝望感、委屈感，觉得自己已经被人群抛弃了。了解到李阿姨的情况后，社区服务中心专门委派小张对李阿姨进行心理健康方面的护理。

问题：

（1）小张应该如何看待李阿姨的心理变化？

（2）李阿姨的现状反映了什么样的心理问题？小张该如何看待李阿姨的心理需求？

（3）针对李阿姨的现状，小张应该如何开展心理健康服务工作呢？

8. 请测试：你的心理是否老化？

以下是心理老化测试的16个问题（见表10–1），请以“是”或者“否”作答。

表10–1　心理老化测试题

1. 是否变得很健忘	9. 是否经常束手无策
2. 是否总把心思集中在以自己为中心的事情上	10. 是否觉得生活枯燥无味，没有意义
3. 是否喜欢谈起往事	11. 是否渐渐喜好收集不实用的东西
4. 是否总是爱发牢骚	12. 是否常常很冲动
5. 是否对发生在眼前的事漠不关心	13. 是否常会莫名其妙地伤感
6. 是否对亲人产生疏离感，甚至想独自生活	14. 是否不愿与人交往
7. 是否对接受新事物感到非常困难	15. 是否常常无缘无故地生气
8. 是否对与自己有关的事过于敏感	16. 是否觉得自己已经跟不上时代
温馨提示：如果你的答案有7条以上是肯定的，那么你的心理就出现老化的危机了，要小心保护自己的心理了。	

9. 你的爷爷今年80岁了，家人准备为爷爷举办80岁寿宴，请你设计一套方案，争取把爷爷的寿宴办得喜气、热闹、隆重而又高雅。

10. 案例分析。

注重服务细节的养老护理员

有人说，最难的是坚持，最美的是奉献。宁波市静海区四季永逸颐养院史留霞是一位爱岗敬业、一心扑在工作上默默奉献的优秀养老护理员。从事养老工作七年，她受到无数入住老人的赞扬，收到的锦旗不计其数。她用时间诠释着信念，用平凡见证着感动。史留霞对老人的关爱体现在每个细节中。夜间查房时，她发现深夜查房关门响声大，容易把老人从梦中惊醒，老人再想入睡也就十分困难了，于是她探索出用卡关门的方法，几乎没有什么响声，并将这个好方法分享给七楼的护理队伍，在此后的查房工作中取得了良好效果。为此，七楼的老人特作一首五言绝句赠予史留霞——“查房莫出声，用卡去开门。脚手轻轻点，恐惊梦里人”，以此感谢她对老人的真情实意。

思考题：

（1）在老年服务中，还有哪些服务细节必须引起养老护理员的注意？

（2）本案例对你有哪些启示？

用爱托起最美夕阳

“一名合格的护理员要认真做好每一件事，一名好的护理员要能得到老人们的信任。如果只是为了完成工作任务，那是没有温度的、机械化的作业。”说这话的是来自金生颐养院的乐斐珍，一位始终带着温暖服务老人的护理员。

自 2013 年 10 月入职金生怡养院，乐斐珍正式走上养老护理员工作岗位。刚入职时，乐斐珍被安排在自理区，负责照护近 20 位老人。初进区域，乐斐珍与所有老人都不熟悉，为了能尽快适应这份工作，她每天早上 6 点不到就到岗，冲热水、送早餐、洗衣服、打扫房间卫生。后来与老人们熟悉了，她每天笑眯眯地跟老人打招呼、拉家常，问老人睡得好不好、吃得香不香；季节变换，她及时提醒老人注意增减衣物；看到老人外出，她提醒老人注意安全，早些回院……

乐斐珍曾照护过一位疑心较重且轻度失能的老人，每次只要帮老人整理了衣物，他就会反映自己的衣裤少了、贵重物品不见了等等。“每天被人当成小偷的感觉真的不好！”但她知道这并不是老人的本意，而是因为他患有阿尔茨海默病。她没有放弃，而是日复一日、年复一年地细心照护着老人。有一天，老人突然拉住乐斐珍的手说：“小乐，对不起！这么久一直给你添麻烦，可你从来不计较，谢谢你！”那一刻，乐斐珍的眼眶湿润了，也更加坚定了她要从事养老护理员这份职业的信念。

思考题：

（1）在老年服务中，如何带着温暖为每一位老人服务？

（2）本案例对你有哪些启示？

情绪异常的张大爷

张大爷的三个儿子都在外地工作，与他相依为命的老伴儿去世后，张大爷对老伴儿的思念及独自生活的孤独交织成焦虑，日夜困扰着老人。前些日子，张大爷坐在小区角落的石凳上发呆，社区工作人员小李看到老人家精神委顿、目光呆滞，就走上前去问张大爷：“张大爷，好久没看见您了，您怎么了？”“看上去气色不太好呀。”张大爷头也没抬，低低地回了一句：“没睡好，现在就回去睡了。”看着老人孤寂的身影慢慢走远，小李想到以前张大爷对自己开朗热情的样子，不禁有了一分不安。他回到办公室，就向其他同事说了这件事。不料，大家七嘴八舌地说：“我早就发现他不对劲了，他老伴儿走了之后，他就一直这样，估计是伤心过度吧。”“想想也挺可怜的，孤身一人，连个说话的人都没有。”“他以前可是很活跃啊，不是心理出什么问题了吧？”

同事的话提醒了小李。“是的，张大爷这种情绪是不对的，得帮帮他。”小李向社区专门做心理健康服务的咨询师说了张大爷的情况，咨询师建议小李说服张大爷来找他，并和他聊一聊。

张大爷对小李的提议表现出明显的抵触。小李几经劝说，请张大爷找个人好好说说心里的不愉快，就当发泄，反正没人知道。这样，张大爷才勉强在小李的指引下来到心理咨询中心。可是，刚走到大门口，看到门上的牌匾，张大爷就落荒而逃……

思考题：

（1）请分别指出社区工作人员小李在对待张大爷情绪失控这件事上的是与非。

（2）张大爷为什么会从心理咨询中心门口落荒而逃？

（3）像张大爷这样的老年人，最需要什么样的心理健康服务？

11. 实训项目

养老服务礼仪实训

实训目标：设置智慧康养服务情境，促进学生服务礼仪技能的提升，并锻炼学生临场应变以及解决老年人问题的能力。

实训准备：课前针对智慧康养服务礼仪相关课题上网查询资料，并分组排练智慧康养服务礼仪小品。

实训方法：把全班学生分成A、B、C三组，每组分配一个课题，A组负责卧床不能自理老人的生活照料服务；B组负责患有认知障碍的老年人的服务；C组负责不良情绪老人的心理健康服务，先分组讨论服务措施及应对技巧，把解决方案整理成文，再派代表现场表演养老服务小品，表演后进行总结，写出实训报告。

实训要求：全程录像，大屏幕回放，学生自我评价、小组评价，教师点评总结。评选出“最佳表现小组”和“最佳表现个人”若干。

参考文献

[1] 韦艳 . 智慧健康养老产业：理论、方法与实践 [M]. 北京：中国经济出版社，2024.
[2] 朱庆欣 . 老年服务礼仪与沟通技巧 [M]. 北京：清华大学出版社，2024.
[3] 李媛媛，李江玲，童茜，等 . 职场礼仪 [M]. 北京：机械工业出版社，2024.
[4] 刘志敏 . 大学生社交礼仪 [M]. 北京：清华大学出版社，2024.
[5] 李健，张岩松 . 智慧健康养老发展研究 [M]. 大连：东北财经大学出版社，2024.
[6] 刘芳，任娟 . 沟通技巧与团队协作 [M]. 北京：人民邮电出版社，2023.
[7] 张岩松，等 . 智慧健康养老服务与管理 [M]. 北京：清华大学出版社，2023.
[8] 左美云 . 智慧养老服务与运营 [M]. 北京：清华大学出版社，2022.
[9] 韦艳，尚保卫 . 智慧健康养老产业高质量发展的现状与路径 [M]. 北京：中国经济出版社，2022.
[10] 杨衍，尹彬 . 职场礼仪与沟通 [M]. 北京：机械工业出版社，2022.
[11] 雷雨，陶娟 . 老年服务礼仪与沟通技巧 [M]. 北京：北京理工大学出版社，2021.
[12] 马荣，管晶晶 . 老年人沟通技巧 [M]. 北京：北京理工大学出版社，2021.
[13] 隋东旭 . 铁路客运服务沟通技巧 [M]. 北京：北京交通大学出版社，2021.
[14] 徐晨，于立博 . 老年人沟通技巧 [M]. 北京：人民卫生出版社，2021.
[15] 王晓斐，赵岩 . 养老服务礼仪与实务 [M]. 北京：中国人民大学出版社，2020.
[16] 冯晓丽，李勇 . 老年照护：初级 [M]. 北京：中国人口出版社，2019.
[17] 马利娟，隋东旭 . 高铁客运服务语言与沟通技巧 [M]. 北京：北京交通大学出版社，2019.
[18] 刘文清，潘美意 . 老年服务沟通技巧 [M]. 北京：机械工业出版社，2019.
[19] 贾启艾 . 人际沟通 [M].4 版 . 南京：东南大学出版社，2019.
[20] 秦东华 . 护理礼仪与人际沟通 [M].2 版 . 北京：人民卫生出版社，2019.
[21] 左美云 . 智慧养老内涵与模式 [M]. 北京：清华大学出版社，2018.
[22] 谢培豪，卢柳霞 . 实用老年沟通技能 [M]. 北京：科学出版社，2018.
[23] 郑轶 . 个案工作实务 [M]. 北京：中国轻工出版社，2018.
[24] 韩琳 . 护患沟通典型案例解析 [M]. 北京：人民卫生出版社，2018.
[25] 王玉苓 . 商务礼仪案例与实践 [M]. 北京：人民邮电出版社，2018.
[26] 赵鹏飞，张晓琳 . "智慧养老"助力幸福晚年 [J]. 法治与社会，2018（6）：60–61.
[27] 张恒，黄海 . 老年社会工作服务指南 [M]. 北京：中国社会出版社，2017.
[28] 曾萍萍，蒙桂琴 . 护理礼仪与人际沟通 [M].2 版 . 北京：人民卫生出版社，2017.
[29] 李宗花 . 护理礼仪与人际沟通 [M]. 北京：人民卫生出版社，2016.
[30] 周淑英，化长河 . 老年服务伦理与礼仪 [M]. 北京：北京师范大学出版社，2015.
[31] 倪红刚，彭琼，贾德利 . 老年人沟通技巧 [M]. 北京：北京师范大学出版社，2015.
[32] 王静，周丽君 . 人际沟通与交往 [M]. 北京：高等教育出版社，2015.
[33] 王建民，谈玲芳 . 老年服务沟通实务 [M]. 北京：中国人民大学出版社，2015.

[34] 张岩松，刘志敏，高琳 . 新编自我管理能力训练 [M]. 西安：西安电子科技大学出版社，2015.
[35] 林丽婵，蔡秀娟，薛桂香，等 . 老年护理学 [M]. 北京：人民卫生出版社，2015.
[36] 佘运英 . 老年人心理与行为 [M]. 北京：北京师范大学出版社，2015.
[37] 钟东秀，谢红英 . 护理操作与护患沟通情景一体化操作流程 [M]. 北京：人民卫生出版社，2015.
[38] 李惠君，郭媛 . 医患沟通技能训练 [M]. 北京：人民卫生出版社，2015.
[39] 孙颖心，齐芳 . 老年人心理护理 [M]. 北京：中国劳动社会保障出版社，2015.
[40] 史瑞芬 . 护士人文修养 [M].2 版 . 北京：高等教育出版社，2014.
[41] 高燕 . 护理礼仪与人际沟通 [M].3 版 . 北京：高等教育出版社，2014.
[42] 李秋萍 . 护患沟通技巧 [M].2 版 . 北京：人民军医出版社，2014.
[43] 孙智凭．大学生心理健康教育与拓展 [M]. 北京：中国传媒大学出版社，2013.
[44] 赵玲，朱书翠 . 养老服务中与家属沟通的几点心得 [J]. 基层医学论坛，2013（24）：3249–3250.
[45] 孟令军，贾丽彬 . 老年服务伦理与礼仪 [M]. 北京：北京大学出版社，2013.
[46] 李欣 . 老年心理维护与服务 [M]. 北京：北京大学出版社，2013.
[47] 贺俊呼 . 试论与老年人沟通的技巧 [J]. 东方企业文化，2013（18）：37–38.
[48] 尹忠凯，肖文学．大学生心理健康教育 [M]．北京：清华大学出版社，2012.
[49] 李功迎 . 医患行为与医患沟通技巧 [M]. 北京：人民卫生出版社，2012.
[50] 董云芳 . 个案工作 [M]. 济南：山东人民出版社，2012.
[51] 郭飚 . 护理沟通与礼仪 [M].2 版 . 上海：第二军医大学出版社，2012.
[52] 丁宁 . 管理沟通 [M]. 北京：北京交通大学出版社，2011.
[53] 刘峰，蔡迎春．大学生心理健康：心灵成长之旅 [M]. 北京：清华大学出版社，2011.
[54] 刘惠军 . 医学人文素养与医患沟通技能教程 [M]. 北京：北京大学医学出版社，2011.
[55] 吴华，张韧韧 . 老年社会工作 [M]. 北京：北京大学出版社，2011.
[56] 邬沧萍，姜向群 . 老年学概论 [M].2 版 . 北京：中国人民大学出版社，2011.
[57] 姚慧 . 全方位养老照护指南 [M]. 宁波：宁波出版社，2011.
[58] 杜明汉 . 营销礼仪 [M]. 北京：电子工业出版社，2011.
[59] 范明林 . 老年社会工作案例评析 [M]. 上海：华东理工大学出版社，2010.
[60] 化前珍 . 老年护理学 [M].2 版 . 北京：人民卫生出版社，2010.
[61] 张陆 . 养老机构社会工作服务手册 [M]. 苏州：苏州大学出版社，2010.
[62] 张恺悌，郭平 . 老年社会工作实务 [M]. 北京：中国社会出版社，2009.
[63] 刘桂荣，孙伟，秦伟 . 老年健康与康复 [M]. 上海：上海交通大学出版社，2008.
[64] 王锦帆 . 医患沟通学 [M]. 北京：人民卫生出版社，2008.
[65] 崔维珍，乔伟昌 . 老年心理健康金钥匙 [M]. 青岛：中国海洋大学出版社，2008.
[66] 郑云正 . 心理行为训练实务 [M]. 北京：长征出版社，2008.
[67] 关小燕 . 礼仪：规范行为的学问 [M]. 北京：清华大学出版社，2008.
[68] 未来之舟 . 职场礼仪 [M]. 北京：中国经济出版社，2008.
[69] 徐淑秀 . 护士礼仪与交际 [M]. 北京：人民军医出版社，2007.
[70] 周桂桐 . 医患沟通技能 [M]. 北京：北京大学医学出版社，2001.
[71] 中国礼仪教育培训中心 . 茶话会的礼仪与安排 [EB/OL].（2024-12-31）[2025-01-22]. https://mbd.baidu.com/newspage/data/dtlandingsuper?nid=dt_3305196120826438986&sourceFrom=search_a.